탈식민주의 관점에서 라틴아메리카 읽기

# 칼 리 반

**칼리반**
탈식민주의적 관점에서 라틴아메리카 읽기

**발행일** 초판 1쇄 2017년 7월 5일 | **지은이** 로베르토 페르난데스 레타마르 | **옮긴이** 김현균
**펴낸이** 유재건 | **펴낸곳** (주)그린비출판사 | **신고번호** 제2017-000094호
**주소** 서울시 마포구 와우산로 180, 4층 | **전화** 02-702-2717 | **이메일** editor@greenbee.co.kr

ISBN 978-89-7682-267-3  93300

이 도서의 국립중앙도서관 출판시도서목록(CIP)은 서지정보유통지원시스템 홈페이지(http://seoji.nl.go.kr)와
국가자료 공동목록시스템(http://www.nl.go.kr/kolisnet)에서 이용하실 수 있습니다.(CIP제어번호: CIP2017015031)

이 저서는 2008년도 정부(교육부)의 재원으로 한국연구재단의 지원을 받아 수행된 연구임(NRF-2008-362-B00015).

탈식민주의 관점에서 라틴아메리카 읽기

# 칼리반

로베르토 페르난데스 레타마르 지음 | 김현균 옮김

ㅇB
그린비

# 한국어판에 부쳐

『칼리반』 한국어판에 서문을 써 달라는 부탁을 받고 흔쾌히 수락했다. 무엇보다 내 책이 지리적으로 쿠바와 동떨어진 나라에서 빛을 보게 되었다는 사실에 흡족함을 표하기 위해서였다. 이 책에 담긴 글들이 한국에서 어떻게 받아들여질지 정말 궁금하다. 1992년 뉴욕 대학에서 낭독한 에세이 「오백 년 뒤의 칼리반」에서 개념적 인물 칼리반(셰익스피어가 마지막 작품 『폭풍우』에서 창조한 인물)이 저개발 국가 전체의 화신으로 그려지기는 했지만, 이 책은 거의 대부분 라틴아메리카와 카리브 지역의 문화와 관련된 쟁점들을 다루고 있다. 서문을 쓰면서 다시 읽어 보니, 첫 텍스트인 「칼리반」의 서두에 한국 문화를 언급한 부분이 눈에 띈다. 또 「오백 년 뒤의 칼리반」의 주석에서 한국에 관한 출판물이 인용되고 있는데, 틀림없이 현재 상황에는 잘 들어맞지 않을 것이다. 이 부분을 쓸 때는 언젠가 내 글이 한국어로 번역되어 멀리 떨어진 독자들에게 닿을지도 모른다는 생각을 미처 하지 못했다. 사실 이 책의 표제 에세이 격인 「칼리반」은 1971년 쿠바와 멕시코에서 처음 발표된 이래 미국과 상당수의 유럽 국가, 그리고 호세 마르티를 따라 라틴아메리카인들이 '우리 아메리카'라고 부르는 지역의 다른 국가들에서 여러 차례 재출간되었다.

4

이제 '카사 데 라스 아메리카스'의 몇몇 동료가 즐거이 방문했던 나라 한국에서 새로운 판본이 선을 보이게 된 것을 기쁘게 생각한다. 한국에서 펼쳐질 『칼리반』의 새로운 삶이 많은 우정을 가져다주리라 믿으며, 그 우정에 감사의 마음으로 인사를 보낸다.


2015년 7월, 아바나에서
로베르토 페르난데스 레타마르

# 일러두기

칼리반[1]이라는 '개념–메타포' 혹은 '개념적 인물'과 직접적으로 관련하여 지금까지 써 온 대부분의 글을 여기에 모았다. 다만 이후의 텍스트들에서 기본적인 착상을 다시 취하거나 확장한 경우는 배제했다. 예외적으로 「식인주의 앞의 칼리반」(1999)은 이 판본에 처음 실렸다.

「현 단계의 우리 아메리카와 칼리반」(1991)과 「오백 년 뒤의 칼리반」(1992) 사이에는 접점들이 존재한다. 그러나 결국 그 접점들을 비껴갈 방법을 찾을 수 없었고, 그 근접성도 두 에세이 중 하나를 배제해야 할 정도는 아니다. 그러니 이 두 편의 글에서(어디 여기뿐이겠는가) 인용과 견해가 반복되는 것을 양해해 주길 바란다. 하지만 음악에서 흔히 일어나는 것처럼 종종 단순한 반복이라기보다는 변주에 가깝다.

독자들은 기존의 글들이 일부 수정되었음을 감안해야 한다. 먼저 제목에 등장하는 인물의 이름부터 바로잡았는데, 이 책에 실린 마지막 글

---

1 『폭풍우』에 등장하는 인물들의 한글 표기는 페르난데스 레타마르가 주목하는 아메리카 기원설을 존중하고자 '프로스페로', '칼리반', '아리엘', '곤살로'처럼 스페인식 발음을 따른다.—옮긴이

에서 설명한 이유로 뒤에서 두번째 음절에 강세가 놓이는 단어로 대체되었다. 나머지 수정 사항은 대부분 제공된 서지 정보와 관련된 것들이다.

수십 년 동안 『폭풍우』*The Tempest*에 등장하는 복잡한 인물의 이미지에 큰 매혹을 느꼈다. 분명 내가 시인이기 때문일 것이다. 그러나 나는 시를 사랑하는 만큼 '시적인'*poético*것을 개탄하므로 진정 내게 가치 있는 것은 칼리반에 의해 조명된 현실의 영역이다. 칼리반은 20세기 후반기 동안 관념의 세계와 예술의 세계에서 줄곧 식민지 노동자의 화신이었다. 물론 그것이 셰익스피어의 인물에 대해 내릴 수 있는 유일한 해석은 아닐 것이다. 이 인물의 변천은 아직 소멸의 기미를 보이지 않고 있다. 최근 수년간 칼리반을 다룬 작가·예술가의 작품으로는 수니티 남조시의 「칼리반의 스냅사진」*Snapshots of Caliban*, 1989, 미셸 클리프의 「칼리반의 딸: 폭풍우와 찻주전자」*Caliban's Daughter: The Tempest and the Teapot*, 1991, 에드워드 카마우 브래스웨이트의 「문자 시코락스」*Letter Sycorax*, 1992, 지미 더럼의 「칼리반 코덱스」*Caliban Codex*, 1995, 레뮤얼 존슨의 『칼리반을 위한 하이라이프』*Highlife for Caliban*, 1995 등이 있다(피터 흄과 윌리엄 H. 셔먼이 편집한 『『폭풍우』와 그 여행』*"The Tempest" and Its Travels*, 2000의 310쪽을 참조할 것). 연구의 영역에서도 그 꾸준함이 픽션 못지않다. 이는 올던 T. 본과 버지니아 메이슨 본의 『셰익스피어의 칼리반: 하나의 문화사』*Shakespeare's Caliban: A Cultural History*, 1991, 첼시 하우스의 '문학의 주요 인물' 시리즈의 하나로 해럴드 블룸이 편집한 『칼리반』*Caliban*, 1992, 그리고 나디아 리와 테오 단이 엮은 『칼리반 성좌: 한 인물의 형상화』*Constellation Caliban. Figurations of a Character*, 1997 같은 책들에서 미루어 짐작할 수 있다. 마지막에 언급한 책의 「서문」에서 편집자들은 나의 1971년 에세이[2]가 "프로스페로뿐만 아니라 칼리반의 관점에서도 문학과 역사를 고찰해야 함을 환기시켰다"고 지적한 뒤에, 그 이후의 저술들을 언급하고 나서 과감하게 이렇게 결론 내린다. "사실상 '칼리반학'Calibanología이라는 완전히 새로운 학문 분야가 출현한 것으로 보인다."

이 책의 맨 앞에 실린 글이 발표된 지 30년이 지났고, 그동안 세계는 엄청난 변화를 겪었다. 1917년 러시아에서 출현한 실험적인 비자본주의적 대안은, 잘 알려진 상처에도 불구하고, 1971년에도 여전히 가난한 사람들, 대지의 저주받은 사람들(호세 마르티와 프란츠 파농은 칼리반을 이렇게 지칭했다)에게 무엇보다 사미르 아민이 말한 '단절'desconexión의 희망을 주는 후위의 역할을 하고 있었다. 이어지는 글들에서는 세계 우파의 성장과 소련의 실험의 파란만장한 실패 과정, 그리고 빈국들(지구상의 절대다수를 이루는)이 달갑게 받아들일 수 없는 그 파장과 확대, 좌절의 영역을 다룬다. 베를린장벽의 붕괴 역시 하나의 이미지이지만, 배타적으로 프로스페로만 향유할 뿐이다. 프로스페로는 이제 전혀 상상적이지 않은 또 다른 장벽(예컨대 미국과 멕시코 사이에 가로놓인 문자 그대로의 장벽, 또는 외국인 혐오의 장벽)을 세우는 데 골몰하고 있다. 이번에는 동서 진영을 분리하는 것이 아니라, 남쪽(불과 얼마 전까지만 해도 대체로 동쪽으로 불린 새로운 남쪽을 포함하는)과 북쪽을 분리하기 위한 장벽이다.

불행하게도 무시무시한 프로스페로의 이미지가 사라져서 사납지만 고통스러운 칼리반의 이미지가 불필요해질 징후는 어디에서도 찾아볼 수 없다. 정반대로 1492년 오늘날의 상태로 지구의 분배가 시작된 이래 오백 년이 넘게 흘렀고 1898년 우리의 애처로운 모더니티가 모습을 드러낸 지 한 세기 이상이 흐른 지금, 칼리반의 이미지는 그 어느 때보다 더

---

2 이 책의 맨 앞에 실린 「칼리반」을 가리킨다. —옮긴이

유효하다. 만약 인류가 자연의 또 하나의 실패한 실험이 아니라면, (만약 그렇다면) 칼리반이 보통사람의 건설적인 손에 나침도羅針圖를 가득 쥐어 주고 다시 떨쳐 일어날 것임을 주장하는 것이 우리의 임무다.

R. F. R.
아바나, 2000년 9월

| 차례 |

| 일러두기 |

1 이 책은 Roberto Fernández Retamar의 *Todo Caliban*(La Habana, Cuba : Instituto Cubano del Libro, 2000)을 완역한 것이다.

2 본문의 주석은 모두 각주로 표시했으며, 옮긴이 주는 따로 구분해 주었다. 본문 내용 중 옮긴이가 추가한 내용은 대괄호([  ])로 묶어 표시했고, 본문과 각주의 인용문에서 지은이가 추가한 내용은 해당 부분 끝에 '―인용자'라고 표시해 옮긴이 첨언과 구분해 주었다.

3 원서에서 이탤릭체로 강조한 표현은 고딕체로 표시했다.

4 단행본·정기간행물 등은 겹낫표(『 』)로, 논문·단편소설·시 등은 낫표(「 」)로 묶어 주었다.

5 외국 인명·지명은 2002년에 국립국어원에서 펴낸 '외래어 표기법'에 따라 표기했다.

# 칼 리 반

# 칼리반<sup>*</sup>

## 하나의 질문

좌파 성향이 뚜렷한 한 유럽 신문기자가 며칠 전 "라틴아메리카 문화라는 것이 존재하긴 합니까?"라고 물었다. 우리는 당연히 쿠바를 둘러싼 최근의 논쟁에 대해 대화를 나누고 있었다.[1] 쿠바는, 한편으로는 눈에 띄게 식민주의에 향수를 품고 있는 유럽의 부르주아 지식인들(또는 그렇게 되기를 염원하는 사람들)과의, 그리고 다른 한편으로는 문화적·정치적 식민주의의 노골적인 또는 은밀한 형태들을 거부하는 라틴아메리카 작가·예술가 대표단과의 충돌을 막 끝낸 뒤였다. 내가 보기에 질문은 논쟁의 근원 가운데 하나를 드러내는 것처럼 보였는데, 달리 표현하면 이런 질문이 될 수도 있었을 것이다. "당신들은 존재합니까?" 우리의 문화에 의문

---

\* 이 글은 단지 우리 아메리카의 문화 논쟁을 위해 의견들을 요약하고 다른 의견들을 스케치한 메모에 지나지 않는다. 이 글은 *Casa de las Américas*, no.68, September-October 1971 에 처음 실렸다.

1 1971년 쿠바 혁명 정부가 시인 에베르토 파디야를 검열해서 자아비판하게 한 사건을 둘러싼 논쟁을 말한다. —옮긴이

을 갖는다는 것은 바로 우리 자신의 존재, 우리의 인간적 현실 자체를 의심하는 것이며, 따라서 돌이킬 수 없는 우리의 식민 상태에 기꺼이 동조할 용의가 있다는 것을 의미한다. 우리를 다른 곳에서 일어나는 일의 뒤틀린 메아리에 지나지 않는다고 여기기 때문이다. 여기서 다른 곳이란 물론 메트로폴리스, 즉 식민 지배국들이며, 이곳의 '우파'는 우리를 착취했다. 또 이곳의 이른바 '좌파'는 인정 어린 배려로 우리를 인도하고자 했고, 지금도 여전히 그렇다. 두 경우 모두 다양한 지역 중재자의 조력을 받는다.

이런 운명은 어느 정도 식민주의에서 벗어나고 있는 모든 국가— 식민 지배국들의 열성적인 지식인들에 의해 잇따라 부적절하게 야만, 유색인, 저개발 국가, 제3세계라는 명칭으로 불려 온 국가들—가 공통적으로 겪는 문제이긴 하지만, 호세 마르티가 "우리 메스티소 아메리카" nuestra América mestiza라고 칭했던 지역과 관련될 때 이 현상이 유독 노골화하는 듯하다. 인간은 누구나 메스티소mestizo이고 모든 문화가 메스티소 문화라는 논란의 여지 없는 주장이 손쉽게 옹호될 수 있을 것이다. 그리고 이러한 주장은 식민지의 경우에 특히 타당할 것이다. 그럼에도 불구하고 민족적 측면에서나 문화적 측면에서나 자본주의 국가들이 이미 오래전 상대적인 동질성에 도달했다는 것은 분명하다. 몇몇 조정은 거의 우리 눈앞에서 이루어졌다. 미국의 백인 거주자들(다양하지만 공통적으로 유럽 출신)은 다양성을 넘어 동질성을 확보하기 위해 원주민들을 몰살하고 흑인 거주자들을 축출했다. 이로써 그들을 신봉하는 나치가 심지어 다른 유럽인 집단에게까지 적용하고자 했던 일관성 있는 모델을 제공했다. 이것은 일부 부르주아로 하여금 그들이 일요일의 건전한 오락으로 갈채를 보내는 서부극과 타잔 영화의 내용을 히틀러와 결부시켜 낙인찍

게 한 용서할 수 없는 죄악이다. 이 영화들은 세계에——그리고 심지어 침략당한 주민들과 동족이며 우리 자신의 몰살에 대한 기억의 환기를 기뻐하는 우리에게조차——인도차이나 침공부터 대학살에 이르기까지 미국이 견지해 온 가공할 인종적 기준을 제안했다. 과정이 덜 분명하고, 아마 어떤 경우에는 덜 잔인하기는 하겠지만 다른 자본주의 국가들 역시 내부의 차이를 희생하여 상대적인 민족적·문화적 동질성을 성취했다.

또한 메스티사혜mestizaje와 피식민 세계 사이에 어떠한 필연적 관계도 설정할 수 없다. 피식민 세계는 기본적인 구조적 유사성에도 불구하고 대단히 복잡하다.[2] 피식민 세계는 명백한 수천 년의 유구한 문화를 가진 국가들을 포함해 왔는데, 그 가운데 일부 국가——인도, 베트남——는 직접적으로 점령당했거나 현재 점령당해 있으며, 다른 나라——중국——는 간접적으로 점령당했다. 또 아랍 세계처럼 풍요로운 문화를 가졌지만 정치적으로 동질성이 취약하고 극히 다양한 형태의 식민주의를 겪은 국가들도 있다. 마지막으로, 기본 뼈대는 유럽인들의 무자비한 만행에 의해 야만적으로 해체되었지만, 여전히 일정한 민족적·문화적 동질성을 유지하고 있는 블랙아프리카 국가들이 있다. 물론 이 마지막 경우에 식민주의자들이 동질성의 존재를 부정하려는 범죄적 시도를 했지만 성공하지 못했다. 이 국가들에도 다소간 메스티사혜가 존재하지만, 항상 우연적이며 언제나 발전의 중심선中心線에서 비껴 나 있다.

그러나 지구상의 피식민 세계에는 아주 특별한 경우가 존재한다. 메

---

2 Yves Lacoste, *Les pays sous-développés*, Paris, 1959, pp.82~84 참조. 유럽 이외의 국가들에 대한 시사적이고 논쟁적인 유형 분류에 관해서는 Darcy Ribeiro, *Las Américas y la civilización*, vol.1, Buenos Aires, 1969, pp.112~128 참조.

스티사혜가 우연이 아니라 본질이자 중심선인 광대한 지역, 즉 우리 자신, "우리 메스티소 아메리카"를 말한다. 감탄할 정도로 언어에 정통했던 마르티는 민족적·문화적으로 볼 때 원주민과 유럽인, 아프리카인의 후손의 문화인 우리 문화의 차별적 표지로서 이 특정 형용사를 사용했다. 「자메이카에서 보낸 편지」Carta de Jamaica, 1815에서 해방자 시몬 볼리바르는 이렇게 선언한 바 있다. "우리는 작은 인간종人間種입니다. 우리는 거의 모든 예술과 학문에서 초보적이며 드넓은 대양에 둘러싸인 동떨어진 세계를 가지고 있습니다." 그는 또 앙고스투라 의회Congreso de Angostura 연설(1819)에서 이렇게 덧붙였다.

우리 민족은 유럽인도 미국인도 아니며, 유럽의 소산이라기보다는 오히려 아프리카와 아메리카의 혼합이라는 사실을 명심합시다. 다름 아닌 스페인조차 아프리카의 피와 제도, 그리고 그 특성으로 인해 더 이상 유럽 국가가 아니기 때문입니다. 우리가 어떤 인간종에 속하는지 정확하게 말하기란 불가능합니다. 원주민은 대부분 말살되었고, 유럽인은 아메리카인·아프리카인과 어우러졌으며, 아프리카인은 인디오 및 유럽인과 뒤섞였습니다. 모두가 같은 어머니의 자궁에서 태어났지만, 기원과 혈통이 서로 다른 우리의 아버지들은 이방인이고 피부색도 눈에 띄게 제각각입니다. 이러한 차이점은 대단히 중요한 의미를 지닙니다.

금세기에도 멕시코인 호세 바스콘셀로스는 혼란스럽지만 직관으로 가득한 책 『우주적 인종』La raza cósmica, 1925에서 새로운 인종, 즉 "이전에 존재했던 모든 인종의 보물로 빚어진 궁극의 인종인 우주적 인종"이 라틴아메리카에서 버려지고 있다고 지적했다.[3]

이러한 특수한 사실은 숱한 오해의 원인이 된다. 중국이나 베트남, 한국, 아랍, 아프리카 문화는 유럽계 미국인을 열광시키거나 무관심하게 만들거나, 심지어 맥 빠지게 할 수 있다. 그러나 중국인을 노르웨이인과 혼동하거나 반투족 사람을 이탈리아 사람과 혼동하는 일은 결코 일어나지 않을 것이다. 또 그들이 존재하는지 묻는 일도 없을 것이다. 반면 일부 라틴아메리카인은 견습생이나 초고 또는 유럽인의 색 바랜 사본으로 간주되기 일쑤다. 이 유럽인들에는 마르티가 "유럽계 아메리카"라고 부른 곳의 백인도 포함된다. 마찬가지로 우리의 문화 일체는 견습생이나 초고 또는 유럽 부르주아 문화의 사본(볼리바르가 말한 것처럼 "유럽의 소산") 으로 취급된다. 이 두번째 오류가 앞의 오류보다 더 빈번한데, 쿠바인과 영국인 혹은 과테말라인과 독일인을 혼동하는 것은 고유한 인종적 특징의 방해를 받기 십상이기 때문이다. 라플라타 강 유역 사람들은 문화적으로는 그렇지 않지만 인종적으로는 덜 차별화되는 것처럼 보인다. 사실 혼동은 근원적인데, 우리는 수많은 원주민, 유럽인, 아프리카인, 아시아인 거주자들의 후손이지만 소통을 위한 소수의 언어, 즉 식민자들의 언어만을 가지고 있기 때문이다. 다른 식민지 주민들이나 과거의 식민지 출신자들은 대도시 한복판에서 그들끼리 자신의 언어로 말하는 반면, 우리 라틴아메리카인과 카리브인은 여전히 식민자의 언어를 사용하고 있다. 식민자의 언어는 토착어도 크리올어도 가로지르지 못하는 경계를 뛰

---

3 이 주제에 대해 알려진 내용의 스웨덴어 요약은 Magnus Mörner, *La mezcla de razas en la historia de América Latina*, Buenos Aires, 1969에서 찾아볼 수 있다. 이 연구는 "세계의 다른 어떤 지역도 1492년 이후 라틴아메리카와 카리브에서 일어난 것만큼 대대적인 인종의 교차를 목격하지 못했다"(p.15)고 진단하고 있다. 물론 이 글에서 나의 관심사는 무의미한 생물학적 개념으로서의 '인종'(razas)이 아니라 역사적 개념으로서의 '문화'(culturas)다. Claude Lévi-Strauss, *Race et histoire*[1952], Paris, 1968, passim 참조.

어넘을 수 있는 링구아프랑카linguas francas[4]다. 지금 우리가 이 식민자들과 논쟁을 하고 있다고 가정해 보자. 지금은 우리의 언어이기도 한 그들의 언어를 사용하지 않는다면, 또 지금은 우리의 개념적 도구이기도 한 그들의 숱한 개념적 도구를 동원하지 않는다면 무슨 수로 논쟁을 벌일 수 있겠는가? 아마도 역사상 가장 뛰어난 픽션 작가일 셰익스피어의 한 작품에서 우리가 읽은 놀라운 외침도 이와 다르지 않다. 셰익스피어의 마지막 작품인 『폭풍우』[5]에서 흉측한 칼리반은 자신의 섬을 강탈하고 자신을 노예로 삼고 자신에게 말을 가르쳐 준 프로스페로에게 저주를 퍼붓는다. "네놈이 내게 말을 가르쳤지, 그리고 내가 얻은 것은 / 저주하는 법을 알게 되었다는 거다. 내게 말을 가르친 대가로 / 천연두에나 걸려 뒈져라!"(『폭풍우』, 1막 2장)

## 칼리반의 역사

칼리반Caliban은 셰익스피어가 '카니발'caníbal의 철자를 뒤섞어서 만든 단어다. '카니발'이라는 말은 '카리브'caribe에서 유래했으며, 『헨리 6세』 3부와 『오셀로』에서 이미 셰익스피어가 식인종의 의미로 사용한 바 있다. 유럽인들이 도착하기 전, 카리브인들은 지금 우리가 살고 있는 이 땅에서 가장 용맹한 투사였다(유럽인들에게 영웅적으로 저항했다). 그들의 이름은 카리브 해(우리가 지중해를 '유럽의 카리브 해'라고 부르는 것처럼 혹자

---

4 모국어를 달리하는 사람들이 상호 이해를 위하여 습관적으로 사용하는 언어. — 옮긴이
5 셰익스피어가 마지막으로 쓴 세 편의 희곡 『카데니오』(*Cardenio*), 『헨리 8세』(*Henry VIII*), 『고결한 가문의 두 남자』(*The Two Noble Kinsmen*)는 극작가인 존 플레처(John Fletcher)와 공동 창작한 것으로 추정된다. — 옮긴이

들은 친절하게도 이 바다를 '아메리카의 지중해'로 부른다)라는 명칭 덕에 오늘날까지 전해지고 있다. 그러나 '카리브'든, 아니면 변형된 형태인 '카니발'이든 유럽인들에게 그 명칭은 무엇보다 모욕과 멸시의 의미를 갖는다. 셰익스피어는 바로 이런 의미에서 이 용어를 취하여 복잡한 상징으로 빚어 냈다. 우리에게 예외적인 중요성을 갖는 만큼 간략하게 그 역사를 살펴볼 필요가 있다.

크리스토퍼 콜럼버스의 『항해 일지』에는 칼리반이라는 상징의 소재가 될 사람들에 대한 유럽 최초의 언급이 등장한다. 콜럼버스가 장차 아메리카로 불리게 될 대륙에 도착한 지 채 한 달도 지나지 않은 1492년 11월 4일 일요일에 이런 기록이 나온다. "[제독은] 그곳에서 멀리 떨어진 곳에 외눈박이 인간과 입이 개처럼 생긴 식인종이 살고 있다는 사실 또한 알고 있었다."[6] 11월 23일 금요일에는 이런 기록도 있다. "그들은 그 섬[아이티 섬. 콜럼버스는 실수로 이 섬을 보이오Bohío라고 불렀다—인용자]이 무척 크고, 거기에는 이마에 외눈이 달린 사람들과 카니발레스caníbales

---

6 가톨릭 국왕 부처에 바치는 『항해 일지』「서문」에서 콜럼버스는 "제가 우리말로 왕 중의 왕을 뜻하는 대칸이라 불리는 군주와 인도의 땅에 대해 폐하들께 드렸던 정보"라고 언급한다. '카리브'(caribe)라는 용어와 그 진화에 대해서는 Pedro Henríquez Ureña, "Caribe"[1938], *Observaciones sobre el español en América y otros estudios filológicos*, Buenos Aires, 1976 참조. 식인 풍습을 카리브족과 결부시키는 주장에 관해서는 이를 비판하는 다음 작가들을 참조할 것. Julio C. Salas, *Etnografía americana. Los indios caribes. Estudio sobre el origen del mito de la antropofagia*, Madrid, 1920; Richard B. Moore, *Caribs, "Canibals" and Human Relations*, Barbados, 1972; Jalil Sued Badillo, *Los caribes: realidad o fábula. Ensayo de rectificación histórica*, Río Piedras, Puerto Rico, 1978; W. Arens, "2. Los Antropófagos Clásicos", *El mito del canibalismo, antropología y antropofagia*[1979], México D.F., 1981; Peter Hulme, "1. Columbus and the Cannibals" and "2. Caribs and Arawaks", *Colonial Encounters. Europe and the Native Caribbean, 1492~1797*, London and New York, 1986. 마지막 세 권의 책은 방대한 참고 문헌을 소개하고 있다.

라 불리는 사람들이 살고 있다면서 공포에 질린 표정을 지어 보였다." 12월 11일 화요일에 콜럼버스는 "카니바인들caniba은 다름 아닌 대칸El Gran Can의 부하들임이 분명하다"고 적고 있다. 이는 콜럼버스도 사용한 바 있는 '카리브'라는 명칭이 어떤 변형을 겪게 되는지 잘 보여 준다. 1493년 2월 15일 "카나리아 섬 근처의 범선 위에서 쓴" 편지에서 콜럼버스는 세상에 자신의 '발견'을 선언하면서 이렇게 기록하고 있다. "이처럼 나는 괴물들을 찾아내지도 소식을 듣지도 못했다. 유일한 예외는 인디아스[7]의 입구에 있는 두번째 섬[콰리베스Quarives 섬—인용자]이었는데, 그곳에는 모든 섬을 통틀어 가장 포악하며 인육을 먹는 사람들이 살고 있다."[8]

이러한 카리브/카니발의 이미지는 콜럼버스가 『항해 일지』에서 제공하는 또 다른 아메리카 원주민의 이미지와 대조를 이룬다. 다름 아닌 대안티야스 제도las grandes Antillas의 아라와코족arauaco—주로 우리의 타이노족taíno—의 이미지를 말하는데, 콜럼버스는 그들을 평화롭고 온순하며, 심지어는 소심하고 겁 많은 종족으로 묘사하고 있다. 아메리카 원주민에 대한 두 가지 상반된 시각은 급속도로 유럽 전역에 확산되면서 독특한 방식으로 전개된다. 타이노족은 유토피아적 세계에 사는 천상의 주민들로 탈바꿈한다. 토머스 모어는 이미 1516년 『유토피아』를 출간하는데, 에세키엘 마르티네스 에스트라다는 광기에 가까운 어조로 유토피아와 쿠바 섬의 유사성을 부각한 바 있다.[9] 반면 카리브족은 식인종인 '카니발'이자 문명 세계의 바깥에 존재하는 야수로서 무자비하게 맞서 싸워

---

7  아메리카 대륙의 옛 이름으로 신대륙을 아시아의 일부로 착각한 콜럼버스의 오류에서 비롯했다.—옮긴이

8  *La carta de Colón anunciando el descubrimiento del Nuevo Mundo, 15 de febrero~14 de marzo 1493*, Madrid, 1956, p.20.

야 하는 대상으로 전락한다. 이 두 가지 시각은 겉보기만큼 동떨어져 있지 않은데, 실제로 역동적인 신흥 부르주아 계급이 선택한 두 개의 이데올로기적 무기일 뿐이다. 프란시스코 데 케베도는 '유토피아'를 '그런 장소는 없다'No hay tal lugar로 옮겼다. 앞서 언급한 두 가지 시각과 관련하여 '그런 인간은 없다'No hay tal hombre라는 말을 덧붙일 수 있겠다. 더 현대적인 용어로 말하자면, '에덴동산의 피조물'이라는 개념은 부르주아 좌파의 작업가설로서 그들이 현실에서 맞서 싸우는 봉건적 세계의 장애물을 알지 못하는 완벽한 사회의 이상적 모델을 제공한다. 대체로 유토피아적 관점은 자신들의 국가에서 실현하지 못한 정치 개혁안을 이 땅에 투사하며, 이런 의미에서 폐기된 노선으로 간주할 수 없을 것이다. 오히려 이러한 관점은 식민지 상태에서 해방된 국가들에 지칠 줄 모르고 훈수를 두는 수많은 조언자에게서 독특한 계승자를 발견한다(훗날 혁명가가 되는 급진적 계승자들은 별개로 치더라도). 이들은 식민주의가 우리에게 남긴 유산이자 당연히 자기들의 나라에서도 해결 못한 심각한 문제들에 대한 해결책으로 식민 지배국의 마법적 처방을 제시한다. 따라서 그런 장소가 있을 뿐 아니라 기획이 아닌 실제 현실의 장단점을 지니고 있다고 보는 뻔뻔스러움 앞에서 '그런 장소는 없다'고 주장하는 이들이 격노하는 것은 불 보듯 뻔한 일이다.

마찬가지로 식인종의 관점은 부르주아 우파——역시 오늘날의 용어를 사용하자면——에 해당한다. 이는 모략을 일삼는 정치 활동가들의 이

---

9 Ezequiel Martínez Estrada, "El Nuevo Mundo, la isla de Utopía y la isla de Cuba", *Cuadernos Americanos*, March-April 1963; *Casa de las Américas*, no.33, November-December 1965. *Casa de las Américas*, no.33은 에세키엘 마르티네스 에스트라다에게 헌정되었다.

데올로기적 무기에 속한다. 유토피아를 꿈꾸는 매혹적인 몽상가들도 모략을 일삼기는 매한가지다. 카리브인들이 콜럼버스가(뒤이어 그의 무수한 추종자가) 묘사한 그대로의 모습이었을 가능성은 외눈박이 인간과 코가 개처럼 생긴 사람, 꼬리 달린 사람 또는 아마존 여전사가 실제로 존재했을 가능성과 별반 다르지 않다. 아닌 게 아니라 콜럼버스는 그리스·로마 신화, 중세 동물 우화, 마르코 폴로, 기사 소설이 나름의 역할을 하는 글에서 이러한 인물들을 언급한다. 식민자가 피식민자에 대해 제공하는 특유의 악의적 견해다. 우리 자신조차 한동안 이러한 견해를 믿었다는 것은 우리가 얼마나 적의 이데올로기에 침윤되었는지를 입증해 줄 뿐이다. 우리가 식인종이라는 말을 우리 섬의 멸종된 선주민들이 아니라 수치스러운 타잔 영화에 등장하는 아프리카 흑인에게 적용했다는 것은 시사적이다. 사실 우리를 하나로 결합시키고 부차적인 차이 너머에 존재하는 우리의 유사성을 보게 하는 것은 바로 식민자들이다.

식민자의 시각은 돌이킬 수 없는 야수성野獸性 때문에 카리브족을 몰살시키는 것 외에 다른 선택의 여지가 없다고 주장한다. 이러한 시각이 우리에게 설명하지 못하는 것은 그렇다면 왜 평화롭고 온화한 아라와코족이 심지어 카리브족보다 먼저 몰살당했는지에 관한 것이다. 요약하자면 여하튼 그들에 대해 역사상 최악의 인종 학살 중의 하나가 자행되었다(식민자의 시각이 앞의 시각보다 더욱 질긴 생명력을 지니고 있다는 것은 두말할 나위가 없다). 이와 관련하여 실제 아메리카와 아무 상관이 없는 공상적 이상주의와 파렴치한 약탈의 이데올로기에서 벗어나 가슴으로 식민주의자들의 행태를 비난하고 열정적이고 명쾌하고 용맹하게 실제 원주민들을 옹호했던 인물들을 부각할 필요가 있다. 선봉에는 뛰어난 인물인 바르톨로메 데 라스 카사스가 있다. 시몬 볼리바르는 그를 "아메리카의 사도"Apóstol de la América라 불렀고 호세 마르티는 드러내 놓고 그를 찬양했다. 불행히도 이러한 인물들은 예외적인 존재였다.

유토피아적 노선에서 가장 널리 알려진 유럽의 저작 중 하나는 1580년에 출간된 몽테뉴의 에세이 「식인종에 대하여」이다. 여기에는 "참되고 더 유용하고 자연적인 효능과 특성이 생생하고 힘차게 살아 있는"[10] 생명체들이 소개되어 있다. 1603년 조반니 플로로의 작업으로 몽테뉴의 『수상록』 영역본이 출간된다. 플로로는 개인적으로 셰익스피어의 친구였을 뿐만 아니라 셰익스피어가 소유했고 직접 주석을 달았던 이 번역본이 한 부 보존되어 있다. 이 책이 셰익스피어의 마지막 걸작인 『폭풍우』(1611)의 직접적인 원천의 하나임을 명쾌하게 밝히지 못한다면, 이 정보는 특별한 의미를 갖지 못할 것이다. 심지어 이 극작품에 등장하는 인물로 르네상스 인문주의자의 화신인 곤살로는 어느 순간 플로로가 번역한 몽테뉴의 몇 구절을 거의 그대로 옮겨 말하는데, 출처는 정확히 몽테뉴의 「식인종에 대하여」이다. 이러한 사실 때문에 셰익스피어가 그의 인물인 '식인종' 칼리반을 제시하는 방식이 더욱 기이하게 느껴지는 것이다. 몽테뉴의 에세이—셰익스피어의 의문의 여지 없는 문학적 원천—에서는 "그 나라들에는 야만적인 것도 미개한 것도 전혀 없고 [……] 다만 각자가 자신들의 풍습과 다른 것을 야만으로 부를 뿐"[11]인 데 반해, 셰익스피어에게서 '식인종' 칼리반은 흉측하게 생긴 야만적인 노예로서 어떠한 모욕도 아깝지 않은 존재다. 한마디로 철저한 리얼리스트인 셰익스피어는 칼리반을 형상화하면서 부상하는 부르주아 세계의 '또 다른 선택'

---

10 Michel de Montaigne, *Ensayos*, vol.1, Buenos Aires, 1948, p.248.
11 *Ibid.*.

을 취한 것이다. 유토피아적 시각은 분명 작품 속에 존재하지만 칼리반과 유리되어 있다. 앞서 말한 대로, 이러한 시각은 균형 잡힌 인문주의자인 곤살로로 표상된다. 이렇듯 셰익스피어는 아메리카적인 것lo americano을 고려하는 두 가지 방식이 결코 대립적이지 않고 완벽하게 화해할 수 있음을 분명히 보여 주고 있다. 실제 인간을 짐승으로 제시하고, 그의 땅을 빼앗고, 그의 노동으로 먹고살기 위해 노예로 삼고, 때가 되면 말살한다. 언제나 말살 행위는 그를 대신하여 고된 노동을 수행할 인력을 동원할 수 있을 때 일어난다. 의미 있는 한 구절에서 프로스페로는 딸 미란다에게 칼리반 없이는 살아갈 수 없다고 토로한다. "그렇긴 하다만 우린 그놈 없이는 살아갈 수 없어. 그는 불을 지피고, / 밖에 나가 땔나무를 해오고, 우리에게 유익한 / 일들을 해준단 말이야"(1막 2장). 유토피아적 시각은 살과 뼈를 지닌 실제 인간을 배제할 수 있고, 또 배제해야만 한다. 결국 "그런 장소는 없다".

『폭풍우』가 아메리카를 암시하고 작품에 등장하는 섬은 우리의 섬들 중 하나를 신화화한 것이라는 데는 이제 의심의 여지가 없다. 아스트라나 마린은 "뚜렷하게 원주민적인(아메리카적인) 섬의 분위기"를 언급하면서, 셰익스피어에게 영감을 주었을 뿐 아니라 약간 변형된 형태로 미란다, 세바스티안, 알론소, 곤살로, 세테보스 등 적지 않은 등장인물의 이름까지 제공한 실제의 아메리카 여행 중 하나를 기억해 낸다.[12] 이보다 더 중요한 것은 칼리반이 우리의 카리브족이라는 사실을 아는 것이다.

출간 이후 이 탁월한 작품에 대해 이루어진 해석을 일일이 추적할 생

---

12  William Shakespeare, *Obras completas*, Madrid, 1961, pp.107~108.

각은 없다.[13] 몇몇 해석을 지적하는 것으로 충분할 것이다. 첫번째는 에르네스트 르낭의 해석으로 그는 1878년 극작품 『칼리반. 『폭풍우』 속편』을 출간한다.[14] 이 작품에서 칼리반은 민중의 화신으로 등장하는데, 프로스페로에 대한 음모가 성공을 거둬 권력을 잡게 된다는 것 말고는 최악으로 그려진다. 칼리반은 분명 무능과 부패로 권좌에 계속 머물러 있지 못할 것이다. 프로스페로는 어둠 속에서 복수를 기다리고 아리엘은 사라진다. 이러한 해석은 셰익스피어보다는 7년 전에 일어난 파리코뮌에 더 많은 빚을 지고 있다. 물론 르낭은 경이로운 "하늘 습격"asalto al cielo을 격렬하게 비판했던 프랑스 부르주아 작가 중 한 명이었다.[15] 이 거대한 사건 이후 그의 반反민주주의는 더욱 공고해진다. 폴 리드스키에 따르면, 그는 "『철학적 대화』에서 학문의 모든 비밀을 주재하고 소유하는 지식인 엘리트의 구성을 해결책으로 제안한다".[16] 귀족주의적이고 전前파시스트적인

---

**13** 가령 얀 코트에 따르면, 19세기까지는 "『폭풍우』를 엄밀한 의미의 전기나 알레고리적 정치극으로 읽고자 한 셰익스피어 연구자들이 많았다". Jan Kott, *Apuntes sobre Shakespeare*, Barcelona, 1969, p.353.

**14** Ernest Renan, *Caliban. Suite de "La tempête"*, Paris, 1878. 흥미롭게도 3년 뒤인 1881년 르낭은 또한 *L'eau de Jouvence. Suite de "Caliban"*을 발간하는데, 여기에서는 이전 책의 중심적인 주장을 일부 철회하면서 이렇게 설명한다. "나는 프로스페로를 사랑하지만, 그를 왕으로 옹립한 자들은 결코 사랑하지 않는다. 권력에 의해 향상된 칼리반이 나에게 더 큰 기쁨을 준다. [……] 이 작품에서 프로스페로는 그의 옛 무기를 써서 왕위를 되찾겠다는 일체의 꿈을 버려야 한다. 결국 예수회 신부들과 교황의 주아브병[프랑스 보병]에 의해 왕권을 되찾은 프로스페로보다 칼리반이 우리에게 더 많은 봉사를 할 것이다. [……] 우리 칼리반을 지키자. 프로스페로를 영예롭게 매장하고, 이제 사소한 이유로 아무 일에나 죽음의 유혹을 받지 않도록 아리엘에게 생명을 불어넣을 방도를 열심히 찾아보자." 르낭은 *Drames philosophiques*, Paris, 1888에 여러 극작품을 모아 놓았다. 지금은 *Œuvres complètes*, III, Paris, 1949를 참조하는 것이 더 용이하다. 위의 인용은 pp.440~441에서 가져왔다.

**15** Arthur Adamov, *La Commune de Paris(8 mars~28 mai 1871)*, Anthologie, Paris, 1959: 그리고 특히 Paul Lidsky, *Les écrivains contre la Commune*, Paris, 1970을 참조할 것.

**16** Lidsky, *Les écrivains contre la Commune*, p.82.

르낭의 엘리트주의, 조국의 민중에 대한 그의 증오는 식민지 거주민에 대한 더 큰 증오와 결부되어 있다는 점에서 특히 관심을 끈다. 이런 의미에서 그의 생각을 들어 보는 것은 유익할 것이다.

우리는 평등이 아니라 지배를 열망한다. 낯선 인종의 국가는 다시 노예, 일당 농업 노동자, 산업 노동자의 나라가 되어야 할 것이다. 국민들 간의 불평등을 제거하는 대신 오히려 그것을 확대하고 하나의 법칙으로 삼아야 할 것이다.[17]

또 다른 지면에서 그는 이렇게 말했다.

우등한 인종에 의한 열등하거나 퇴화한 인종의 갱생은 인류의 섭리다. 우리에게 보통 사람이란 거의 언제나 몰락한 귀족이며, 그의 육중한 손은 하찮은 연장보다 검을 다루는 데 훨씬 더 적합하게 만들어졌다. 일보다 싸움을 먼저 선택한다. 다시 말해, 처음의 상태로 돌아간다. 제국으로 모든 민족을 통치하는 것Regere imperio populos, 그것이 바로 우리의 소명이다. 이 불타는 활동을 중국처럼 외세에 정복당하기를 희구하는 나라들에 쏟아부어라. [……] 자연은 노동자의 인종을 만들었다. 놀라운 손 기술을 지녔지만 공명심이라고는 거의 없는 중국인들이 그렇다. 그들을 공정하게 다스려라. 통치를 선사하는 대가로 그들의 풍요로운 부를 강

---

17 Aimé Césaire, *Discours sur le colonialisme*, 3d ed., Paris, 1955, p.13에서 재인용. 이 책에 담긴 주장은 탁월하며, 여기에서 많은 부분을 나의 것으로 취한다. 이 글은 *Casa de las Américas*, no.36/37, May-August 1966에 일부가 번역되어 있다. 이 호는 '아메리카 속의 아프리카'(África en América)를 주제로 한 특집호이다.

탈하라. 그러면 그들은 기뻐할 것이다. 땅을 경작하는 노동자의 인종은 흑인이고, [……] 주인과 군인의 인종은 유럽인이다. [……] 각자 타고난 바를 행하도록 하라. 그러면 만사형통할 것이다.[18]

에메 세제르가 올바로 지적했듯이, 히틀러가 아니라 프랑스 인문주의자 에르네스트 르낭의 말인 이 구절은 별도의 설명을 요하지 않는다.

우리 아메리카 땅에서 칼리반 신화가 맞닥뜨린 최초의 운명은 놀랍다. 르낭이 『칼리반. 『폭풍우』속편』을 발표한 지 20년이 지난 1898년, 미국은 쿠바의 대對스페인 독립 전쟁에 개입하여 쿠바를 보호령으로 복속시켰고, 1902년 이후(1959년까지) 쿠바는 미국의 첫번째 신식민지가 된다. 반면에 푸에르토리코와 필리핀은 전통적인 유형의 미국 식민지로 전락한다. 여러 해 전 마르티가 예견했던 이 사건은 이스파노아메리카[19]의 인텔리겐치아를 전율시킨다. 다른 자리에서 내가 환기시킨 대로, '98'은 단지 복잡한 일군의 스페인 작가와 사상가만을 지칭하는 연도가 아니라, 무엇보다 대서양 이편의 마찬가지로 복잡한 일군의 작가와 사상가, 다시 말해 흔히 '모데르니스타'modernistas라는 막연한 이름으로 불리는 존재들을 지칭하기 위해 사용되어야 하는 이스파노아메리카의 연도이기도 하다.[20] 루벤 다리오와 호세 엔리케 로도의 후기 저작의 집필 동기는 이미 마르티가 예고한 바 있는 '98'——라틴아메리카에서 미 제국주의의 뚜렷

---

18 Césaire, *Discours sur le colonialisme*, pp.14~15에서 재인용.
19 스페인어를 사용하는 라틴아메리카 국가들을 가리킨다.—옮긴이
20 Roberto Fernández Retamar, "Destino cubano"[1959], *Papelería*, La Habana, 1962. 그리고 특히 III Congreso de la Asociación Internacional de Hispanistas, México D.F., 1968에서 발표한 "Modernismo, noventiocho, subdesarrollo"를 참조할 것. 뒤의 글은 *Ensayo de otro mundo*, 2d ed., Santiago de Chile, 1969에 수록되었다.

한 존재——이다.

당시 라틴아메리카 작가들이 이 사실을 어떻게 받아들였는지를 보여 주는 초기의 예를 폴 그루삭이 1898년 5월 2일 부에노스아이레스에서 행한 강연에서 찾아볼 수 있다.

남북전쟁과 난폭한 서부 침략 이후 '칼리반적인' 흉측한 육체에서 양키의 영혼이 자유로이 떨어져 나왔고, 구세계는 쇠락한 것으로 선고받은 우리 문명을 찬탈하려는 신생 문명을 근심 어린 두려움의 눈으로 응시했습니다.[21]

프랑스계 아르헨티나 작가인 그루삭은 '우리' 문명(분명 그는 우리 라틴아메리카인이 신기하게도 그 일부를 이루게 될 '구세계'의 문명을 그렇게 이해한다)이 '칼리반적인' 양키에 의해 위협받고 있다고 생각한다. 동시대에 프랑스 식민주의에 유린당한 알제리와 베트남의 작가들이 그러한 판단의 첫 대목에 흔쾌히 동의했을 가능성은 거의 없다. 또한 칼리반의 상징——비록 모욕하기 위해서이긴 했지만 여기에서 르낭은 정확히

---

21  José Enrique Rodó, *Obras completas*, Madrid, 1957, p.193에서 재인용; Rubén Darío, "El triunfo de Calibán", *El Tiempo*, Buenos Aires, 20 May 1898도 참조할 것(Rodó, *Obras completas*, p.194에서 극히 일부가 인용됨). 로도가 알게 되었는지 알 수 없는 이 글에서 다리오는 "은 이빨을 가진 버펄로들, [······] 나의 적들 [······] 라틴 혈통을 증오하는 자들, [······] 야만인들"을 거부하며 이렇게 덧붙인다. "나는 그들을 편들 수 없다. 나는 칼리반의 승리를 옹호할 수 없다. [······] 단 한 사람만이 이 문제에 있어 사엔스 페냐(Sáenz Peña)만큼 [······] 선견지명이 있었다. 그 사람은 다름 아닌——기묘한 시간의 아이러니여!——자유 쿠바의 아버지 호세 마르티다"(Darío, "El triunfo de Calibán", *Prosas políticas*, Managua, 1982, pp.85~86). 다리오는 기이한 프랑스 주술사 조세핀 펠라당(Joséphin Péladan)을 인용하면서(다리오는 비유를 그의 것으로 돌린다) *Los raros*[1896], Buenos Aires, 1952, p.20의 "Edgar Allan Poe"에서 미국을 칼리반에 비유한 바 있다.

민중을 발견할 줄 알았다——이 미국에 적용되는 것을 보는 것도 솔직히 낯설다. 이처럼 초점이 어긋났음에도 불구하고, 라틴아메리카가 처한 특수한 상황 때문에 그루삭의 반응은 양키의 위협에 대한 라틴아메리카 작가들의 단호한 거부를 의미했다. 하지만 우리 대륙에서 이러한 거부의 표명이 처음은 아니었다. 예컨대 시몬 볼리바르, 프란시스코 빌바오, 호세 마르티 같은 이스파노아메리카인은 제쳐 두더라도 브라질 문학에서 선례를 찾아볼 수 있다. 소우장드라지라는 이름으로 널리 알려진 주아킹 지 소우자 안드라지는 기묘한 시 「방랑하는 게자」O Guesa Errante의 열번째 노래를 "월스트리트의 지옥", "부패한 주식 중개인과 좀스러운 정치꾼, 사업가들로 우글거리는 발푸르기스의 밤Walpurgisnacht"에 바쳤고,[22] 주제 베리시무는 국민 교육에 관한 1890년 논문에서 미국을 비난하면서 "미국에 경탄하지만 존경하지는 않는다"고 썼다.

우루과이 출신의 호세 엔리케 로도——"미국에 경탄하지만 좋아하지는 않는다"라는 그의 유명한 구절은 베리시무의 논평과 글자 그대로 일치한다——가 브라질 사상가의 글을 읽었는지는 모르겠다. 그러나 그가 1898년 5월 6일 몬테비데오의 『라 라손』La Razón지에 핵심 내용이 실린 그루삭의 강연을 익히 알고 있었다는 것은 분명하다. 로도는 이 강연에서 윤곽이 그려진 생각을 발전시키고 가다듬어 1900년 29세의 나이에 이스파노아메리카 문학에서 가장 널리 알려진 작품의 하나인 『아리엘』Ariel을 발표했다. 여기에서 미국 문명은 암암리에 칼리반(작품에서는 거의 언급되지 않는다)으로 제시된 반면, 아리엘은 로도가 주저 없이 여러

---

22  Jean Franco, *The Modern Culture of Latin America: Society and the Artist*, London, 1967, p.49 참조.

차례 "우리 문명"(223, 226쪽)이라고 부르는 것의 정수를 구현하게 된다
(아니 마땅히 그랬을 것이다). 그에게 "우리 문명"은 그루삭의 경우와 마
찬가지로 "우리 라틴아메리카"(239쪽)뿐만 아니라, 구세계 전체는 아니
더라도 로망스어권 국가들까지 아우른다. 그루삭이 제안하고 로도가 확
산시킨 칼리반과 미국의 동일시는 분명 오류였다. 한 측면에서 이 오류
를 비판하면서 호세 바스콘셀로스는 이렇게 논평했다. "양키들이 단지
칼리반에 불과하다면 그들은 대단히 위험한 존재는 되지 못할 것이다."[23]
그러나 문제의 위험을 명확하게 적시한 것에 비하면 이는 대수롭지 않은
사실이다. 마리오 베네데티가 올바로 지적했듯이, "아마도 로도는 위험
을 지칭하면서 오류를 범했겠지만, 그 위험이 어디에 있는지에 대한 인
식에서는 오류를 범하지 않았다".[24]

　　얼마 후 프랑스 작가 장 게에노가——르낭의 작품을 속속들이 알고
있던 식민지 작가 로도의 글을 분명 모른 채——칼리반에 대한 르낭의 주
장을 다시 취했다. 1928년 파리에서 출간된 『칼리반 말하다』*Caliban parle*
에서다. 그러나 이번에는 르낭 식의 칼리반/민중의 동일시가 칼리반에
대한 긍정적 평가를 동반한다. 처음으로 칼리반에 대해 호의적인 견해를
제공한 것에 게에노의 책에 감사해야 한다.[25] 그러나 이 주제가 효과적으
로 부각되려면 폴 니장의 손길 또는 분노가 필요했을 것이다.[26]

---

23　José Vasconcelos, *Indología*, 2d ed., Barcelona, n.d., pp.x~xiii.

24　Mario Benedetti, *Genio y figura de José Enrique Rodó*, Buenos Aires, 1966, p.95.

25　얀 코트는 예리하지만 부정적인 견해를 통해 이러한 사실에 대한 분노를 드러낸다. "르낭
에게 칼리반은 민중(Demos)의 화신이다. 『폭풍우』의 속편에서 [……] 그의 칼리반은 프
로스페로에 대한 공격을 성공적으로 수행한다. 게에노는 칼리반-민중을 옹호하는 글을
썼다. 두 가지 해석 모두 진부하다. 셰익스피어의 칼리반은 더 위대하다"(*Apuntes sobre
Shakespeare*, p.398).

아르헨티나의 아니발 폰세가 『부르주아 휴머니즘과 프롤레타리아 휴머니즘』(1935)에서 제시한 견해는 한층 더 예리하다. 이 책—체 게바라 사상을 연구하는 어느 학자는 이 책이 그에게 영향을 끼쳤음에 틀림없다고 추정한다[27]—은 3장을 '아리엘 또는 집요한 환상의 고통'에 할애하고 있다. 『폭풍우』를 논평하면서 폰세는 말한다. "네 명의 등장인물 안에 이미 한 시대가 오롯이 담겨 있다. 프로스페로는 르네상스를 사랑하는 계몽 절대군주이고 미란다는 그의 혈육이며, 칼리반은 고통받는 대중이다[폰세는 뒤에서 르낭을 인용하지만 게에노는 인용하지 않는다—인용자]. 그리고 대기의 정령인 아리엘은 삶에 매여 있지 않다."[28] 폰세는 셰익스피어의 작품에서 칼리반이라는 인물이 모호하게 제시되고 있으며, 이를 통해 "주인의 엄청난 불의"가 폭로된다고 지적한다. 그리고 아리엘에게서 "칼리반보다는 프로스페로에 덜 억압적이고 덜 가혹한" 방식으로 예속되어 있지만 "마찬가지로 그를 섬기는" 지식인의 모습을 본다. 르네상스 인문주의에 의해 만들어진 지식인 개념("노예와 피고용인의 혼합"), 즉 "유독 행동에 무관심할 것과 기성 질서를 용인할 것을 가르쳤"으며, 이런 이유로 오늘날까지도 부르주아 국가들에서 "지배 계급의 교육적 이상"이 되고 있는 지식인 개념에 대한 그의 분석은 우리 아메리카에서 이

---

**26** 이 주제를 깊이 다루는 데 있어서 게에노의 약점은 그의 에세이집 *Caliban et Prospero*, Paris, 1969에 이를 때까지 연이은 『칼리반 말하다』 개정판(1945년 재판, 1962년 3판)의, 점점 모순적이 되어 가는 머리말에 분명하게 드러나 있다. 이 책에서 한 비평가에 대해 말할 때, "부르주아 사회의 인물이자 그 문화의 수혜자"로 탈바꿈한 게에노는 프로스페로를 『칼리반 말하다』 시기보다 더 공정하게"(Pierre Henri Simon, *Le Monde*, 5 July 1969) 판단한다.

**27** Michael Löwy, *La pensée de Che Guevara*, Paris, 1970, p.19.

**28** Aníbal Ponce, *Humanismo burgués y humanismo proletario*, La Habana, 1962, p.83.

주제에 관해 쓰인 가장 날카로운 에세이의 하나다.

그러나 라틴아메리카인임에도 그의 분석은 여전히 배타적으로 유럽 세계만을 고려하고 있다. 『폭풍우』에 대한 새로운 해석——문제에 대한 새로운 성찰——을 위해서는 이른바 제2차 세계대전 이후 식민지 국가들의 독립을 기다릴 필요가 있다. 식민지 국가들의 갑작스런 해방으로 인해 유엔의 전문가들은 1944~1945년에 서둘러 '경제적 저개발 지역' zona económicamente subdesarrollada이라는 용어를 만들어 내게 되는데, 이 용어는 당시까지 '식민지 지역'zonas coloniales 또는 '낙후 지역'zonas atrasadas 으로 불리던 곳에 호의적인(그리고 지극히 모호한) 어휘의 옷을 덧입히기 위한 것이었다.[29]

이러한 시대 흐름에 편승해 1950년 파리에서 옥타브 마노니의 『식민화의 심리학』이 출간된다. 의미심장하게도 이 책의 영어판(뉴욕, 1956) 제목은 『프로스페로와 칼리반: 식민화의 심리학』Prospero and Caliban: The Psychology of Colonization이다. 이 문제에 접근하기 위한 최선의 방법으로 마노니는 '프로스페로 콤플렉스'라는 개념을 창안했다. 그는 프로스페로 콤플렉스를 "무의식적인 신경증적 기질의 총합"으로서 "식민적 가부장주의의 모습"과 "자신의 딸이 열등한 존재에 의한 상상적 강간 시도의 대상이었던 인종주의자의 초상"을 동시에 그려 내는 개념으로 정의한다.[30] 이 책에서, 아마도 처음으로, 칼리반이 피식민자와 동일시된다. 그러나 식민지 민중은 '프로스페로 콤플렉스'를 느낀다는, 그리고 이 콤플렉스

---

**29** J. L. Zimmerman, *Países pobres, países ricos. La brecha que se ensancha*, México, D.F., 1966, p.1.

**30** O. Mannoni, *Phsychologie de la colonisation*. Paris, 1950, p.71. Frantz Fanon, *Peau noire, masques blancs*[1952], 2d ed., Paris, 1965, p.106에서 재인용.

는 그로 하여금 신경증적으로 프로스페로/식민자의 존재를 요구하고 심지어 인지하며 또 당연히 그 존재를 받아들이도록 이끈다는 괴상한 논리는 프란츠 파농의 『검은 피부, 하얀 가면』(1952)의 4장(「이른바 피식민자의 종속 콤플렉스에 관하여」)에서 단호하게 논박된다.

우리(특히 카리브인들)를 칼리반과 동일시한 최초의 라틴아메리카·카리브 작가는 바베이도스 출신의 조지 래밍이다. 그는 『망명의 기쁨』(1960), 그 중에서도 특히 「괴물, 소년, 노예」와 「칼리반, 역사를 명命하다」라는 장에서 이 문제를 집중적으로 다루고 있다. 에세이이면서 지적 자서전의 성격을 띤 이 역동적인 책의 어떤 구절은 그가 여전히 마노니의 틀을 벗어나지 못하고 있음을 확인시켜 준다. 그러나 래밍은 투생 루베르튀르가 이끈 위대한 아이티 혁명과 C. L. R. 제임스의 작품, 특히 아이티 혁명에 관한 탁월한 저술인 『블랙 자코뱅』The Black Jacobins, 1938 같은 칼리반의 아름다운 아메리카적 구현을 분명하게 지적하고 있다. 그는 자신의 주장의 핵심을 이렇게 표현한다. "칼리반의 역사는——격동의 역사를 가지고 있으므로——전적으로 미래에 속한다."[31]

1960년대에 마침내 『폭풍우』에 대한 새로운 해석이 우위를 점하게 된다. 『셰익스피어의 살아 있는 세계』(1964)에서 영국인 존 웨인은 이렇게 말한다.

---

31 George Lamming, *The Pleasures of Exile*, London, 1960, p.107. 이 책의 재판(London, 1984)에 몇 마디 덧붙이면서 래밍이 쿠바 혁명에 열광을 표한 것은 이상할 게 없다. 그에 따르면 쿠바 혁명은 "하늘에서 번개처럼" 떨어졌고 "우리의 역사를 재구성했다". 그는 "쿠바 혁명은 프로스페로가 문명화의 사명으로 여긴 제국의 위협에 대한 카리브의 응답이었다"(p.7)고 덧붙였다. 래밍의 책 초판을 논평하면서 독일의 얀하인츠 얀(Janheinz Jahn)은 칼리반과 네그리튀드(négritude)의 동일시를 제안한 바 있다(*Neo-African Literature: A History of Black Writing*, New York, 1969, pp.239~242).

[칼리반은] 모든 피착취 민중의 비애를 불러일으키며, 이는 삼백 년에 걸친 유럽의 식민화 시기 초에 신랄하게 표현되었다. 더없이 천한 미개인조차 '교육을 받고' 강제로 타인들을 위해 일하기보다 조용히 살아가게 내버려 두기를 원한다. 칼리반의 불평에는 부인할 수 없는 정당성이 있다. "나는 지금 당신이 거느린 하인의 전부지만 원래는 당당한 나 자신의 왕이었소!" 프로스페로는 식민주의자의 당연한 대답으로 칼리반은 지식과 가르침을 얻었다고 응수한다(물론 우리는 칼리반이 이미 물고기를 잡기 위해 보를 쌓을 줄 알았고, 또 마치 이곳이 영국의 시골인 것처럼 땅에서 땅콩을 캘 줄도 알았다는 것을 기억한다). 프로스페로에게 이용당하기 전까지 칼리반은 말을 할 줄 몰랐다. "미개인 같은 놈아, 네가 너 자신의 말뜻도 모르고 그저 짐승같이 떠벌리기만 할 때, 난 네게 말을 가르쳐서 의사가 통하도록 해주었다." 그럼에도 칼리반은 이 은혜를 원수로 갚는다. 프로스페로의 동굴에 살도록 허락받은 칼리반은 미란다를 겁탈하려고 했다. 이 사실을 준엄하게 상기시켜 주자 그는 무례하게도 폭소를 터뜨리며 말한다. "하아! 그런 일이 이루어졌다면 얼마나 좋았을까! 당신이 날 막았지. 만약 내가 성공했다면 지금 이 섬은 칼리반의 자손들로 우글거릴 텐데." '인종 간의 혼합'miscegenation이라는 끔찍한 단어가 다반사로 사용되는 우리 시대에는 이 구절을 이해하기가 어렵지 않을 것이다.[32]

60년대가 거의 저물어 가던 1969년, 매우 의미심장하게도 세 명의 안티야스 작가에 의해 칼리반이 당당하게 우리의 상징으로 받아들여진

---

**32**  John Wain, *El mundo vivo de Shakespeare*, Madrid, 1967, pp.258~259.

다. 이 작가들은 각자 카리브의 위대한 식민지 언어로 자신의 생각을 표현했다. 그 해에 세 사람은 독자적으로 책을 출간하는데, 마르티니크 사람 에메 세제르는 『어떤 폭풍우. 셰익스피어의 『폭풍우』의 흑인극 각색』을 프랑스어로 발표했다. 바베이도스 사람 에드워드 카마우 브래스웨이트는 시집 『섬』을 영어로 발표했으며, 수록작 중 한 편이 칼리반에게 바쳐졌다. 또 나는 스페인어로 발표한 에세이 「피델까지의 쿠바」에서 칼리반과 우리의 동일시에 대해 논했다.[33] 세제르 작품의 등장인물은 셰익스피어의 작품과 동일하다. 그러나 아리엘은 물라토 노예인 반면 칼리반은 흑인 노예다. 게다가 '흑인 악마-신' 에슈[Eshú] 가 등장한다. 작품의 도입부에서 아리엘이—프로스페로의 명을 따르느라 자신의 양심에 반해—폭풍우를 일으키고 수심에 잠겨 돌아올 때 프로스페로의 발언은 흥미롭기 그지없다. 프로스페로가 그에게 말한다. "아, 그래서 화가 난 게로구만! 자네 같은 지식인들은 항상 그게 문제야!" 브래스웨이트의 시 「칼리반」은 매우 뜻깊게도 쿠바에 헌정되었다. 브래스웨이트는 이렇게 노래한다. "아바나에서 그날 아침은 [……] 1956년 12월 2일[34]이었다. / 1838년 8월 1일이었다. / 1492년 10월 12일[35]이었다. // 총성이 몇 번 울렸고, 몇 번의 혁명이 있었나?"[36]

---

**33** Césaire, *Une tempête, d'après "La tempête" de Shakespeare. Adaptation pour un théâtre nègre*, Paris, 1969; Edward K. Brathwaite, *Islands*, London, 1969; Fernández Retamar, "Cuba hasta Fidel", *Bohemia*, 19 September, 1969.
**34** 카스트로 일행이 산티아고 데 쿠바 해안에 상륙하여 본격적인 혁명 투쟁을 시작한 날이다.—옮긴이
**35** 콜럼버스가 신대륙에 처음 발을 디딘 날이다.—옮긴이
**36** 『폭풍우』에 대한 새로운 해석은 이미 식민지 세계 또는 그와 관련된 세계에서 흔한 일이 되었다. 따라서 몇 가지 사례를 더 언급하고자 한다. 그 하나는 케냐 작가인 Ngũgĩ wa Thiong'o, "África y la descolonización cultural", *El Correo*, January 1971이

## 우리의 상징

따라서 우리의 상징은 로도의 생각과 달리 아리엘이 아니라 칼리반이다. 칼리반이 살았던 바로 이 섬에 거주하고 있는 우리 메스티소는 이 사실을 분명히 인식하고 있다. 프로스페로는 섬에 쳐들어와 우리의 선조들을 살육하고 칼리반을 노예로 삼았다. 그리고 의사소통을 위해 그에게 강제로 자신의 말을 배우게 했다. 그러니 칼리반이 프로스페로의 언어가 아닌 그 어떤 언어로 자신의 주인을 저주하고, 또 '천연두'가 그자의 머리통 위에 떨어지기를 학수고대할 수 있었겠는가? 나는 우리의 문화적 상황과 현실을 이보다 더 적확하게 드러내는 은유를 알지 못한다. 투팍 아마루, 치라덴치스, 투생 루베르튀르, 시몬 볼리바르, 호세 데 산 마르틴, 미겔 이달고 이 코스티야, 호세 아르티가스, 베르나르도 오히긴스, 후아나 데 아수르두이, 베니토 후아레스, 막시모 고메스, 안토니오 마세오, 엘로이 알파로, 호세 마르티부터 에밀리아노 사파타, 에이미 가비와 마커스 가비 부부, 아우구스토 세사르 산디노, 홀리오 안토니오 메야, 페드로 알비수 캄포스, 라사로 카르데나스, 피델 카스트로, 아이데 산타마리아, 에르네스토 체 게바라, 카를로스 폰세카 그리고 리고베르타 멘추까지, 잉

고, 다른 하나는 Paul Brown, "'This thing of darkness I acknowledge mine': *The Tempest* and the Discourse on Colonialism", *Political Shakespeare. New Essays in Cultural Materialism*, Ithaca and London, 1985이다. Rob Nixon, "Caribbean and African Appropiations of *The Tempest*", *Critical Inquiry*, no.13, Spring 1987; José David Saldívar, *The Dialectics of Our America. Genealogy, Cultural Critique, and Literary History*, Durham and London, 1991, 특히 "III. Caliban and Resistance Cultures"에서 새로운 사례들(그리고 이미 인용된 많은 사례들)을 참조할 것. 살디바르는 이 책의 pp.123~148에서 "칼리반 유파"(The School of Caliban)를 언급하기까지 한다.

카 가르실라소 데 라 베가, 후아나 이네스 데 라 크루스 수녀, 알레이자 지뉴, 시몬 로드리게스, 펠릭스 바렐라, 프란시스코 빌바오, 호세 에르난데스, 에우헤니오 마리아 데 오스토스, 마누엘 곤살레스 프라다, 루벤 다리오, 발도메로 리요, 오라시오 키로가부터 카리브 해의 민속 음악, 멕시코 벽화 예술, 마누엘 우가르테, 호아킨 가르시아 몽헤, 에이토르 빌라-로부스, 가브리엘라 미스트랄, 오스바우지 지 안드라지와 마리우 지 안드라지, 타르실라 두 아마라우, 세사르 바예호, 칸지두 포르치나리, 프리다 칼로, 호세 카를로스 마리아테기, 마누엘 알바레스 브라보, 에세키엘 마르티네스 에스트라다, 카를로스 가르델, 미겔 앙헬 아스투리아스, 니콜라스 기엔, 에밀리오 페르난데스, 오스카르 니에메예르, 알레호 카르펜티에르, 루이스 카르도사 이 아라곤, 에드너 맨리, 파블로 네루다, 주어웅 기마랑이스 호자, 자크 루맹, 위프레도 람, 호세 레사마 리마, C. L. R. 제임스, 에메 세제르, 후안 룰포, 로베르토 마타, 호세 마리아 아르게다스, 아우구스토 로아 바스토스, 비올레타 파라, 다르시 히베이루, 로사리오 카스테야노스, 아킬레스 나소아, 프란츠 파농, 에르네스토 카르데날, 가브리엘 가르시아 마르케스, 토마스 구티에레스 알레아, 로돌포 왈쉬, 조지 래밍, 에드워드 카마우 브래스웨이트, 로케 달톤, 기예르모 본필, 글라우베르 호샤, 레오 브라우어까지, 우리 역사와 우리 문화, 그것이 바로 칼리반의 역사이자 칼리반의 문화가 아니고 무엇이겠는가?

앞서 밝힌 대로 로도는 상징들을 착각한 게 틀림없다. 그러나 그가 당대에—그리고 우리 시대에—우리 문화의 주적主敵을 명확하게 적시할 줄 알았다는 것도 그에 못지않게 분명하며, 그 사실이 훨씬 더 중요하다. 여기서 설명할 계제는 아니지만, 로도의 한계는 그가 보지 못한 것 혹은 초점이 어긋나게 본 것의 원인이 된다.[37] 그러나 그의 경우 언급할 만한 가치가 있는 것은 바로 그가 본 것이며, 그것은 여전히 일정한 유효성을, 심지어는 감염력을 지니고 있다.

결점과 누락, 순진함에도 불구하고 엄밀한 역사적인 맥락에 근거한, 양키 현상에 대한 로도의 통찰은 당대에 덜 순진하고 더 정통하고 더 용의주도한 이후의 기획들을 위한 발판이 되었다. [……] 로도의 아리엘리즘에 담긴 거의 예언적인 내용은 오늘날에도 여전히 일정한 유효성을 갖는다.[38]

이러한 논평은 논란의 여지 없는 사실에 의해 뒷받침된다. 로도의 통찰이 덜 순진하고 더 급진적인 향후의 기획들의 토대가 되었다는 것을 우리 쿠바인은 잘 알고 있다. 훌리오 안토니오 메야의 글을 인용하는 것으로 충분할 것이다. 그의 수련 과정에서 로도의 영향은 결정적이었다. 21세에 쓴 격렬한 글인 「지식인들과 위선자들」*Intelectuales y tartufos*, 1924에서 메야는 당대의 허위적인 지적 가치——이에 대항하여 미겔 데 우나무

---

**37** 베네데티는 "로도를 현재의 체계·기획·이데올로기와 대조하는 것은 부당하다. 그의 시간은 우리의 시간과 다르며 [……] 그의 진정한 집, 그의 진정한 시간의 조국은 19세기였다"(*Genio y figura de José Enrique Rodó*, p.128)고 말했다.

**38** *Ibid.*, p.102. 로도의 현재적 유효성에 대한 더욱 힘 있는 강조는 Arturo Ardao, *Rodó. Su americanismo*, Montevideo, 1970에서 찾아볼 수 있다. 이 책은 『아리엘』의 작가의 빼어난 선집을 포함하고 있다. 아르투로 아르다오의 다른 글 "Del Calibán de Renan al Calibán de Rodó", *Cuadernos de Marcha*, no.50, June 1971도 참조할 것. 한편, 이미 1928년에 호세 카를로스 마리아테기는 "오직 라틴족 혹은 이베로족의 사회주의 아메리카만이 금권정치가 판치는 제국주의적·자본주의적 북미에 효과적으로 맞설 수 있다"고 온당하게 상기시킨 뒤에 이렇게 덧붙였다. "로도의 신화는 이제 영혼에 유용하고 풍요롭게 작용하지 않는다. 아니 결코 그렇게 작용한 적이 없다." José Carlos Mariátegui, "Aniversario y balance"[1928], *Ideología y política*, Lima, 1969, p.248.

노, 호세 바스콘셀로스, 호세 인헤니에로스, 엔리케 호세 바로나의 이름을 제시한다――를 맹렬하게 공격하면서 이렇게 적고 있다.

> 지식인은 정신노동자다. 노동자! 다시 말해, 로도의 판단에 따르면, 살 가치가 있는 유일한 존재 [……] 다른 사람들이 땅을 비옥하게 하기 위해 쟁기를 들고, 민중을 해방시키기 위해 칼을 잡고, 또 폭군을 처단하기 위해 단검을 손에 쥐듯이, 불의와 싸우기 위해 펜을 잡는 사람이다.[39]

메야는 그해에 다시 로도를 인용하고,[40] 이듬해에는 아바나에 아리엘 기술전문학교Instituto Politécnico Ariel를 설립하는 데 기여한다.[41] 같은 해인 1925년, 메야가 쿠바 공산당 창설 멤버의 한 명이었다는 사실을 기억하는 게 좋겠다. 틀림없이 로도의 『아리엘』은 이 쿠바 최초의 유기적 맑스주의자――그리고 대륙 최초의 유기적 맑스주의자 중 하나――에게 눈부신 혁명적 이력을 위한 '발판'으로 이용되었다.

로도의 반미反美 기획을 무장해제하려는 적대적 시도가 있다는 것도 이 기획이 오늘날까지 상대적 유효성을 유지하고 있음을 보여 주는 또 다른 증거다. 에미르 로드리게스 모네갈은 보기 드문 경우인데, 그가 보기에 『아리엘』은 "철학적·사회학적 고찰의 자료 말고도 당대의 정치적 문제들에 대한 논쟁적 성격의 지면 또한 포함하고 있다. 그리고 즉각 평판을 얻고 널리 알려진 것은 바로 부차적이지만 부인할 수 없는 이러한

---

**39** *Hombres de la Revolución: Julio Antonio Mella*, La Habana, 1971, p.12.

**40** *Ibid.*, p.15.

**41** Erasmo Dumpierre, *Mella*, La Habana, 1965, p.145; José Antonio Portuondo, "Mella y los intelectuales" [1963], *Crítica de la época*, La Habana, 1965, p.98 참조.

조건 때문이었다". 이처럼 로도의 저작에서 미국의 침략에 저항하는 본질적인 태도는 부연적인 것, 부차적인 사실로 나타나고 있다. 그럼에도 불구하고 1898년 미국의 쿠바 개입 직후 로도가 **그에 대한 응답으로** 이 책을 구상했다는 것은 주지의 사실이다. 로드리게스 모네갈은 이렇게 논평한다.

> 『아리엘』은 그렇게 기획된 작품이다. 최종본에서는 최초의 집필 동기였던 역사적 사실에 대한 **언급이 단 두 차례만** 발견된다. [……] 이 두 번의 언급으로 미루어 우리는 로도가 어떻게 처음의 역사적 상황을 **초월하여** 공표된 라틴 민족의 쇠퇴라는 본질적인 문제에 깊숙이 도달했는지 알 수 있다.[42]

1900년에 로도가 비난했던 '미국병'nordomanía을 앓고 있는 로드리게스 모네갈 같은 제국주의의 종복이 그토록 노골적으로 그의 저작의 골자를 빼 버리려고 안간힘을 쓴다는 것은 실제로 그의 글이 기획에 있어 일정한 감염력을 유지하고 있음을 입증해 줄 뿐이다(물론 오늘날 우리의 기획은 다른 시각과 다른 도구를 통해 이루어진다). 『아리엘』에 대한 분석——결코 이 자리에서 시도할 계제는 아니다——은 또한 자신의 성장 배경과 반자코뱅주의에도 불구하고 로도가 어떻게 르낭과 니체(로도는 니체에게서 "혐오스럽고 반동적인 정신"[224쪽]을 발견한다)의 반민주주의와 싸우고 민주주의와 윤리적 가치, 경쟁을 고양하는지를 부각하도록

---

**42** Emir Rodríguez Monegal, in José Enrique Rodó, *Obras completas*, nota 16, pp.192~193(강조는 인용자).

이끌 것이다. 그러나 책의 나머지 부분에서는 미국에 대한 용감한 도전과 우리의 가치들에 대한 옹호가 어느 정도 간직하고 있는 현재성을 상실했다는 데는 의심의 여지가 없다.

넓은 시각에서 보면, 로도의 책이 없었다면 지금 쓰고 있는 이 글의 제목도 분명 달라졌을 것이다. 이 지면을 올해 탄생 백 주년을 맞은 위대한 우루과이인에게 바치는 오마주로 간주하고 싶다. 경의의 표시가 적지 않은 점에서 그에게 반론을 제기한다는 것은 이상한 일이 아니다. 메다르도 비티에르가 이미 논평한 것처럼 "다시 로도로 돌아가는 일이 일어난다 해도, 그가 정신적 삶의 이해관계에 대해 제시한 해결책을 채택하기 위해서가 아니라 그 문제를 재고하기 위해서일 것이다".[43]

칼리반을 우리의 상징으로 제안하면서 칼리반 역시 전적으로 우리 것이 아니며, 비록 이번에는 우리의 구체적 현실에 근거하긴 했지만 여전히 생경한 산물임을 깨닫는다. 하지만 이러한 생경함을 어떻게 철저히 피할 수 있겠는가? 쿠바에서 가장 숭배되는 단어인 **맘비**|mambí 는 독립 전쟁 당시 적들이 우리에게 붙인 경멸적인 호칭인데, 아직도 우리는 그 의미를 완전히 해독하지 못하고 있다.[44] 이 단어는 명백하게 아프리카적인 뿌리를 가지고 있으며, 모든 독립 운동가는 해방 군대의 주력부대를 이루었던 흑인 노예들——스스로 독립 전쟁을 통해 해방된——과 다를 바 없다는 스페인 식민주의자들의 오만한 생각이 투영된 것으로 보인다. 백인·흑인 독립 운동가들은 식민주의자들이 하나의 모욕이 되기를 바랐던

---

43 Medardo Vitier, *Del ensayo americano*, México D.F., 1945, p.117.
44 갈레아노에 따르면 "바다 건너 콩고에서는 산적이나 반란자를 가리키는 맘비가 이곳[쿠바]에서는 인간이 되기 위해 투쟁하는 노예를 일컫는 말이 되었다". 에두아르도 갈레아노, 『불의 기억 2: 얼굴과 가면』, 박병규 옮김, 따님, 2005, 326쪽. —옮긴이

이 말을 영예롭게 자신의 것으로 전유했다. 이것이 바로 칼리반의 변증법이다. 그들은 모욕하기 위해 우리를 **맘비**라 부르고 **깜둥이**라 놀리지만, 우리는 영광의 증표로서 우리 스스로를 **결코** 노예주의자의 후손이 아니라 **맘비**의 후손, 반란자·탈주자요 독립주의자인 흑인의 후손으로 여기는 영예를 요구한다. 그러나 주지하다시피 프로스페로는 칼리반에게 말을 가르쳤고, 결과적으로 그에게 이름을 부여했다. 그러나 그것이 그의 진정한 이름인가? 1971년의 연설을 들어 보자.

> 엄밀히 말해 우리는 아직 이름조차 갖지 못했습니다. 세례를 받지 못한 것이나 마찬가지입니다. 우리는 라틴아메리카인입니까, 이베로아메리카인입니까, 아니면 인도아메리카인입니까? 제국주의자들에게 우리는 한낱 멸시의 대상인 천한 존재일 뿐입니다. 적어도 과거에는 그랬습니다. 히론 전투 이후 사람들은 조금 다르게 생각하기 시작했습니다. 인종적 멸시. 크리오요, 메스티소, 흑인, 한마디로 라틴아메리카인이라는 것은 그들에게 멸시를 뜻합니다.[45]

물론 이것은 플라야 히론Playa Girón에서 열린 승전 10주년 기념식에서 피델 카스트로가 행한 연설이다.

우리가 칼리반적 조건을 전유하는 것은 **다른** 관점, **다른** 주인공으로부터 우리의 역사를 다시 생각하는 것을 의미한다. 『폭풍우』의 또 다른 주인공은 아리엘이 아니라 프로스페로다.[46] 아리엘/칼리반이라는 이항

---

**45** Fidel Castro, "Discurso de 19 de abril de 1971".

**46** Kott, *Apuntes sobre Shakespeare*, p.377.

대립은 실제로 존재하지 않는다. 두 인물 모두 이방인 마법사 프로스페로가 소유한 노예다. 칼리반은 정복할 수 없는 난폭한 섬의 주인인 반면, 대기의 정령 아리엘은 마찬가지로 섬의 아들이지만, 폰세와 세제르가 이해한 대로, 그 안에서 지식인이라는 점이 다를 뿐이다.

## 다시 마르티다

우리 문화에 대한 이러한 개념은 호세 마르티에 의해 지난 세기에 이미 분명하게 표명되고 옹호되었는데, 그는 우리 가운데서 최초로 자신이 "우리 메스티소 아메리카"——내가 여러 차례 상기시킨 명칭——라고 명명한 것의 구체적 상황을 명확하게 이해한 사람이었다.[47] 로도는 쿠바에서 출간된 『아리엘』 초판을 마르티에게 헌정하기를 바랐고, 볼리바르와 아르티가스에게 바친 것처럼 그에 대해서도 연구를 진행할 생각이었으나 안타깝게도 결국 이 계획은 무산되고 말았다.[48]

많은 지면을 통해 지속적으로 자신의 생각을 밝히긴 했지만, 호세 마르티가 이 점에 대해 가장 체계적이고 엄정한 견해를 개진한 글은 아마도 「우리 아메리카」Nuestra América, 1891일 것이다. 그러나 이 에세이를 간략하게 논평하기 전에 먼저 마르티 글의 운명에 대해 살펴보자.

---

47 Martínez Estrada, "Por una alta cultura popular y socialista cubana" [1962], *En Cuba y al servicio de la Revolución Cubana*, La Habana, 1963; Fernández Retamar, "Martí en su (tercer) mundo" [1964], *Ensayo de otro mundo*, 2d ed. nota 15; Noël Salomon, "José Martí et la prise de conscience latinoaméricaine", *Cuba Sí*, no.35/36, 4th trimester 1970~1st trimester 1971; Leonardo Acosta, "La concepción histórica de Martí", *Casa de las Américas*, no.67, July-August 1971 참조.
48 Rodó, *Obras completas*, pp.1359, 1375.

생존 당시 20개가량의 대륙 신문에 흩어져 있던 마르티의 방대한 글은 폭넓은 명성을 얻었다. 주지하다시피 루벤 다리오는 그를 '스승' Maestro(마르티의 정치적 추종자들도 다른 이유로 생전에 그를 이렇게 불렀다)이라 칭하며 이스파노아메리카에서 가장 존경하는 인물로 꼽았다. 그럼 이제 마르티가 시평<sup>時評</sup>을 통해 미국에 퍼부었던 냉혹한 비판이 어떻게 당대에 알려지고 친미적인 도밍고 파우스티노 사르미엔토의 날선 공격을 받게 되었는지 그 경위를 알아보자. 쿠바 영웅 마르티의 글이 확산된 특별한 방식은──그는 저널리즘과 연설, 편지를 이용했고 **책은 한 권도 출간하지 않았다**──1895년 사망 이후 그의 글이 상대적으로 잊히는 데 적잖은 원인을 제공했다. 오로지 그것만이 그가 죽은 지 9년 만에──1892년부터 정치적 과업에 전념하느라 대륙의 신문에 글을 쓰지 않은 지 12년 만에──비로소 명실상부한 우리의 작가인 페드로 엔리케스 우레냐가 1904년 스무 살의 나이에 로도의 『아리엘』에 관한 글에서 미국에 대한 그의 견해는 "안티야스 출신의 최고의 사상가이자 천재적인 사회 심리학자인 오스토스와 마르티가 체계화한 것보다 훨씬 더 가혹하다"<sup>49</sup> 라고 썼다는 것을 설명해 준다. 마르티에 관한 그의 견해는 완전히 틀렸다. 우레냐의 모범적인 정직함을 알기에, 처음에는 단순히 당시에 위대한 도미니카인이 마르티를 아주 피상적으로(불충분하게) 읽었거나 **그럴 수밖에 없었던 피치 못할 사정**이 있지 않았을까 짐작만 했는데 나중에 사실로 확인되었다. 마르티의 글은 그때까지 거의 출간된 적이 없다. 「우리 아메리카」 같은 중요한 텍스트가 이러한 운명에 처한 좋은 예다. 멕시코 신문 『엘 파르티도 리베랄』<sup>El Partido Liberal</sup>의 독자들은 1891년 1월 30

---

49 Ureña, *Obra crítica*, México D.F., 1960, p.27.

일에 그 글을 읽을 수 있었다. 지역의 다른 신문에 이 글이 다시 게재되었을 가능성은 있다.[50] 마르티 전집 최신판에서는 이에 대한 아무런 언급도 찾아볼 수 없다. 그러나 운이 닿지 않아 위에 언급한 신문을 손에 넣지 못한 사람들은 거의 20년 가까이 그 텍스트──지난 세기 말부터 1962년 제2차 아바나 선언이 나올 때까지 우리 아메리카에서 발간된 가장 중요한 문헌──의 존재를 알지 못했을 가능성이 크다. 20년이 지나서야 마르티의 저작을 출간하기 시작한 한 컬렉션에서 책의 형태로 나왔다(아바나, 1911). 따라서 금세기 첫 사반세기 동안 새로운 세대들은 마르티를 아주 불충분하게 알 수밖에 없었다는 마누엘 페드로 곤살레스의 지적은 일리가 있다. 최근에 나온 그의 전집──실은 아직도 불완전하다──의 여러 판본 덕분에 "그가 재발견되고 재평가된"[51] 것이다. 곤살레스는 특히 그의 글의 눈부신 문학적 면모(그의 말을 빌리자면 "문학적 영광")에 주목하고 있다. 그렇다면 그의 저작의 근본적인 사상적 면모에 대해 말하지 못할 게 뭔가? 대단히 중요한 이전의 여러 기여를 잊을 수 없지만, 마르티가 "재발견되고 재평가된" 것은 쿠바 혁명이 성공을 거둔 이후이며 또 혁명 덕분이라고 말할 수 있는 본질적 요인들이 있다. 1953년 카스트로가 몬카다 병영 공격의 정신적 지주는 마르티라고 선언한 것은 우연이 아니다. 또 체 게바라가 중요한 문건인 『삼대륙회의에 보내는 메시지』*Mensaje a la Tricontinental*, 1967를 마르티를 인용하면서 시작한 것도 우연이 아니다.

---

**50** Ivan A. Schulman, *Martí, Casal y el Modernismo*, La Habana, 1969, p.92에서는 이 글이 앞서 1891년 1월 1일(실수로 잘못 읽히듯이 10일이 아니라) *La Revista Ilustrada de Nueva York*에 게재되었음을 밝히고 있다.

**51** Manuel Pedro González, "Evolución de la estimativa martiana", *Antología crítica de José Martí*, México D.F., 1960, p.xxix.

"불타는 시간이다, 이젠 불빛밖에 보이지 않을 것이다." 베네네티가 로도의 시간은 "우리의 시간과 다르며 [……] 그의 진정한 집, 그의 진정한 시간의 조국은 19세기였다"고 말했다면, 우리는 마르티의 진정한 집은 미래, 즉 한마디로 그의 저작에 대한 완전한 이해 없이는 이해할 수 없는 우리의 지금 이 시간이라고 말해야 한다.

이런 흥미로운 상황 때문에 금세기의 우리 첫 세대에게 마르티에 대한 이해는 차단되거나 제한적으로만 허용되었다. 그로 인해 종종 우리 첫 세대는 미래의 급진적 기획을 위해 취지는 좋으나 다분히 19세기적인 『아리엘』처럼 매우 허약한 '발판'을 이용해야 했다. 그렇다면 이제 마르티를 마음껏 이용할 수 있는데도 여전히 고집스레 그를 알려고 하지 않는 최근 작가들에 대해 무슨 말을 할 수 있을까? 대략 우리 문제와 무관한 연구자들이 아니라 반대로 시종일관 반식민주의적 태도를 견지하고 있는 사람들을 두고 하는 말이다. 이러한 사실에 대한 하나뿐인 설명은 고통스럽다. 식민주의는 우리 안에 깊숙이 뿌리내리고 있다. 우리는 단지 **식민 지배국으로부터 확산된** 반식민주의 작가들만을 진정한 존경심으로 읽을 뿐 마르티의 더 큰 교훈은 제쳐 둔다. 이런 이유로 우리는 아르티가스와 레카바렌, 메야, 그리고 심지어는 마리아테기와 폰세에 익숙하지 않다. 체 게바라의 탁월한 텍스트들이 유례없이 널리 읽히고 우리 라틴아메리카인이 그를 그토록 탐독하는 것도 따지고 보면 그의 이름이 식민 지배국의 수도——물론 여기서는 그가 가장 파렴치한 조작의 대상이 되기도 한다——에서조차 명성을 얻고 있다는 사실에 기인하는 게 아닐까 하는 씁쓸한 생각도 든다. 우리의 반식민주의적 태도와 일치하려면, 행동과 사유로 이러한 태도를 구현하고 가르친 이 땅의 사람들에게 진정 돌아가야 한다.[52] 이런 의미에서 마르티보다 더 유용한 예는 어디에도 없다.

이 글의 서두에서 언급한 유럽 출신의 신문기자인 대담자(그가 존재하지 않았다면 내가 꾸며 내야 했겠지만, 그랬다면 이 독백에서 살아남기를 바라는 그의 우정을 빼앗겼을 것이다)가 나에게 던진 또 다른 질문에 그토록 조리 있게 즉각 답한 라틴아메리카 작가를 따로 알지 못한다. 심술궂은 기자는 단도직입적으로 물었다. "보르헤스는 잉카인들과 어떤 관계가 있습니까?" 보르헤스는 거의 귀류법에 가깝다. 어쨌든 뒤에서 그에 대해 다룰 것이다. 의심의 여지 없이 유럽이 그 동물학적·문화적 유산의 일부를 점했던 아메리카의 현 거주자들이 같은 아메리카의 원주민들과 어떤 관계를 유지하고 있는지를 묻는 것은 지극히 합당하고 적절한 일이다. 그들은 경탄할 만한 문화를 건설했고 당시에도 건설 과정에 있었지만, 여러 나라 출신의 유럽인들에게 몰살되고 희생당했다. 그런데 이 유럽인들에 대해서는 백색 전설도 흑색 전설도 지어낼 수 없고, 아프리카인들을 노예화한 사실과 더불어 그들의 영원한 불명예를 이루는 잔혹하고 극악무도한 진실만이 남아 있다. 개인적으로 발렌시아 출신의 아버지와 카나리아 출신의 어머니를 무척 사랑했고, 당대의——그리고 우리 시대의——가장 경이로운 스페인어를 구사했으며, 유럽과 미국 문화에 대해 우리 아메리카인이 누릴 수 있는 최고의 지식을 지녔던 마르티 역시 그런 질문을 받고 이렇게 답했다. "발렌시아의 아버지들과 카나리아의 어머니들로부터 왔고 혈관에 타마나코Tamanaco와 파라마코니Paramaconi

---

**52** 그럼에도 불구하고 내가 식민지에서 태어나지 않은 작가들을 읽지 말라고 제안하는 것으로 오해하면 곤란하다. 그런 어리석은 생각은 이치에 맞지 않는다. 맑스, 엥겔스, 레닌은 말할 나위도 없고, 어떻게 호메로스와 단테, 세르반테스, 셰익스피어, 휘트먼을 무시하자고 제안할 수 있겠는가? 우리 시대에도 이 땅에서 태어나지 않은 **라틴아메리카 사상가들**이 있다는 것을 어찌 잊을 수 있겠는가? 요컨대 엄청난 불합리에 빠지지 않고 어떻게 지적 로빈슨 크루소주의(robinsonismo)를 옹호할 수 있단 말인가?

의 뜨거운 피가 흐르는 게 느껴지며, 영웅적인 맨몸의 카라카스속이 철 갑옷의 곤살로들과 가슴을 맞대고 칼바리오 언덕의 거친 땅에 흘린 피가 자신의 것처럼 느껴진다."[53]

베네수엘라 사람이 아니라면 독자들은 마르티가 회상한 이름들이 익숙지 않을 것이다. 나에게도 낯선 이름들이다. 이런 익숙함의 결여는 강요된 식민사관에 우리 자신이 깊숙이 침윤되어 있다는 또 하나의 증거에 다름 아니다. 이름과 날짜, 상황, 진실은 증발했다. 이와 밀접하게 관련된 다른 화제로 돌려 말하자면, 부르주아 역사는 1871년 파리코뮌의 영웅들과 1886년 5월 1일의 순교자들(의미심장하게도 마르티에 의해 복권된)을 지우려 하지 않았던가? 타마나코, 파라마코니, "영웅적인 맨몸의 카라카스족"은 오늘날 우리가 베네수엘라라 부르는 땅의 원주민들로 카리브족 출신이거나 그들과 아주 가까웠으며 정복 초기에 스페인 사람들에 맞서 용맹하게 싸웠다. 이는 마르티가 자신의 몸에 카리브족의 피, 칼리반의 피가 흐르는 것을 느낀다고 썼다는 것을 의미한다. 그의 사상의 핵심을 이루는 이러한 생각을 표명한 것이 이때 한 번만은 아니었다. 그런 영웅들을 언급하면서[54] 얼마 후 그는 되풀이해서 말한다.

우리는 구아이카이푸로Guaicaipuro, 파라마코니[아마도 카리브족 출신일 베네수엘라 영웅들—인용자], 아나카오나Anacaona, 아투에이Hatuey[아라

---

53  José Martí, "Autores americanos aborígenes" [1884], *Obras completas*, VIII, pp.336~337. 1963~1965년에 아바나에서 출간된, 27권으로 된 호세 마르티 『전집』 판본을 인용한다. 1973년에 '새로운 자료들'이 수록된 불분명한 한 권이 추가되었다. 인용할 때 이 전집의 권수는 로마 숫자로, 쪽수는 아라비아 숫자로 적는다.

54  그는 또한 타마나코에게 아름다운 시 「깃털 왕관을 쓴 타마나코」(Tamanaco de plumas coronado)를 바치기도 했다. *Obras completas*, XVII, p.237.

와코족 출신의 안티야스 영웅들—인용자]와 함께할 것이다. 그들을 불태운 화염과 그들을 묶었던 밧줄, 그들의 목을 땄던 칼날, 그들을 물어뜯었던 개들은 거부한다.[55]

마르티는 유럽이 아메리카에서 자행한 인종 학살을 **전면적으로** 거부했으며 쿠바 민중과 자신의 동일시 역시 그에 못지않게 전면적이었다. 쿠바 민중은 마르티에게 침략자에 맞선 영웅적인 저항을 제공했고, 마르티는 그들에게서 라틴아메리카 독립 운동가들의 타고난 선조를 보았다. 이런 이유로 그는 위의 인용문이 적힌 노트에 아스테카 신화("그리스 신화 못지않게 아름다운")와 케찰코아틀의 유골에 대해, "외로운 고원의 아야쿠초"에 대해, 그리고 "강 같은 볼리바르……"(28~29쪽)에 대해 거침없이 써 내려 간 것이다.

사실 마르티는 이미 불가능해진 복원을 꿈꾸지 않으며, 대신 그 참된 근원에 단단히 뿌리내리고 스스로, 유기적으로 진정한 모더니티의 정상에 도달할 우리 아메리카의 미래의 통합을 꿈꾼다. 그래서 자신의 혈관에 용맹한 카리브족의 피가 흐르는 것을 느낀다고 말하는 위의 인용은 이렇게 계속된다.

운하를 뚫고, 학교를 육성하고, 증기선 회사를 설립하고, 동시대와 어깨를 나란히 하고, 인류의 아름다운 행진에서 전위의 편에 서는 것은 좋은 일이다. 그러나 정신의 결핍이나 거짓 정신의 허세로 인해 실신하지 않으려면, 기억과 경탄을 통해, 엄정한 연구와 따뜻한 연민을 통해, 탄생

---

55 Martí, "Fragmentos"[1885~1895], *Obras completas*, XXII, p.27.

의 요람인 자연의 열정적인 정신, 자연에서 생겨나 그곳에 묻히는 모든 인종의 사람들에 의해 성장하고 활기를 얻는 그 정신을 섭취하는 게 좋다. 정치와 문학은 직접적일 때 비로소 융성할 것이다. 아메리카의 지혜는 토착적 영예다. 인디오를 무력화한 것과 똑같은 타격으로 아메리카가 어떻게 무력화되었는지 보이지 않는가? 인디오가 걷게 될 때까지 아메리카는 제대로 걸음을 떼지 못할 것이다. (「아메리카의 토착 작가들」 Autores americanos aborígenes, 336~337쪽)

따라서 마르티가 자신을 우리의 토착 문화와 동일시한 것은 상황이 그에게 부과한 구체적인 과제들의 정확한 의미를 동반했다. 그러한 동일시는 그를 방해하기는커녕 오히려 당대에 식민지 국가들에서 가장 급진적이고 근대적인 기준을 유지하는 자양분이 되었다. 인디오에 대한 마르티의 이러한 접근은 물론 흑인에 대해서도 존재한다.[56] 불행히도 당시에 이미 아메리카의 토착 문화에 관한 진지한 연구──마르티가 애정을 쏟

---

56 "Mi raza"[1892], *Obras completas*, II, pp.298~300 참조. 여기에는 이렇게 쓰여 있다. "인간은 결코 자신이 어떤 인종에 속한다는 이유로 특별한 권리를 갖지 않는다. 인간에 대해 말하는 것은 모든 권리에 대해 말하는 것이다. [……] 흑인에게는 태생적 흠결이 없고 그가 인간으로서의 삶을 온전히 영위할 수 없게 하는 바이러스도 없다고 말한다면, 진실을 말하는 것이다. [……] 그리고 이러한 타고난 본성의 옹호를 인종주의로 부른다면 그 명칭은 상관없다. 그것은 타고난 품위, 국가의 평화와 삶을 위해 인간의 가슴으로부터 외치는 목소리에 다름 아니기 때문이다. 푸른 눈과 금발 머리의 갈리아인들이 목에 링을 두른 채 로마의 시장에서 노예로 팔렸으므로 노예의 조건이 노예가 된 인종의 열등함을 나타내지 않는다고 주장한다면, 그것은 바람직한 인종주의다. 그것은 순수한 정의(正義)이고 무지한 백인의 편견을 제거하는 데 도움이 되기 때문이다. 그러나 거기에서 정의로운 인종주의는 끝난다." 그리고 뒤에서 이렇게 말한다. "인간은 백인 이상이고 물라토 이상이며 흑인 이상이다. 쿠바인은 백인 이상이고 물라토 이상이며 흑인 이상이다." 이 중 몇몇 문제는 Juliette Oullion, "La discriminación racial en los Estados Unidos vista por José Martí", *Anuario Martiano*, no.3, La Habana, 1971에서 다뤄지고 있다.

았던 작업——가 시작된 반면, 아프리카 문화와 그 문화가 아메리카의 메스티소 문화의 통합에 끼친 탁월한 기여와 관련하여 그러한 작업이 실현되기 위해서는 20세기까지 기다려야 했다(프로베니우스, 들라포스 쉬레 카날; 오르티스, 라모스, 허스코비츠, 루맹, 메트로, 바스티드, 프랑코).[57] 그리고 마르티는 20세기가 시작되기 6년 전에 사망했다. 아무튼 그는 인디오 문화에 대한 접근과 흑인에 대한 구체적인 행동을 통해 이 영역에 '행동 지침'을 또렷하게 새겨 놓았다.

이렇게 해서 그가 말하는 이른바 "우리 아메리카"의 문화에 대한 칼리반적 시각이 형성된다. 훗날의 카스트로처럼, 우리를 명명할 때 마르티는 우리를 개념적으로 정의하는 하나의 이름을 발견하는 것조차 어렵다는 사실을 깨닫게 된다. 그래서 여러 번의 시도 끝에 "우리 아메리카"라는 소박하고 서술적인 문구로 마음이 기운다. 이 용어는 인종과 언어, 부차적 환경을 넘어 공통의 문제점들을 안고 "브라보 강부터 파타고니아까지 이르는" 지역에 거주하고 있는, "유럽계 아메리카"와 구별되는 공동체들을 아우른다. 이미 앞에서 밝힌 대로, 우리 문화에 대한 이러한 개념은 그의 무수한 지면에 흩어져 있음에도 불구하고, 다행히 선언적인 글 「우리 아메리카」에 잘 요약되어 있다. 이 글에서 마르티는 독자들에게 "네 세기에 걸친 미국의 자유주의 실천과 열아홉 세기에 걸친 프랑스 군주제에서 물려받은 법률로는 독특하고 과격한 기질의 원주민들을 지배할 수 없으며, 해밀턴[58] 법령으로는 평원의 주민들이 망아지의 가슴을 치

---

57 '아메리카 속의 아프리카'로 이름 붙여진 특집호 *Casa de las Américas*, no.36~37, May-August 1966 참조.

58 Alexander Hamilton(1755/57~1804). 미국의 법률가이자 정치인·재정가·정치 사상가. 미국 건국의 아버지 중 한 명으로 꼽히며, 1787년 미국 헌법의 제정에 공헌했다.——옮긴이

는 것을 멈출 수 없고, 시에예스[59]의 구절로는 인디오 종족의 응고된 피를 흐르게 하지 못한다"는 자신의 거듭된 생각과 "수입된 책은 아메리카에서 자연인에 굴복당했다. 자연인들은 인공적인 지식인들을 무찔렀다. **토착 메스티소가 외래 크리오요를 이겼다**"(강조는 인용자)는 그의 뿌리 깊은 신념을 밝히는 한편, 다음과 같은 근본적인 충고를 던진다.

유럽의 대학은 아메리카의 대학에 무릎 꿇어야 한다. 그리스 집정관의 역사는 가르치지 않더라도, 잉카 시대부터 오늘에 이르기까지 아메리카의 역사는 낱낱이 가르쳐야 할 것이다. 우리의 그리스가 우리의 것이 아닌 그리스보다 더 낫다. 그것이 우리에게 더 긴요하다. 우리의 국내 정치가들이 외래 정치가들을 대체해야 한다. 우리의 공화국들에 세계를 접목하자. 그러나 몸통은 우리 공화국들의 것이어야 한다. 정복당한 현학자는 입을 다물라. 우리의 고통스러운 아메리카 공화국들보다 인간이 더 자긍심을 가질 수 있는 조국은 없다.

## 거짓 딜레마의 실체

「우리 아메리카」——앞에서 밝힌 바와 같이 이 본질적인 문제에 대한 마르티의 견해를 탁월하게 요약하고 있는——에서 프로스페로의 강요("유럽의 대학 [……] 유럽의 책 [……] 양키의 책")에 대한 그의 격렬한 거부를 알아채지 못하기는 어렵다. 프로스페로는 칼리반의 현실("이스파노아메

---

**59** Emmanuel Joseph Sieyès(1748~1836). 프랑스의 가톨릭 사제로 프랑스 혁명의 주된 정치 이론가의 한 사람이다.—옮긴이

리카의 대학 [……] 이스파노아메리카의 수수께끼") 앞에서 **무릎 꿇어야** 한다. "그리스 집정관의 역사는 가르치지 않더라도, 잉카 시대부터 오늘에 이르기까지 아메리카의 역사는 낱낱이 가르쳐야 할 것이다. 우리의 그리스가 우리의 것이 아닌 그리스보다 더 낫다." 그러고는 이렇게 덧붙인다. "억압자들의 이해利害와 명령의 습관에 맞서는 체제를 확립하기 위해 피억압자들과 하나가 되어야 했다."

그러나 우리 아메리카는 정반대되는 이론으로, 이 글이 발표되기 3년 전에 사망한 재능 있고 정력적인 인물에 의해 열렬하게 표명된 프로스페로의 이론에 귀를 기울이기도 했다.[60] 대화 상대는 당시에 프로스페로와 칼리반이 아니라 『문명과 야만』*Civilización y barbarie*으로 불렸는데, 이는 아르헨티나 사람 도밍고 파우스티노 사르미엔토가 파쿤도 키로가를 다룬 위대한 책 초판(1845)에 붙인 제목이다. 자전적인 고백이 여기서 특별히 흥미를 끈다고 생각하지 않는다. 그러나 내가 자책하기 위해 우리가 말로 비난했던 나치의 이데올로기(제2차 세계대전이 절정에 달했을 때 난 열두 살을 맞았다)를 부지불식간에 우리에게 주입시키는, 잊어 마땅한 서부영화와 타잔 영화가 나에게 얼마나 큰 기쁨이었는지 언급했으므로, 또한 수년 뒤에 내가 이 책을 열렬히 탐독했음을 고백해야 한다. 낡은 책의 여백에서 나의 열정과 "아메리카의 대의를 배반한 자들!"이라고 외치며 "아르헨티나 공화국의 폭군"을 거부했던 나의 결연한 의지를 발견한다. 또한 몇 페이지 뒤에서 이런 메모를 발견한다. "사람들이 페론을 어

---

60 라틴아메리카 내부에서의 대화를 말한다. 아메리카가 유럽에 필적하는 가치를 갖는다는 빈약한 견해는 안토넬로 게르비(Antonello Gerbi)의 방대한 저서 *La disputa del Nuevo Mundo. Historia de una polémica 1750~1900*, México D.F., 1960에서 상세히 확인할 수 있다.

떻게 생각하는지 궁금하다." 내가 두드러지는 다른 면모 때문에 이 책의 장점을 제대로 보지 못했음을 깨달은 것은 여러 해가 지난 뒤, 구체적으로 1959년(이때부터 우리는 세상을 다른 방식으로 살고 다른 방식으로 읽기 시작했다) 쿠바 혁명이 성공을 거둔 뒤였다. 『파쿤도』와 「우리 아메리카」의 주장에 동시에 동의하기란 불가능했다. 게다가 「우리 아메리카」——그리고 마르티의 상당수의 저작——는 사르미엔토의 주장과의 암시적인, 그리고 때로는 명시적인 대화다. 그렇지 않다면 "**문명과 야만 사이의 투쟁은 없고 거짓 학식과 자연 사이의 투쟁이 있을 뿐**"이라는 마르티의 간결한 문장은 무슨 의미인가? 「우리 아메리카」(1891)가 나오기 7년 전——아직 사르미엔토가 살아 있었다——마르티는 이미 (내가 여러 차례 인용한 구절로) "문명(유럽인의 현 상태를 지칭하는 통속적인 이름)이 야만(남의 땅을 탐하는 자들이 유럽이나 유럽계 아메리카 출신이 아닌 모든 사람의 현 상태에 붙이는 이름)에 속하는 남의 땅을 차지할 천부의 권리를 갖는다는 명분."[61]에 대해 언급한 바 있다.

　　두 경우에 마르티는 식민주의자가 교묘하게 쳐 놓은 함정에 빠져 사르미엔토가 사실로 받아들인 **허위적인 이분법**을 거부한다. 이러한 이유로 얼마 전 "'야만'을 배제할 때 마르티는 파농과 우리의 혁명을 예시한다"[62]고 말하면서 나는 물론 그러한 상태가 존재하지 않음을 가리키기 위해 따옴표를 사용해 '야만'이라고 적었다. 혹자들은 이 구절에서 따옴표를 유념하지 않고 성급하게 마치 파농과 카스트로와 체 게바라가 야만의

**61** Martí, "Una distribución de diplomas en un colegio de los Estados Unidos"[1884], *Obras completas*, VIII, p.442.

**62** Fernández Retamar, *Ensayo de otro mundo*, 2d ed., p.15.

사도인 것처럼 오해하기도 했다. 우리 민중의 가상적 야만은 "남의 땅을 탐하는 자들"에 의해 지독한 냉소로 만들어졌다. 그들은 마찬가지로 파렴치하게 "유럽 또는 유럽계 아메리카"의 "현 상태"에 "문명"이라는 "통속적인 이름"을 붙였다. 분명 마르티에게 가장 가슴 아팠던 일은 우리 아메리카인——극복할 수 없는 차이들에도 불구하고 그가 긍정적인 면에서 감탄했던 존재[63]——이 이 심각한 오류의 대상으로 전락하는 것을 목도하는 것이었으리라. 앞서 사르미엔토를 찬양하는 많은 글을 발표했던 에세키엘 마르티네스 에스트라다는 1962년 『라틴아메리카 국가들의 차이와 유사성』에서 사르미엔토 같은 인물들을 염두에 두고 이렇게 썼다.

즉각 우리는 수세기에 걸친 유기적 과정에서 그 형태가 기인한, 고도로 발달한 다른 국가들의 본보기에 따라 일체의 사회적 삶을 형성하기 위해, 때로는 애국적으로 일해 온 사람들이 라틴아메리카의 진정한 해방의 대의를 배반했다는 전제를 세울 수 있다.[64]

---

**63** 가령 마르티는 페르민 발데스 도밍게스(Fermín Valdés Domínguez)에게 보낸 1887년 4월 7일자 편지에서 사르미엔토를 "아르헨티나 공화국의 진정한 창건자"(*Obras completas*, XX, p.325)로 칭한다. 사르미엔토가 그에게 공개적으로 열렬한 문학적 찬사를 보낸 직후였다. 그럼에도 불구하고 언제나 라틴아메리카적 가치에 주목했던 마르티가 1888년 사르미엔토가 죽음을 맞았을 때조차 그에 대해 단 한 편의 글도 발표하지 않았다는 것은 의미심장하다. 이러한 침묵을 '침묵하는 것은 나름의 비난의 방식'이라는 마르티의 평소 지론과 관련시키지 않기는 어렵다.

**64** Martínez Estrada, "El colonialismo como realidad", *Casa de las Américas*, no.33, November-December 1965, p.85. 이 글은 원래 그의 책 *Diferencias y semejanzas entre los países de la América Latina*, México D.F., 1962에 실렸고, 멕시코에서 1960년, 즉 쿠바 혁명이 성공한 뒤에 쓰였다. 쿠바 혁명은 마르티네스 에스트라다에게 기존의 생각을 상당 부분 재고하게 했다. 가령 1961년 12월 8일 쿠바 국립도서관에서 행한 그의 강연 「사르미엔토의 초상」(Retrato de Sarmiento)을 참조할 것. 여기에서 그는 이렇게 말했다. "정부에서 사르미엔토가 펼친 정치적 활동을 엄정하게 검토해 보면, 실제로 아르헨티나 과

나는 지금 이 부르주아 논객의 장단점을 논하는 데 필요한 정보를 갖고 있지 못하다. 마르티와의 대립, 그의 사상과 행동의 일관성을 지적하는 것으로 그치겠다. 그가 가정한 대로 미국에서 전형적으로 구현된 문명은 양키의 흉포한 모델에 따라 원주민의 몰살을 옹호했고 상승일로의 북쪽 공화국을 숭배했다. 한편 19세기 중엽에 이 북쪽 공화국은 훗날 마르티가 발견하게 될 결점을 아직 뚜렷하게 드러내지 않고 있었다. 양극단——정확히 각자의 사상의 극단, 가장자리——에서 사르미엔토와 마르티는 양립할 수 없는 차이를 보였다.

하이메 알라스라키는 "마르티의 인디헤니스모$^{indigenismo}$[65]와 사르미엔토의 반인디헤니스모"에 대해 면밀하게 연구했다.[66] 이 주제에 관심 있는 독자들을 위해 그의 글을 소개한다. 여기서는 단지 이 글에 들어 있는 인용 중 몇 개만 언급하겠다. 나는 앞에서 인디오에 대한 마르티의 논평을 여럿 언급했다. 알라스라키는 다른 논평들을 기억해 낸다.

옛 약탈자들의 교활한 속임수로 용맹한 정복자들이 쳐들어가서 강력한 무기를 발포했던 상대는 다름 아닌 꽃이 만발한 사람들이요, [……] 알

___

두정치를 특징짓는 많은 해악이 그에 의해 도입됐다는 사실을 확인할 수 있다." 또 이렇게 말하기도 했다. "그는 민중을 멸시했다. 이들이 바로 아메리카 민중임을 깨닫지 못하고 무지한 민중, 옷차림이 남루한 민중을 얕잡아 보았다." *Revista de la Biblioteca Nacional*, 56(3), July-September 1965, La Habana, pp.14~16.

65 라틴아메리카 선주민의 복권(復權)과 문화의 부흥을 꾀하는 운동을 통틀어 이르는 말.—옮긴이

66 Jaime Alazraki, "El indigenismo de Martí y el antindigenismo de Sarmiento", *Cuadernos Americanos*, May-June 1965(이 에세이의 용어——거의 동일한 인용——는 Antonio Sacoto, "El indio en la obra literaria de Sarmiento y Martí", *Cuadernos Americanos*, January-February 1968에 다시 등장한다). 또한 Jacques Lafaye, "Sarmiento ou Martí?", *Langues Néo-Latines*, no.172, May 1965를 참조할 것.

뿌리의 사람들이었다. 그것은 역사적 불행이요 자연의 범죄였다. 가는 줄기는, 훗날 우리가 온통 아름답게 만개한 자연의 온전한 작품을 볼 수 있도록, 올곧게 서 있어야 했다. 정복자들은 우주의 한 페이지를 훔쳤다!

또 다른 인용을 보자.

그 모든 위대한 유산 중에서 황금 잔 몇 개, 잘 다듬은 흑요석으로 만든 멍에 같은 돌멩이 몇 개, 세공한 반지 몇 개만이 가까스로 박물관에 남아 있다! 테노치티틀란은 존재하지 않는다. 거대한 장이 열리던 도시 툴란은 없다. 궁전들의 도시 텍스코코는 사라졌다. 오늘의 인디오들은 유적 앞을 지날 때 고개를 숙이고 뭔가를 말하는 듯 입술을 달싹거린다. 그리고 유적을 완전히 지나칠 때까지 모자를 쓰지 않는다.

한편 사르미엔토에게 아메리카의 역사는 "비천한 종족들의 오두막, 진보가 불가능한 야만인들에게 방치된 거대한 대륙"이다. 만약 그가 "통치는 곧 식민植民gobernar es poblar이라는 그의 동포 후안 바우티스타 알베르디의 경구를 어떻게 해석하는지 알고 싶다면, 다음의 구절을 읽을 필요가 있다. "그토록 광대한 나라를 점유하는 데는 많은 난관이 따를 것이다. 그러나 그 무엇도 야만적인 부족들의 절멸이 갖는 이점에 견줄 수는 없다." 다시 말해 사르미엔토에게 통치는 곧 인디오(그리고 가우초)의 제거를 의미한다. 그들은 스페인 정복자들에 맞서 싸운 영웅들이요, 마르티가 자신의 혈관에 그들의 저항의 피가 흐른다고 느꼈던 위대한 사람들이 아니던가? 사르미엔토 역시 그들에 대해 질문을 던지는데, 그의 대답은 이렇다.

우리에게 콜로콜로, 라우타로 그리고 카우폴리칸은, 에르시야[67]가 그들에게 입혀 놓은 고상하고 품위 있는 의복에도 불구하고, 구역질나는 인디오에 불과하다. 만약 칠레에 맞섰던 아라우카노 전쟁에 그들이 다시 등장한다면, 우리는 이제 그들을 목매달 것이다. 칠레는 그 악당들과 아무 상관이 없다.

물론 이것은 스페인의 정복에 대해 마르티가 견지했던 시각과는 판이하게 다르다. 사르미엔토에게 "불경과 부도덕, 유괴, 기만 같은 혐오스러운 의미로 수없이 반복된 '스페인 사람'español이라는 단어는 문명, 즉 그들이 이 나라들에 가져온 유럽 전통과 동의어다". 마르티에게는 "인종은 없으므로 인종에 대한 증오는 존재하지 않는" 반면, 의사과학 이론에 기댄 『아메리카에서의 종족 간 갈등과 조화』Conflicto y armonías de las razas en América의 작가에게는,

야만인들을 몰살하고, 생성되는 문명을 유린하고, 기름진 땅을 소유한 종족들을 정복하는 일은 매우 부당할 수 있다. 그러나 이 불의 덕분에 아메리카는 진보가 불가능한 야만인들에게 계속 방치되는 대신, 오늘날 지구상에 존재하는 인종 중에서 가장 완벽하고, 가장 지적이고, 가장 아름답고, 가장 진보적인 백인이 차지하고 있다. 이러한 불의 덕분에 대양주는 문명인들로 가득 차고, 아시아는 유럽의 추진력 아래서 움직이기

---

67 Alonso de Ercilla y Zúñiga(1533~1594). 스페인의 시인이자 군인으로 스페인인들과 마푸체족(아라우카노족) 사이의 전쟁을 다룬 서사시 『라 아라우카나』(La Araucana)로 잘 알려져 있다. — 옮긴이

시작하며, 아프리카는 자신의 해안에서 카르타고 시대와 이집트의 영광스러운 날들이 다시 태어나는 것을 본다. 따라서 세계의 거주자들은 '강한 종족이 약한 종족을 몰살하고, 문명인들이 야만인들의 땅을 찬탈한다'는 불변의 법칙을 인정하는 혁명에 예속되어 있다.

따라서 그런 말을 듣기 위해 대서양을 가로질러 르낭을 찾아갈 필요가 없었다. 아메리카의 한 남자가 그 말을 하고 있었다. 사실 그가 대양의 이편에서 그 말을 배우지 않았다 해도, 적어도 우리 아메리카뿐만 아니라 다른 아메리카, 즉 '유럽계 아메리카'로부터 그 말을 단련시켰다. 19세기 동안 우리 메스티소의 땅에서 '유럽계 아메리카'의 가장 열광적인 광신도는 사르미엔토였다. 19세기에 양키를 숭배하는 라틴아메리카인들이 없지 않았지만, 미국에 대한 헌신에서 사르미엔토 같은 부류의 인물들을 발견할 수 있는 것은 무엇보다 20세기 라틴아메리카에 창궐했던 광적인 사대주의cipayismo 때문일 것이다. 사르미엔토가 아르헨티나를 위해 하고자 한 것은 미국이 자신들을 위해 행했던 바로 그것이었다. 말년에 그는 이렇게 썼다. "미국을 따라잡자. [……] 미국이 되자." 미국 여행은 그에게 진정한 감탄, 끝없는 역사적 오르가즘을 자아냈다. 미국에서 목도한 것과 유사하게, 그는 자신의 조국에 신흥 부르주아 계급의 토대를 구축하고 싶어 했다. 그 부르주아 계급의 현재의 운명에 대해서는 새삼 거론할 필요가 없을 것이다.

마르티가 미국에서 목도한 것 역시 익히 알려져 있어 이 자리에서 굳이 그 문제를 계속 거론할 필요는 없을 것이다. 그가 우리 대륙 최초의 반제국주의 투사였음을 기억하는 것으로 족하다. 그는 15년 동안 "미국 사회의 냉혹하고, 불평등하고, 퇴폐적인 성격과 그들이 라틴아메리카인들

탓으로 돌리는, 이 나라에 상존하는 온갖 폭력과 불화, 부도덕, 무질서를 고발했다".[68] 또 전장에서 죽음을 몇 시간 앞두고 절친한 벗인 멕시코의 마누엘 메르카도에게 쓴 편지에서 이렇게 털어놓았다. "내가 지금까지 해왔고, 또 앞으로 하게 될 모든 일은 이것을 위한 것이었네. [……] 미국이 안티야스 제도로 팽창하고 무소불위의 힘으로 우리 아메리카 땅에 들이닥치는 것을 제때에 저지하는 것 말일세."[69]

마르티가——종종 『라 나시온』La Nación의 지면을 통해——사르미엔토의 숭배 대상인 미국을 비판할 때 그는 계속 침묵을 지키지는 않았고, 때로는 믿기지 않을 만큼 대담하게 논평했다.

저널리스트가 되기에는 마르티 씨에게 한 가지 요건이 결여되어 있다. [……] 그는 자신을 갱생시키고 자신을 수양하는 데 실패했다. 다시 말해, 양식을 받아들여 생명의 피로 변화시키듯, 그가 살고 있는 나라에서 영감을 얻는 데 실패했다. [……] 마르티가 우리에게 마르티를 덜 주면, 순혈의 스페인 사람을 덜 주면, 남미 사람을 덜 주면 좋겠다. 그 대신 새로운 근대인의 전형인 미국 사람을 좀더 주면 좋겠다. [……] 『쿠리에 데제타쥐니』Courier des Etats Unis지의 한 프랑스인이 미국인들의 어리석음과 정치적 무능력을 비웃는 것을 들으면 재미있다. 글래드스턴은 미국의 제도는 인류 최고의 걸작이라고 선포한다. 그러나 한 이스파노아메리카인, 한 스페인인이 마치 우리가 흐릿한 유리로 태양 흑점을 보고 싶어 하듯이, 다른 나라들을 다룬 책들을 통해 그에게 전해진 정치적 판단

---

68  Martí, "La verdad sobre los Estados Unidos" [1894], *Obras completas*, XXVIII, p.294.
69  Martí, "Carta a Manuel Mercado de 19 de mayo de 1895", *Obras completas*, XX, p.151.

의 조각들을 가지고 그곳에서 본 것을 위압적인 태도로 비판하는 것은 독자에게 심각한 해를 입혀 나락으로 이끈다. [……] 그러니 반은 원주민이고 반은 스페인인인 남미인들이 오만한 겸손으로 우리에게 악惡을 찾으러 오지 않기를 바란다.[70]

찬사를 보낼 때나 비난을 할 때나 항상 격렬한 사르미엔토는 여기에서 마르티를 "반半원주민"으로 규정한다. 이는 기본적으로 사실이며 마르티에게는 자랑거리다. 그러나 사르미엔토의 입에서 그것이 무엇을 의미하는지 우리는 이미 보았다.

이러한 이유들 때문에, 그리고 존경스러운 작가들이 가능한 유사점을 지적하고자 했음에도 불구하고, 에메테리오 S. 산토베니아가 262쪽에 이르는 너절한 책 『재능과 행동: 사르미엔토와 마르티』*Genio y acción. Sarmiento y Martí*, 1938에서 설명하고 있는 두 사람 사이의 유사점을 받아들이는 게 얼마나 힘든지 이해가 될 것이다. 하나의 예시로 충분하다. 이 작가에 따르면,

아메리카에 관한 각자의 기획의 성취와 한계를 가리키는 차이와 상관없이, 신세계의 완전한 해방의 나무를 비옥하게 한 정치·사회 사상의 발달에서 앵글로색슨족이 담당한 역할에 대한 평가에서 두 사람의 공통점 [원문 그대로—인용자]이 드러난다. (73쪽)

---

**70** Domingo Faustino Sarmiento, *Obras completas*, Santiago de Chile and Buenos Aires, 1885~1902, vol.XLVI. *Páginas literarias*, pp.166~173.

생각과 구문 그리고 무성한 숲의 은유는 우리가 '자유세계'의 일부였을 때 우리 문화가 어떠했는지를 알려 준다. 산토베니아 씨는 이 자유세계의 저명한 대표자였다(그리고 한가할 때는 바티스타[71] 정권의 각료이기도 했다).

## 자유세계에 대하여

그러나 라틴아메리카가 속해 있는 진영인 자유세계는 오늘날 훨씬 더 기억할 만한 인물들을 가지고 있다. 예컨대 호르헤 루이스 보르헤스를 생각한다. 그의 이름은 '자유'libre라는 형용사와 결부된 것으로 보인다. 오래전 월트 휘트먼의 『풀잎』 번역──짐작컨대 좋은 번역일 것이다──을 미국의 리처드 닉슨 대통령에게 바친 보르헤스를 생각한다. 실은 이 작가는 1926년에 이렇게 썼다.

태양과 달이 유럽에 있다고 믿는 자들이 아니라 크리오요들에게, 이 땅에서 살고 죽는다고 느끼는 사람들에게 말하고 싶다. 이 땅은 타고난 망명자들의 땅, 먼 곳에 있는 남의 것을 동경하는 자들의 땅이다. 그들은 혈통에 관계없이 진짜 양키들이다. 나의 펜은 그들에게 말을 걸지 않을 것이다.[72]

---

**71** Fulgencio Batista y Zaldívar(1901~1973). 쿠바 혁명의 원인을 제공한 쿠바의 군인·독재자.—옮긴이
**72** Jorge Luis Borges, *El tamaño de mi esperanza*, Buenos Aires, 1926, p.5.

이 글에서 사르미엔토가 "크리오요적인 것을 몹시 혐오하고 몰이해하는 미국화된 용감한 인디오"[73]로 소개되고 있는 것 또한 사실이다. 그러나 실은 무엇보다 그 보르헤스는 역사에 기록된 보르헤스가 아니다. 이 기억의 명수는 "울트라이스모Ultraísmo[74]라는 과오, 분파"의 일원이 되고 몇 년 지나지 않은 시점에 쓰인 젊은 시절의 그 책을 잊기로 했다. 그에게는 그 책과 그 안에 담긴 생각 역시 과오였다. 애처롭게 자신의 계급에 충실한 보르헤스,[75] 잘 알려지고 널리 확산되고 공적인 영예와 무수한 문학상을 거머쥔 보르헤스는 다른 보르헤스였다. 그 문학상들 중 일부는 전혀 알려져 있지 않아 차라리 그가 자신에게 수여한 것처럼 보일 지경이다. 내가 여기서 몇 줄을 할애할 문제의 보르헤스는 "나는 우리의 전통이 유럽이라고 믿는다"[76]라는 1955년(1926년이 아닌)의 선언을 통해 "우리는 로마제국에 속한다"고 했던 사르미엔토의 해괴한 발언을 되풀이한 보르헤스다.

널리 인정받는 보르헤스 같은 작가가 오늘날 그 허세스럽고 정력적인 선구자와 이데올로기적 친연성을 보이는 것이 이상하게 느껴질 수 있다. 책을 애호하는 문화의 전형적인 대표자인 보르헤스는 분명 사르미엔토의 지칠 줄 모르는 활력과 관계가 거의 없다. 그러나 이 생경함은 우리

---

**73** Borges, *El tamaño de mi esperanza*, p.6.

**74** 보르헤스가 아르헨티나 문단에 소개한 스페인의 아방가르드 문예 사조.―옮긴이

**75** 계급적 태도와 관련한 보르헤스의 이데올로기적 진화에 대해서는 Eduardo López Morales, "Encuentro con un destino sudamericano", *Recopilación de textos sobre los vanguardismos en América Latina*, La Habana, 1970을, 이 작가에 대한 맑스주의적 접근에 관해서는 Jaime Mejía Duque, "De nuevo Jorge Luis Borges", *Literatura y realidad*, Medellín, 1969를 참조할 것.

**76** Borges, "El escritor argentino y la tradición", *Sur*, no.232, January-February 1955, p.7.

가 전 세계는 아니더라도, 적어도 우리 대륙의 상부구조적 생산을 그 생산에 의미를 부여하는 하부구조적 실제 현실과 무관하게 고려하는 데 얼마나 익숙해져 있는지를 증명해 줄 뿐이다. 이러한 현실을 고려하지 않고 어떻게 피폐한 존재들인 우리 시대의 부르주아 지식인들을 신흥 부르주아 계급의 정력적이고 대범한 사상가들의 후예로 인정할 수 있겠는가? 이에 답하기 위해서는 구체적 계급과 관련하여 우리 작가들, 우리 사상가들을 보는 것으로 충분하다. 그들은 우리가 그들의 위치를 올바로 정하고 그들의 진정한 계통을 개괄적으로 그릴 수 있도록 구체적 계급의 세계관에 목소리를 부여한다. 우리가 살펴보고 있는 사르미엔토와 마르티의 대화는 무엇보다 특히 계급적 대립이다.

출신 성분과 상관없이, 사르미엔토는 중심부 부르주아지, 구체적으로 미국 부르주아지의 도식을 자신의 조국에 이식하고자 한 아르헨티나 부르주아지의 냉혹한 이데올로그다. 이를 위해, 모든 부르주아지가 그렇듯, 민중 계급 위에 군림할 필요가 있으며 그들의 노동을 착취하고 그들의 정신을 깎아내려 헐뜯을 필요가 있다. 민중 계급의 야수화野獸化라는 희생을 통해 부르주아 계급이 성장하는 방식은 영국을 예시로 하여 『자본』의 끔찍한 지면에 인상적으로 제시되어 있다. '유럽계 아메리카'——그 자본주의는 중세 사회의 장애물 없이 엄청난 확장을 이룰 것이다——는 영국의 위업에 흑인의 노예화와 불굴의 인디언 몰살이라는 새로운 지옥의 원圈을 추가했다. 사르미엔토가 주목하고 충실하게 따르고자 했던 모델은 바로 이것이었다. 19세기 동안 우리 대륙의 부르주아 이데올로그들 가운데 누구보다 한결같고 가장 활동적이었던 인물은 아마 사르미엔토일 것이다.

반면, 마르티는 피착취 계급의 의식 있는 대변자다. 그는 우리에게

"억압자들의 이해와 명령의 습관에 맞서는 체제를 확립하기 위해 피억압자들과 하나가 되어야 했다"는 말을 남겼다. 정복 이후 인디오와 흑인은 사회적 피라미드의 맨 밑바닥으로 추락했기 때문에, 피억압자들과 공동의 노력을 경주하는 것—이것이 마르티가 한 일이다—은 인디오 및 흑인과 공동의 노력을 경주하는 것과 대체로 일치할 것이다. 그 인디오와 흑인은 그들끼리 혹은 일부 백인과 섞이면서 우리 아메리카의 뿌리를 이루는 메스티사혜를 가져왔다. 다시 한 번 마르티를 인용하면, "우리 아메리카에서 토착 메스티소가 외래 크리오요를 이겼다". 사르미엔토는 흉포한 인종주의자다. "외래 크리오요"가 주를 이루는 착취 계급의 이데올로그이기 때문이다. 마르티는 철저한 반인종주의자다. 다양한 인종의 용광로인 피착취 계급의 대변자이기 때문이다. 사르미엔토는 본질적인 아메리카성에 반대하고 여기에 정복자들이 도모했던 것처럼 외국의 방식을 이식하고자 한다. 마르티는 토착적인 진정한 아메리카성을 옹호한다. 물론 그렇다고 다른 현실이 제공하는 긍정적 요소를 무턱대고 전부 다 거부한다는 얘기는 아니다. 그는 "우리 공화국들에 세계를 접목하자. 그러나 몸통은 우리 공화국들의 것이어야 한다"고 설파했다. 사르미엔토 역시 우리 공화국들에 세계를 접목하고자 했지만, 우리 공화국들의 몸통을 뿌리뽑았다. 그러므로 메야와 바예호, 카스트로, 체 게바라 그리고 라틴아메리카의 새로운 혁명 문화가 마르티를 계속 이어 간 반면, 사르미엔토의 복잡성에도 불구하고 주변부 아르헨티나 부르주아지의 대표자들은 결국 그를 계승했다. 게다가 그들은 패배한 계급이다. 사르미엔토가 구상한 부르주아적 발전의 꿈은 실현 가능성조차 없었기 때문이다. 가능태로서의 아르헨티나 부르주아지가 발전할 수 있는 길은 전무했다. 라틴아메리카는 그 향연에 뒤늦게 도착했다. 마리아테기가 말한 대로,

자본주의 경제에서 자유경쟁의 시대는 모든 영역과 모든 양상에서 막을 내렸다. 우리는 지금 독점의 시대, 다시 말해 제국의 시대에 살고 있다. 라틴아메리카 국가들은 뒤늦게 자본주의적 경쟁의 장에 진입했다. 중요한 자리는 이미 확고하게 지정되어 있다. 자본주의 질서 내에서 이 국가들은 보잘것없는 식민지의 운명에 처해 있다.[77]

우리 아메리카 국가들은 뒤에서 무의식적인 유머로 '자유세계'라 부르게 될 진영에 편입되어 문장紋章과 국가, 국기 그리고 대통령을 가졌으면서도 독립국이 되지 못하는 새로운 방식인 신식민주의를 선보이게 될 것이다. 사르미엔토가 아주 유쾌한 시각으로 묘사한 부르주아지는 단순한 주변부 부르주아지, 제국주의 수탈——영국의 수탈과 뒤이은 미국의 수탈——의 소박한 지역 파트너에 지나지 않는다.

이로 미루어 볼 때, 사르미엔토(그의 이름은 방대한 교육 프로젝트와 광활한 영토, 철도, 선박과 연결되어 있다)와 보르헤스(그에 대한 언급은 불행한 이미지, 출구 없는 미로, 어둠에 잠긴 우울한 도서관을 똑같이 반복하는 거울을 환기시킨다) 사이의 유대는 한층 분명하게 확인된다. 그런데 사르미엔토에게는 아메리카성americanidad을 인정하면서——물론 그렇다고 아메리카성의 긍정적 측면을 대변한다는 말은 아니다——왜 보르헤스에게는 부정하는지 도무지 이해할 수 없었다. 보르헤스는 전형적인 식민지 작가이며, 우리들 가운데서 이미 쇠락한 계급의 대변자다. 그의 글쓰기 행위는——대단한 지능의 소유자이니 그가 잘 알고 있듯이——독서 행위에 더 가깝다. 보르헤스는 유럽 작가가 아니다. 유럽의 어떤 작가도 보르

---

77 Mariátegui, "Aniversario y balance" [1928], *Ideología y política*, p.248.

헤스를 닮지 않았다. 그러나 아이슬란드부터 독일 표현주의에 이르기까지 보르헤스가 읽고, 언급하고, 비교한 많은 유럽 작가가 있다. 유럽 작가들은 매우 한정되고 편협한 전통에 속하며, 심지어 샤를 피에르 페기 같은 경우에는 프랑스 작가밖에 읽지 않은 것을 자랑스러워하기까지 했다. 따라서 급여를 받는 일부 문헌학 교수를 제외하면, 정말로 유럽 문학 전체를 아는 인간 존재의 유형은 식민지 사람밖에 없다. 실성하지 않고서는 교양 있는 아르헨티나 작가치고 아르헨티나 작가——또는 스페인어권 작가——밖에 읽지 않은 것을 자랑스러워할 사람은 있을 수 없다. 보르헤스는 실성하지 않았다. 반대로 두뇌가 매우 명석한 사람이다. 그는 지능은 단지 인간 존재의 한 부분일 뿐 반드시 최상의 것이라고는 할 수 없다는 마르티의 생각을 뒷받침하는 전형적인 사례다.

보르헤스의 글쓰기는 그가 식민주의자이며 소멸하는 계급의 대변자임을 명백하게 보여 주는 독특한 식세포작용fagocitosis인 그의 독서로부터 직접 나온다. 그에게 최상의 문화적 창조는 도서관, 아니 외래의 문화적 창조물들이 모여 있는 장소인 박물관이다. 공포와 괴물들, 탁월함, 인용 그리고 민속 예술(박물관적 시선으로 본 아르헨티나 민속 예술)의 박물관이며 감탄 없이 읽기 힘든 스페인어로 쓰인 보르헤스의 작품은 오늘날 아메리카에서 발생한 스캔들의 하나다.

라틴아메리카의 다른 주요 작가들과 달리 보르헤스는 좌파적인 인물이 되고자 하지 않는다. 반대로 그는 히론의 침략자들을 지지하는 서명을 하고, 레지 드브레[78]에게 사형선고를 내릴 것을 요구하고, 닉슨에

---

**78** 급진 좌파 성향의 프랑스 철학자·문인으로 1960년대에 라틴아메리카를 여행했고 볼리비아에서 정치범으로 수형 생활을 한 바 있다.—옮긴이

게 책을 헌정하는 입장을 취한다. 그러한 행동을 개단하는(또는 개탄한다고 말하는) 그의 많은 숭배자는 그의 삶에는 양면이 존재하며, 이것이 한편으로는 그에게 살짝 부도덕한 글을 쓸 수 있게 하고, 다른 한편으로는 악의적이라기보다 오히려 유치한 정치적 선언문에 서명할 수 있게 한다고 주장한다. 물론 그럴 수 있다. 그러나 그러한 양면은 존재하지 않으며 우리가 『끝없이 두 갈래로 갈라지는 오솔길이 나 있는 정원』*El jardín de senderos que se bifurcan*의 작가에게 일관성을 되돌려 주는 데 익숙해져야 할 수도 있다. 그렇다고 그의 품위 있는 지면들에서 정자법이나 구문상의 오류를 발견하자는 것은 아니고, 무엇보다 있는 그대로 읽자는 것이다. 한 남자의 입을 통해 이렇게 말할 정도로 왜소해지는, 출구 없는 계급의 고통스러운 진술 말이다. "세상은 불행히도 현실이고, 나는 불행히도 보르헤스다."[79]

보르헤스의 쓰기/읽기가 자본주의 유럽이 '미국의 도전' 앞에서 식민적 조건에 놓이기 시작하던 시점에 이 지역에서 특히 우호적인 반응을 얻었다는 것은 흥미롭다. 『미국의 도전』이라는 책에서 장-자크 세르방-슈레베르는 노골적인 냉소로 외친다. "그러나 유럽은 알제리도 아니고 세네갈도 아니다."[80] 다시 말해, 미국은 유럽이 알제리와 세네갈에 했던 대로 유럽에 할 수 없다! 유럽에게 나쁜 소식이 있다. 결국에는 그렇게 할 수 있고, 얼마 전부터 이미 그렇게 해오고 있는 것으로 보인다. 이런 현상이 경제 영역에서—여기에서 파생된 복잡한 정치적 결과와 함께—일

---

79 『또 다른 심문』(*Otras inquisiciones*)에 수록된 에세이 「시간에 대한 새로운 반론」(Nueva refutación del tiempo) 마지막 부분에 나오는 구절.―옮긴이

80 Jean-Jacques Servan-Schreiber, *El desafío americano*, La Habana, 1968, p.41.

어난다면, 유럽의 문화적 상부구조는 명백한 식민적 징후를 나타내고 있다. 보르헤스의 쓰기/읽기가 크게 유행하는 것은 다분히 그 징후 중 하나일 수 있다.

물론 보르헤스의 유산은——이미 살펴본 대로, 그에게서는 사르미엔토의 유산이 피를 흘리며 죽어 가고 있다——무엇보다 라틴아메리카에서——여기서는 추동력과 질적 수준이 한층 저하된다는 것을 의미할 것이다——찾아야 한다. 이 글은 개관적인 글이 아니라 라틴아메리카 문화를 다룬 단순한 에세이이므로 하나의 사례로 한정하겠다. 내가 이해하기로 이 사례는 아주 사소하지만, 그럼에도 의미 있는 징후다. 카를로스 푸엔테스의 얄팍한 비평서『이스파노아메리카의 신소설』*La nueva novela hispanoamericana*, México D.F., 1969에 대해 논평하겠다.

보르헤스와 같은 계급의 대변자로서 푸엔테스도 그와 마찬가지로 젊은 시절에 좌파주의적 충동에 사로잡혔다. 푸엔테스의『아르테미오 크루스의 죽음』*La muerte de Artemio Cruz*, 1962은 보르헤스의『내 희망의 크기』*El tamaño de mi esperanza*, 1926에 상응한다. 의심의 여지 없이 우리의 좋은 소설인 이 책을 통해 푸엔테스를 계속 판단하는 것은『내 희망의 크기』로 보르헤스를 계속 판단하는 것만큼이나 분별없는 일이다. 다만 더 일관성 있는——모든 점에서 더 가치 있는(나와는 판이하게 다르지만 보르헤스는 진정 중요한 작가다)——보르헤스가 우파로서의 조건을 철저히 받아들이기로 결심한 반면, 푸엔테스는 그렇게 행동하면서도 때때로 좌파의 용어를 유지하려 든다. 물론 그 용어에는 맑스에 대한 언급도 빠지지 않는다.

『아르테미오 크루스의 죽음』에 나오는 다음 대화에서 체제에 철저히 편입된 비서가 자신의 일대기를 요약한다.

— 당신은 아주 젊군. 나이가 몇이오?

— 스물일곱입니다.

— 학업은 언제 마쳤소?

— 3년 전에요…… 하지만…….

— 하지만 뭐요?

— 이론과 실제는 하늘과 땅 차이죠.

— 그게 재미있는 게로군. 그래 당신한테 뭘 가르치던가요?

— 온통 맑스주의뿐이었죠. 심지어 전 잉여가치에 관한 학위 논문을 썼습니다.

— 틀림없이 장래에 도움이 될 거요, 파디야.

— 하지만 실제는 판이하게 다르죠.

— 그러니까 당신은 맑스주의자요?

— 음, 제 친구들은 죄다 맑스주의자였습니다. 누구나 한때 거쳐 가는 단계죠.[81]


이 대화는 멕시코 인텔리겐치아 진영의 상황을 상당히 명료하게 보여 주고 있는데, 보르헤스의 계급주의적 입장과 행태를 공유함에도 불구하고 지역적 요인으로 인해 부차적인 양상들에서 그와 다르다. 구체적으로 이른바 멕시코 마피아mafia mexicana를 말하는데, 거기에서 가장 두각을 나타낸 인물 하나가 카를로스 푸엔테스다. 이 집단은 쿠바가 1961년 맑스·레닌주의 혁명, 다시 말해 노동자·농민 동맹을 전위로 하는 혁명을 선포하고 행동으로 옮기기 전까지는 쿠바 혁명에 뜨거운 지지를 보냈다.

---

**81**  Carlos Fuentes, *La muerte de Artemio Cruz*, México D.F., 1962, p.27.

그 이후 혁명에 대한 마피아의 지지가 점차 뜸해졌고, 마침내 한 쿠바 작가의 한 달간의 투옥을 둘러싸고 벌어진 소란을 틈타 최근 몇 개월 사이에 쿠바와 극단적으로 갈라섰다.

이러한 대칭은 시사하는 바가 크다. 1961년 미국이 무력으로 플라야 히론의 피그만을 침공했을 때, 선언문을 통해 쿠바가 제국주의에 복무하는 용병들에 패했으면 하는 바람을 나타낸 유일한 라틴아메리카 작가 집단은 보르헤스를 필두로 한 일군의 아르헨티나 작가였다.[82] 또 10년 후인 1971년, 빤한 구실을 내세워 혁명 행동을 비방하면서 쿠바와 결별한 대륙의 유일한 국가 단위 작가 집단이 멕시코 마피아였다. 동일한 태도의 단순한 릴레이인 셈이다.

이 점에 비추어 볼 때, 이스파노아메리카 신소설을 다룬 푸엔테스의 소책자의 의도는 좀더 명확하게 이해된다. 이 신소설의 전개는 최근의 문학에서 가장 두드러지는 특징의 하나이며, 이 소설이 우리의 국경을 넘어 널리 확산된 것은 상당 부분 1959년 쿠바 혁명이 성공한 이후 우리 대륙이 온당히 받아 온 전 세계적 관심의 결과다.[83]

이 새로운 소설은 마땅히 다양한 해석, 수많은 연구의 대상이 될 만한 가치가 있었다. 짧은 분량에도 불구하고(백 쪽이 채 안 된다) 푸엔테스의 책은 주도면밀하게 문학과 정치에 대한 입장을 표명한 것으로, 우리 아메리카 우파의 교묘한 입장을 명료하게 요약하고 있다.

---

82  오늘날 아무도 그 선언문을 기억하지 못한다. 반면에 에세키엘 마르티네스 에스트라다가 그에 응답한 글인 "Réplica a una declaración intemperante", *En Cuba y al servicio de la Revolución Cubana*는 기억하고 있다.

83  나는 에세이 "Intercomunicación latinoamericana y nueva literatura" [1969], *América Latina en su Literatura*, México D.F., 1972에서 이 점을 좀더 상세하게 다루었다.

푸엔테스는 곧장 자신의 패를 내보인다. 모범적으로 '문명과 야만'이라 이름 붙인 1장에서, 그는 예상대로 서두부터 사르미엔토의 주장을 취한다. 19세기에는 "이 땅에서 단 하나의 드라마만 전개될 수 있었다. 사르미엔토가 『파쿤도』의 부제인 '문명과 야만'으로 정의한 드라마가 그것이다". 이 드라마는 "첫 백 년간의 소설과 라틴아메리카 사회"(10쪽)의 갈등이다. 이 장에 해당하는 서사 문학은 네 가지 동인을 나타낸다. "진정한 라틴아메리카의 주인공"인 "근본적으로 낯선[누구에게?—인용자] 자연", 국가나 지역 차원의 독재자, 피착취 대중, 그리고 "**시종일관 야만에 맞서 문명의 편을 드는 작가라는 네번째 동인**"(11~12쪽, 강조는 인용자)이 그것이다. 푸엔테스에 따르면, 문명의 편에 선다는 것은 "피착취자들을 옹호하는 것" 따위를 의미한다. 그러나 사르미엔토는 이 말이 실제로 의미하는 바가 무엇인지 똑똑히 보여 주었다. 그런데 그의 의하면, 19세기를 특징지었던 이러한 양극성은 다음 세기에 그대로 유지되지 않는다. "20세기에 지식인들은 국내외적으로 훨씬 더 복잡한 사회 안에서 투쟁해야 했다." 이 복잡성은 제국주의가 이들 국가에 침투한 데서 기인한다. 그러나 얼마 후 "저산업화 세계에서 [······] 반란과 상승"이 일어날 것이다. 푸엔테스는 20세기에 고려해야 할 국제적 동인 가운데 사회주의를 염두에 두지 않았다. 그러나 그는 무심코 이러한 적절한 공식을 흘린다. "서사시적 단순성에서 변증법적 복잡성으로의 이동이 시작된다"(13쪽). "서사시적 단순성"이란 19세기에 있었던 문명과 야만의 투쟁이며, 푸엔테스에 따르면 이 투쟁에서 "작가[자신과 같은 작가를 말한다—인용자]는 시종일관 야만에 맞서 문명의 편을 들었다". 다시 말해 작가는 새로운 과두 지배 계급의 맹목적인 종복이자 아메리카 대중의 사나운 적으로 전락한다. "변증법적 복잡성"은 20세기에 그 협력 행위가 취하는 형식으로, 과두 지배 계급은 제국주의적 이해의 단순한 중개자로 밝혀지고 푸엔테스 같은 "작가"는 이제 두 주인을 섬겨야 한다. 우리는 복음서 이래로, 주인들 사이가 원만할 때조차 두 주인을 섬기는 것은 모종의 "변증법적 복잡성"을 의미한다는 것을 알고 있다. 정말로 섬기는 대상이 제3의 주인인 민중임을 믿게 만들고자 할 때는 특히 그렇다. 경미한 누락이 눈에 띄긴 하지만, 영민한 푸엔테스가 우리 국가들에 제국주의가 침투하는 양상을 짤막하게 요약한 대목은 흥미롭다.

> 제국주의는 라틴아메리카 각국의 경제적 삶에 효과적으로 개입할 목적으로 지배적인 중개 계급뿐만 아니라 행정, 통상, 광고, 사업 경영, 채굴 산업, 변환 산업, 금융, 운송 그리고 심지어 오락까지 아우르는, 빵과 서커스에서의 일련의 서비스를 필요로 한다. 제너럴모터스사는 자동차를 조립하고, 수익을 본국으로 가져가며, TV 프로그램의 스폰서가 된다. (14쪽)

제너럴모터스사의 사례는 항상 유효하긴 하지만, 마지막 예시로는 미국중앙정보국이 더 유용했을 것이다. 미국중앙정보국은 플라야 히론 침공을 조직했고, 빤한 중개자들을 통해 『문도 누에보』*Mundo Nuevo*를 재정적으로 지원했다. 카를로스 푸엔테스는 바로 이 잡지의 주요 이데올로 그 중 하나였다.

이러한 정치적 전제를 설정하고 나서 푸엔테스는 연구 대상이 되는 작가들──마리오 바르가스 요사, 가브리엘 가르시아 마르케스, 훌리오 코르타사르, 그리고 후안 고이티솔로──에 집중하기 전에 몇 가지 문학적 전제를 내세운다. 그리고는 또다시 정치적 견해로 결론을 맺는다. 나는 그의 비평 자체를 다룰 생각이 없으며, 단지 두드러지는 이데올로기적 방향성만을 지적할 것이다. 이 소책자는 때때로 진짜 이데올로기적 선언문처럼 보인다.

문학에 대한 비평적 평가는 비평 그 자체에 대한 선개념先槪念에서 출발할 필요가 있으며, '비평이란 무엇인가?'라는 기본적인 질문에 충분히 답해야 한다. 나에게는 크리스티나 포모르스카가 『러시아 형식주의 이론과 그 시적 분위기』*Russian Formalist Theory and its Poetic Ambiance*, Mouton, 1968에서 제시한 소박한 견해가 설득력 있게 다가온다. 츠베탕 토도로프에 따르면 그녀는

그 책에서 다음 주장을 옹호한다. 모든 비평 방법은 동시대의 문학적 실천의 일반화다. 고전주의 시대의 비평 방법은 고전주의 문학 작품들에 준해 만들어졌다. 낭만주의자들의 비평은 낭만주의 자체의 원칙(심리, 비합리성 등)을 되풀이한다.[84]

한편 이스파노아메리카 신소설에 대한 푸엔테스의 비평을 읽을 때, 우리는 그의 비평 방법이 "동시대의 문학적 실천"을 일반화한 것은 맞지만 이스파노아메리카 문학이 아닌 다른 문학들의 일반화임을 깨닫게 된다. 더욱이 이것은 소외되는 동시에 소외시키는enajenada y enajenante 푸엔테스의 이데올로기에 완벽하게 부합한다.

일부 붐[85]의 모리배들이 헛되이 부인하고자 애썼던, 알레호 카르펜티에르 같은 작가들의 가르침 뒤에, 이스파노아메리카 신소설이 착수한

---

84  Tzvetan Todorov, "Formalistes et futuristes", *Tel Quel*, no.30, Autumn 1968, p.43.

프로젝트, 즉 몇몇 비평가가 끊임없이 지적한 것처럼 자본주의 국가들의 서사 문학에 의해 "극복되었거나" 이미 실현된 것으로 볼 수 있는 프로젝트는 우리 역사에 대한 재해석을 수반한다. 푸엔테스의 비평은 이론의 여지 없는 이러한 사실——많은 경우 쿠바 혁명이 우리 아메리카에 제공한 새로운 전망과 분명한 관련성이 있고, 그토록 인구에 회자되는 대륙을 동경하는 사람들 사이에 이 서사 문학이 확산되는 데 적지 않은 원인을 제공했다——을 도외시한 채, 먼저 비평적 요구에 부응하여 소설에 표현된 역사관을 종합하고 평가하는 대신 그 육체성을 증발시키고, 이미 지적한 것처럼, 오늘날 언어학적 추론으로 환원된 (자본주의 국가들의) 다른 문학들에서 유래한 도식을 태연하게 적용시킨다.

최근 수년간 언어학이 누린 놀라운 인기는 많은 사람에게 "20세기에는 수많은 일이 일어났지만 무엇보다 언어학의 세기로 보인다"고 주장하게 만들었다.[86] 그러나 우리가 보기에는 그 "수많은 일" 중에서 사회주의 정부 수립과 탈식민화가 금세기의 특징으로 가장 두드러진다. 개인적으로 이러한 유행의 소박한 예를 들어 보겠다. 내가 학생 신분으로 앙드레 마르티네 교수에게 언어학을 배우던 1955년 파리에서 언어학적 주제는 아직 대학 강의실에 한정되어 있었다고 할 수 있다. 강의실 밖에서 동료들과 문학과 철학, 정치학에 대해 대화를 나누었다. 불과 몇 년 뒤에 언어학——클로드 레비-스트로스가 말한 대로, 구조주의 언어학은 여타 사

---

**85** 1950년대에 시작되어 1970년대에 이르기까지 절정기를 구가한 라틴아메리카 소설의 한 흐름을 정의하기 위한 용어로, 서구의 모방을 탈피해 질적인 도약을 이루면서 세계문학계에 갑자기 부상한 것에 대한 놀라움의 표현이다.—옮긴이

**86** Carlos Peregrín Otero, *Introducción a la lingüística transformacional*, México D.F., 1970, p.1.

회과학을 망라했다——은 파리에서 빼놓을 수 없는 단골 화제로 부상했다. 당시에는 문학·철학·정치학에서 **구조주의적** 접근이 이루어졌다(나는 수년 전의 얘기를 하고 있다. 지금은 구조주의가 한물간 것처럼 보인다. 그러나 우리 땅에서는 앞으로도 한동안 이 이데올로기가 기승을 부릴 것이다).

한편 나는 언어학의 유행에 유리하게 작용한, 분명한 학문적 이유가 존재한다는 것을 믿어 의심치 않는다. 그러나 본연의 영역을 뛰어넘은 그러한 유행에는 **이데올로기적** 이유들이 있다는 것 또한 알고 있다. 문학 연구와 관련해서는 러시아 형식주의에서 프랑스 구조주의에 이르기까지 그런 이데올로기적 이유들을 밝히기가 어렵지 않다. 언급한 형식주의와 구조주의의 장점과 한계는 그러한 이유들을 벗어나서 논할 수 없으며, 그 하나로 소멸하는 계급 특유의 이른바 비非역사화를 들 수 있다. 이 계급은 시대를 선동하기 위해 도전적인 **유토피아**와 함께 역사적 경주를 시작했지만, 이제 경주가 불리해지자 불가능한 유크로니아*ucronías*[87]를 통해 그 경주를 멈추려고 한다. 여하튼 동시대의 각각의 문학과 그 연구의 일관성을 인정할 필요가 있다. 그러나 푸엔테스가 최근의 이스파노아메리카 서사 문학의 실제 현실을 도외시한 채 다른 문학과 다른 비평 이론에서 가져온 체계를 이 문학에 강제하고자 할 때, 그는 전형적인 식민주의적 태도로 자신의 비평에 이차적 이데올로기화를 덧붙인다. 요컨대 이것은 우리의 현 단계 서사 문학은——**외견상 동시대적인 자본주의 국가들의 문학과 마찬가지로**——무엇보다 언어의 공적功績이라고 주장하는 것으로 요약된다. 또한 그것은 무엇보다 그로 하여금 그 서사 문학에서 명확한 역사적 구체화와 관련된 모든 것을 우아하게 최소화하도록 허락한

---

87 '존재하지 않는 시간', 즉 이상시(理想時)를 뜻한다.—옮긴이

다. 다른 한편, 푸엔테스가 언어학적 접근의 토대를 구축하는 방식은 식민 지배국 사람들에게 자신도 그곳에서 유행하는 대단한 주제들에 대해서 어깨를 견줄 수 있다는 것을 으스대고 싶어 하는 식민지인 특유의 현학성과 편협성을 드러낸다. 여기에는 자기 자신보다 훨씬 더 무지하다고 믿는 동포들을 현혹시키겠다는 바람도 동시에 들어 있다. 그의 말은 이런 식이다.

> 변화는 통시성에 해당하는 과정과 파롤parole의 범주를 포함하고, 구조는 공시성에 해당하는 체계와 랑그langue의 범주를 포함한다. 이 모든 범주의 상호작용은 말인데, 말은 담론을 통해 통시성과 공시성, 랑그와 파롤을 결합시키고, 사건을 통해 과정과 체계를 결합시킨다. 마찬가지로 사건과 담론을 서로 연결시킨다. (33쪽)

그럼에도 불구하고 우리는 이런 진부함——좋은 언어학 책자라면 완화시킬 수 있었을 것이다——을 결코 가볍게 넘겨서는 안 된다. 푸엔테스는 여기에서 우리 문학과 우리 문화에 대한 일관된 시각을 최대한 정교하게 가다듬는다. 이러한 시각은 의미심장하게도 에미르 로드리게스 모네갈이나 세베로 사르두이 같은 작가들이 제안한 것과 본질적으로 일치한다.

이스파노아메리카 신소설에서 언어의 역할이 압도적이라는 푸엔테스의 주장이 보르헤스의 산문에서 근거를 발견한다는 것은 시사하는 바가 크다. 그는 "보르헤스의 산문 없이는 단언컨대 이스파노아메리카 현대 소설은 존재하지 않을 것"이라고 말한다. 왜냐하면 보르헤스 산문의 "궁극적 의미"는 "무엇보다 라틴아메리카에는 언어가 결핍되어 있으며,

따라서 그것을 구축해야 한다는 것을 입증하는 것"이기 때문이다. 푸엔테스에 따르면, 보르헤스는 "순전한 대조를 통해 전통적으로 우리 사이에서 언어로 통용되던 것의 허위와 묵종默從, 날조를 드러내는 라틴아메리카의 새로운 언어"(26쪽)를 창조함으로써 비범한 업적을 이루었다.

물론 그러한 기준 위에서 문학의 비역사화는 진정한 열광적 표현에 도달할 수 있다. 가령 비톨트 곰브로비치의 『포르노그라피아』는

아마존 밀림의 한 원주민에 의해 이야기될 수 있었다. [……] 결국 브라질 밀림의 동일한 초기 신화의 잠재적 서술자와 곰브로비치의 차이를 규정하는 것은 국적도 사회 계급도 아니며, 바로 담론을 다른 방식으로 결합시킬 가능성이다. 따라서 언어 구조의 보편성에 기초할 때 비로소 귀납적으로 국적과 계급이라는 부차적 정보가 용인될 수 있다. (22쪽)

그 결과 그는 또한 역사가 아니라 "무엇보다 **문학의 어떤 범주들과 관련해** 이스파노아메리카 문학의 갈등을 이해하는 게 진실에 더 가깝다"(24쪽, 강조는 인용자)고 말한다. 한술 더 떠서 그는 이렇게 주장한다.

고발이라는 작가의 오랜 책무는 거짓과 침묵, 수사학, 학계의 공모로 점철된 우리의 긴 역사에서 이야기되지 않은 모든 것을 비판하는 훨씬 더 고된 작업으로 바뀐다. 언어를 **창조하는 것**은 역사가 **침묵해** 온 모든 것을 **말하는 것**이다. (30쪽, 강조는 인용자).

이러한 해석은 이처럼 두 마리 토끼를 잡는다. 그런 식으로 이해하면 문학은 일체의 논쟁적 임무(여기서는 교묘한 형용사를 사용해 "고발이라

는 오랜 책무"로 비하되어 있다)를 피할 뿐 아니라, 후퇴와 거리가 먼 이러한 회피는 "훨씬 더 고된 작업"이다. 왜냐하면 다름 아닌 바로 "역사가 **침묵해 온 모든 것**"을 말해야 하기 때문이다. 더 나아가 그는 우리의 진정한 언어는 발견되고 창조되는 과정에 있으며 "그 발견과 창조 행위 자체에서 철저히 허위적인 언어로 만들어진 일체의 정치적·경제적·사회적 구조를 **혁명적으로** 뒤엎어 버린다"고 설파한다(94~95쪽, 강조는 인용자).

비록 피상적이긴 하지만, 좌파의 언어로 우파의 과업을 제안하는 이러한 교활한 방식은 푸엔테스가 멕시코 마피아에 속하고 그 마피아의 특징을 멕시코 국경 너머로 확장하고자 했다는 것을 상기시켜 주며, 한순간도 그 사실을 잊을 수 없다.

다른 한편, 이러한 견해는 철저히 반동적인 정치적 강령을 문학의 문제로 옮겨 놓은 것이라는 주장은 단순한 추정이 아니다. 책자를 통해 일관되게 주장되고 있으며, 특히 마지막 지면들에 명시적으로 밝혀져 있다. 잘 알려진 사회주의 비판 외에도, 여기에는 다음과 같은 견해가 나타나 있다. "아마도 라틴아메리카가 당면할 우울한 미래는 파시스트적 포퓰리즘, 즉 혁명적 충동과 공공의 자유를 억압하는 대신 일부 개혁을 실현할 수 있는 페론주의 계열의 독재일 것이다"(96쪽). '문명과 야만'의 주장은 전혀 바뀌지 않은 것처럼 보인다. 그러나 실제로는 바뀌었다. 제국주의가 우리의 땅을 유린하면서 악화된 것이다. 푸엔테스는 우리 앞에 "훨씬 더 심각한 전망"이 펼쳐질 것이라는 근거 없는 위협과 경고로 이 현실을 진단한다.

기술 세계의 기하학적 발전과 종속적인 우리 사회의 산술적 발전 사이의 격차가 현저히 벌어짐에 따라 라틴아메리카는 제국주의에게 없어도 그만인(강조는 푸엔테스) 세계로 전락한다. 전통적으로 우리는 피착취 국가들이었다. 머지않아 우리는 착취의 대상도 되지 못할 것이다(강조는 인용자). 기술이 우리의 단일 생산양식을 산업적으로 대체할 수 있을 것이므로——이미 대규모로 그렇게 할 수 있다——우리를 착취할 필요조차 없을 것이다. (96쪽)

이에 비추어 볼 때, 그리고 푸엔테스에게 혁명은 라틴아메리카에서 전망을 결여하고 있다는——그는 "제2의 쿠바"(96쪽)의 불가능성을 거듭 강조하며, 그 과정이 취할 예측할 수 없는 다양한 형태를 받아들이지 못한다——점을 고려할 때, 우리는 제국주의의 기술이 여전히 우리를 **필요로 하며** 아직 우리의 보잘것없는 생산품을 산업적으로 대체하지 않고 있다는("이미 그렇게 할 수 있"는데도 불구하고) 사실에 거의 고마움을 느껴야 할 지경이다.

어쩌면 필요 이상으로 푸엔테스 이야기를 늘어놓았는지 모르겠다. 그는 외견상 '미국의 소리 방송'의 프로그램 「쿠바와의 데이트」 특유의 거친 단순화를 넘어서는 반혁명적 강령을 문화 영역에서 구축하고자 했던 새로운 라틴아메리카 작가 중에서 가장 두드러진 인물의 하나이기 때문이다. 그 작가들은 이미 최적의 기관지인 『문도 누에보』에 의지했다.[88] 이 잡지는 미국중앙정보국으로부터 재정 지원을 받았으며, 그 이데올로

---

[88] 이 잡지에 대한 암브로시오 포르넷(Ambrosio Fornet)의 분석인 "*New World* en español", *Casa de las Américas*, no.40, January-February 1967은 여전히 유효하다(그러나 이제 최근의 인터뷰에서 포르넷이 세베로 사르두이에 대해서 내린 설득력 있는 논평이 추가되어야 한다. 물론 사르두이는 '프랑스계 쿠바인' 작가가 아니며, 여하한 경우에도 쿠바 작가 사전에서 배제되지 말았어야 했다. Leonardo Padura, "Tiene la palabra el camarada Ambrosio", *La Gaceta de Cuba*, September-October 1992, p.5 참조).

기적 초석은 푸엔테스의 책자에 요약되어 있다. 잡지의 다른 두 비평가인 로드리게스 모네갈의 교수 풍 중량감이나 세베로 사르두이의 네오바르트적neobarthesiano 변덕으로는 푸엔테스 식의 요약을 해내기 힘들었을 것이다. 이들 외에 기예르모 카브레라 인판테, 후안 고이티솔로처럼 그들과 매우 흡사한 다른 작가들을 규합한 이 잡지의 배턴을 최근 다른 잡지인 『리브레』*Libre*가 넘겨받는 형국인데, 몇몇 인물이 추가되긴 했지만 본질적으로 동일한 필진에 의존하고 있는 것으로 보인다. 두 잡지의 제목을 합쳐 놓으면 그 의미가 한층 명백해진다. 자유세계Mundo Libre.

## 시작된 미래

우리를 '자유세계'——오늘날 자본주의 국가들이 스스로에게 부여하고 지날결에 그들의 피역압 식민지와 신식민지들에 선사하는 유쾌한 명칭——에 통합하려는 계획은 19세기에 크리오요 착취 계급이 우리를 가상의 '문명'에 종속시키고자 했던 시도의 현대적 버전이다. 그리고 19세기의 시도는 유럽 정복자들의 의도를 다시 취한 것이다. 가벼운 변주가 있긴 하지만, 이 모든 경우에 분명한 사실은 그들에게 라틴아메리카는 기껏해야 진정한 문화를 이식하기 위해 극복할 필요가 있는 **장애물**로 여겨진다는 것이다. 진정한 문화란 "그들 스스로 '문명화된'이라는 수식어를 붙이는 근대인들"[89]의 문화를 말하는데, 빌프레도 파레토의 이 구절은 1884년 마르티가 "유럽인의 현 상태를 지칭하는 통속적인 이름"으로 정

---

89 Vilfredo Pareto, *Trattato di sociologia general*, Firenze, 1916(Mariátegui, *Ideología y política*, p.24의 주63에서 재인용).

의한 바 있는 문명 개념을 강하게 환기시킨다.

정복자들, 크리오요 과두 독재자들, 제국주의와 그 하수인들의 이러한 의도에 맞서 진정한 우리 문화—광범한 역사적·인류학적 의미에서 이 용어를 취한다—가 버려져 왔다. 메스티소 민중, 즉 볼리바르와 아르티가스가 통솔할 줄 알았던 인디오와 흑인, 유럽인의 후손에 의해 잉태된 문화, 피착취 계급과 호세 마르티의 급진적 프티부르주아, 에밀리아노 사파타의 가난한 소작농들, 루이스 에밀리오 레카바렌과 혜수스 메넨데스의 노동자 계급의 문화, 제2차 아바나 선언(1962)에서 언급된 "굶주린 인디오 대중과 무토지 농민, 피착취 노동자"와 "고통받는 우리 라틴아메리카 땅에 차고 넘치는 정직하고 눈부신 지식인들"의 문화, 지금 "2억 명의 형제들의 가족"을 구성하고 "'이제 그만!'이라고 외치고 나서 걷기 시작한" 민중들의 문화.

특히 여명기의 살아 있는 모든 문화가 그러하듯, 그 문화가 기운차게 움직이고 있다. 비록 종합의 과정을 통해—다른 모든 문화와 마찬가지로, 그리고 이번에는 특히 전 지구적 방식으로—태어났지만, 물론 그 문화는 고유한 특성을 가지고 있으며 결코 그 문화를 구성한 요소들의 특성을 단순 반복하는 데 머물지 않는다. 이것은 바로 멕시코 사람 알폰소 레예스가—그의 시선은 때때로 우리가 바랐던 것보다 유럽에 더 머물러 있었지만—강조한 점이다. 또 다른 라틴아메리카인과 종합의 문화로서의 우리 문화에 대해 이야기하면서 레예스는 이렇게 말했다.

그도 나도 유럽의 동료들에게 해석의 대상이 되지 못했다. 그들은 우리가 유럽이 정복한 것을 초보적으로 간추려 요약하고 있다고 생각했다. 이 경박한 해석에 따르면, 종합은 마침표일 것이다. 그러나 그렇지 않다.

종합은 여기서 새로운 출발점, 흩어져 있는 이전의 요소들로 구성된 구조—모든 구조가 그렇듯, 이전의 요소들을 뛰어넘으며 스스로 새로움을 함유하고 있는—다. $H_2O$는 단순히 수소와 산소의 결합이 아니다. 그것은 또한 물이기도 하다.[90]

문제의 물이 레예스가 강조하는 유럽적 요소뿐 아니라 토착적·아프리카적 요소로도 만들어졌다는 점을 고려할 때 이 사실은 특히 명백하다. 비록 한계를 드러내긴 했지만, 레예스는 글을 마무리하면서 자신의 생각을 표현할 줄 알았다.

지금 내 말에 귀 기울이는 세계 사상가들의 법정 앞에서 말한다. 우리는 이미 우리가 정복한 세계시민으로서의 권리를 인식하고 있다. 우리는 성년의 나이에 다다랐다. 이제 곧 당신들은 우리를 무시할 수 없는 존재로 여기는 데 익숙해질 것이다.[91]

이것은 1936년의 진술이다. 오늘날 그 "이제 곧"은 이미 당도했다. 레예스의 기대와 우리의 확신을 분리하는 연도를 꼽아야 한다면—이러한 설정은 늘 어려운 법이다—나는 쿠바 혁명이 승리한 1959년을 제시할 것이다. 물론 그 문화의 도래에 이정표가 된 몇몇 연도를 열거할 수 있을 것이다. 최초의 연도들은 부정확한데, 유럽의 억압에 저항했던 원주민

---

**90** Alfonso Reyes, "Notas sobre la inteligencia americana", *Obras completas*, XI, México D.F., 1960, p.88.

**91** *Ibid.*, p.90.

들의 투쟁과 흑인 노예들의 반란을 언급할 수 있다. 더 중요한 해인 1780년에는 페루에서 투팍 아마루의 봉기가 있었고, 1804년에는 아이티가 독립했다. 1810년에는 아메리카의 여러 스페인 식민지에서 혁명 운동이 시작되었으며, 이 운동들은 19세기가 한참 진행될 때까지 확산되어 갔다. 1867년에는 베니토 파블로 후아레스가 막시밀리아노에게 승리를 거두었고, 1895년에는 쿠바의 대스페인 전쟁──마르티가 신생 양키 제국주의에 대한 대응으로 예견했던 전쟁──마지막 단계가 시작되었다. 1910년에는 멕시코혁명이 발발했다. 1920~1930년대에는 루이스 카를루스 프레스치스가 브라질 내륙으로 진군했으며(1925~1927), 니카라과에서 산디노의 저항이 있었고, 대륙에서 노동자 계급이 전위 세력으로 입지를 굳혔다. 1938년에는 카르데나스에 의해 멕시코 석유 산업이 국유화되었다. 또 1944년에 민주주의 체제가 수립되면서 과테말라 정부가 급진화했다. 1946년에는 아르헨티나에서 후안 도밍고 페론 대통령의 임기가 시작되었고, 그의 통치 기간 중에 '데스카미사도스'descamisados[92]가 영향력 있는 세력으로 부상했다. 1952년에는 볼리비아 혁명이 발발했고, 1959년에는 쿠바에서 혁명 세력이 승리했다. 1961년에는 플라야 히론에서 양키 제국주의가 아메리카에서 최초로 군사적 패배를 당했으며, 쿠바 혁명의 맑스·레닌주의적 성격이 천명되었다. 1967년 볼리비아에서는 라틴아메리카 신생 군대의 선봉에서 체 게바라가 사망했다. 1970년에는 칠레에서 사회주의자 살바도르 아옌데가 집권했다.

피상적으로 보면 이 연도들은 우리 문화와 밀접한 관련이 없는 것으

---

**92** 셔츠 없는 사람들, 곧 가난한 사람들을 가리키며, 1946년 대통령 선거에서 페론의 부인 에바 페론이 노동자들을 이렇게 불렀다.──옮긴이

로 보일 수도 있다. 그러나 사실은 정반대다. 우리 문화는 혁명의 산물이자 일체의 식민주의에 대한 오랜 거부의 결과이며, 다른 가능성은 있을 수 없다. 우리 문화는, 모든 문화가 그렇듯이, 첫번째 조건으로 우리 자신의 존재를 요구한다. 다른 기회에 이미 인용한 바 있지만, 마르티가 이 사실을 더없이 간결하고 명료하게 밝힌 순간 중 하나를 인용하지 않을 수 없다. 그는 1881년에 이렇게 썼다. "문학은 표현이며, 문학 속에 표현할 본질이 없다면 문학은 존재하지 않는다. 이스파노아메리카가 존재하지 않는 한 이스파노아메리카 문학은 없을 것이다." 그리고 그는 이렇게 덧붙인다. "지금 우리가 위대한 작품을 가지지 못했음을 개탄하자. 단순히 우리에게 위대한 작품이 없어서가 아니라 아직 그 작품이 반영할 위대한 민중을 가지지 못했음을 보여 주는 표지이기 때문이다."[93] 따라서 라틴아메리카 문화는 무엇보다 "우리 아메리카"의 "위대한 민중"이 존재하도록 투쟁해 온 모든 이와 지금 이 순간 투쟁하고 있는 모든 이 덕분에 가능했다.

그러나 물론 이것이 이 땅에서 벼려진 유일한 문화는 아니다. 반(反)아메리카 문화, 즉 억압자들의 문화, 이 땅에 식민 지배국의 계획을 강요하고자 획책했던(혹은 획책하고 있는) 자들이나 단순히 다른 나라들에서나 존재 이유를 가질 수 있는 것을 편협한 방식으로 순순히 재생산하는 자들의 문화 또한 존재한다. 인용을 되풀이하자면, 최선의 가능성은 "수세기에 걸친 유기적 과정에서 그 형태가 기인한, 고도로 발달한 다른 국가들의 본보기에 따라 일체의 사회적 삶을 형성하기 위해, 때로는 애국적으로, 일해 온 사람들"의 작업일 것이다. 그러나 마르티네스 에스트라다

---

**93** Martí, "Cuadernos de apuntes no.5" [1881], *Obras completas*, XXI, p.164.

가 말하길, 그렇게 행동할 때 그들은 "라틴아메리카의 진정한 해방의 대의를 배반했다".[94]

아직도 이 반아메리카 문화가 두드러지게 눈에 띈다. 구조물과 작품, 그리고 기념일에서 여전히 그러한 문화가 선언되고 영속된다. 그러나 그 토대를 이루는 체제가 죽음을 앞두고 있듯이 이 문화도 소멸해 가고 있다는 데는 의심의 여지가 없다. 우리는 억압자의 역사와 피억압자의 역사를 원래의 자리로 돌려놓는 데 기여할 수 있고, 또 반드시 그래야 한다. 그러나 물론 피억압자들의 역사의 승리는 무엇보다 역사를 문학 작품에 앞서 사실의 작품으로 여기는 사람들의 작품일 것이다. 그들은 우리 대륙에, 이번에는 전혀 다른 관점에서, 통일성을 복원시키면서 진정한 아메리카의 결정적 승리를 쟁취할 것이다. 마리아테기가 말한 대로,

이스파노아메리카(혹은 선호되는 대로 라틴아메리카)는 부르주아 계급에서 통일성을 발견하지 못할 것이다. 이 계급은 강제적으로 우리를 작은 민족주의들로 쪼갠다. 앵글로색슨족의 미국은 자본주의 문명을 꽃피우고 문을 닫을 것이다. 라틴아메리카의 미래는 사회주의다.[95]

이미 시작된 그 미래 앞에서 우리의 존재에 대한 한가한 질문은 결국 두서없는 횡설수설이 되고 말 것이다.

---

**94** Martínez Estrada, "El colonialismo como realidad", *Casa de las Américas*, no.33, p.85.

**95** Mariátegui, *Siete ensayos de interpretación de la realidad peruana*[1928], La Habana, 1963, p.xii.

## 그렇다면 이제 아리엘은?

이 글에서 지금까지 우리가 따라온 셰익스피어의 위대한 신화에서 아리엘은, 이미 말한 대로, 칼리반과 같은 섬에 사는 지식인[96]이다. 겉으로는 프로스페로와 더할 나위 없이 마음이 잘 맞는 것 같지만 실제로는 겁에 질린 노예로서 그를 섬길 것인가——반아메리카 지식인들의 경우——아니면 칼리반과 힘을 합쳐 진정한 자유를 위한 투쟁에 나설 것인가를 선택할 수 있다. 그람시의 용어로 말하자면, 나는 무엇보다 '전통적' 지식인들을 생각한다고 할 수 있다. 이행기에도 프롤레타리아 계급은 고유한 '유기적' 지식인들을 만들어 가는 동시에 최대한 '전통적' 지식인들에 동화될 필요가 있다.

주지하다시피, 실제로 피착취 계급에 복무하는 인텔리겐치아의 중요한 일부는 대개 착취 계급 출신으로 자신의 계급과 단호하게 관계를 단절한 사람들이기 십상이다. 고전적인 예를 들자면 맑스, 엥겔스, 레닌 같은 거물급 인물들이 이 경우에 해당한다. 이러한 사실은 다름 아닌 1848년의 『공산당 선언』에서 이미 확인된 바 있다. 여기에서 맑스와 엥겔스는 이렇게 썼다.

---

**96** 이 용어는 이 주제에 관한, 내가 전적으로 동의하는 고전적 페이지들에서 그람시가 사용하는 것과 같은 넓은 의미의 '지식인'(intelectual) 개념이다. 그람시의 저작은 충분히 알려져 있으므로 이 자리에서 굳이 논평할 필요는 없을 것이다. Antonio Gramsci, *Los intelectuales y la organización de la cultura*, Buenos Aires, 1960 참조. 아바나문화회의 준비 세미나(Seminario Preparatorio del Congreso Cultural de La Habana, 1967)에서 우리는 이미 이러한 광범위한 의미로 '지식인'이라는 단어를 사용했고, 최근 제1차 교육문화국민회의 연설에서 피델 카스트로는 이 문제를 재차 언급했다. 여기에서 피델은 그러한 명칭이 "교사, 엔지니어, 기술자, 연구자" 등을 배제하고 "지식인 칭호를 독점해 온" 소수의 "마법사들"에 의해 배타적으로 향유되는 것을 거부했다.

계급투쟁이 종국으로 치닫는 시기에는 지배 계급 내부, 아니 사실상 사회 전체의 내부에서 진행되고 있던 해체 과정이 매우 격렬하고 선명한 성격을 띠게 된다. 이때는 지배 계급의 작은 일부가 스스로 떨어져 나와 미래를 손아귀에 쥐고 있는 혁명 계급에 합류한다. [……] 마찬가지로 이제는 부르주아 계급의 일부가 프롤레타리아 계급으로 넘어가는데, 특히 역사적 운동 전체를 이론적으로 이해하는 수준으로 스스로를 끌어올린 부르주아 이데올로그들이 그렇다.[97]

위의 인용이 고도로 발달한 자본주의 국가들에서——맑스와 엥겔스는 『공산당 선언』에서 이 국가들을 염두에 두었다——명백하게 유효하다면, 라틴아메리카 국가의 경우에는 무언가를 덧붙여야 한다. 우리 국가들에서 맑스와 엥겔스가 말하는 "부르주아 이데올로그들"은 이차적 단절을 경험한다. 유기적으로 피착취 계급에서 비롯하는 부문을 제외하고, 혁명적이라고 간주되는 인텔리겐치아는[98] 출신 계급(종종 프티부르주아지)과의 유대를 끊어야 하며, 또한 식민 지배국 문화와의 예속의 고리를 파괴해야 한다. 그러나 식민 지배국의 문화는 인텔리겐치아에게 개념적·기술적 도구인 언어를 가르쳐 주었다. 셰익스피어의 용어를 빌리자면, 이 언어는 인텔리겐치아가 프로스페로에게 저주를 퍼붓기 위한 수단으로 사용될 것이다. 19세기 초 최상의 스페인어로 이렇게 외쳤던 호세 마리아

---

**97** Karl Marx and Friedrich Engels, "Manifiesto del Partido Comunista", *Obras escogidas*, vol.1, Moscow, n.d., p.32.
**98** 그리고 40여 년 전에 마리아테기가 다음과 같이 썼다는 것을 기억해야 한다. "지금은 사회주의자가 되지 않고는 민족주의자나 혁명가가 될 수 없는 역사의 순간이다." Mariátegui, *Siete ensayos de interpretación de la realidad peruana*, p.26.

에레디아의 경우가 그렇다. "비열한 반역자들이 그를 섬길지라도, / 폭군의 격노는 무용지물이다, / 광활한 바다가 공연히 쿠바와 스페인 사이에 / 물결을 펼치는 게 아니다." 호세 마르티의 경우도 마찬가지였다. 15년간의 미국 체류는 마르티가 모더니티에 완전히 익숙해지고, 또 그 심장부에서 미 제국주의의 등장을 간파하는 기회가 되었다. "나는 괴물 속에 살았고 그 괴물을 속속들이 알고 있다. 나의 투석기는 다윗의 투석기다." 혹자의 귀에는 에레디아와 마르티가 저주를 퍼부었다는 말이 불쾌하게 들릴 수도 있겠지만, "폭군", "비열한 반역자들", "괴물"이 저주와 모종의 관계가 있음을 상기시키고 싶다. 일견 그들에 맞서 셰익스피어와 현실이 타당한 것처럼 보인다. 에레디아와 마르티는 전형적인 사례일 뿐이다. 최근에는 제1차 교육문화국민회의에서 행한 것과 같은 피델의 몇몇 연설에 나타난 불같은 격렬함을 우리 혁명의 변질 탓으로 돌리는──적대적인 사람들의 눈에는 칼리반이 항상 기형적으로 보인다는 점을 명심하자──사람들 역시 없지 않았다. 충격을 받은 그들 중 일부는 한때 파농을 찬양한 바 있는데──다른 사람들은 아마도 그에 대한 얘기를 들은 적도 없을 텐데, 로돌포 왈쉬가 말한 것처럼 그들은 정치에 대해 천체물리학과 똑같은 관계를 유지하기 때문이다──지금에 와서 우리의 역사적 존재의 기저를 이루는 태도를 변질이나 외국의 영향 탓으로 돌린다는 것은 많은 사실의 증거가 될 수 있다. 예컨대 철저한 논리적 모순의 증거일 수 있다. 또한 현재뿐 아니라 과거의 구체적인 우리 현실에 대한 무지의──멸시까지는 아니더라도──증거이기도 하다. 물론 이것은 그들에게 우리의 미래와 밀접한 관련을 맺을 자격을 부여하지 않는다.

피착취 계급에 복무하는 지식인의 상황과 과업은 아직 사회주의 혁명이 성공을 거두지 못한 나라와 사회주의 혁명이 진행되고 있는 나라의 경우가 동일하지 않다. 다른 한편, 위에서 상기한 대로 '지식인'이라는 용어는 매우 광범위해서 어떤 단순화의 시도도 소용없다. 지식인은 마리아테기나 메야 같은 이론가나 지도자일 수 있고, 페르난도 오르티스 같은 연구자일 수도 있으며, 세사르 바예호 같은 작가일 수도 있다. 이 모든 경우에 그들의 구체적 사례는 그 어떤 모호한 일반화보다 우리에게 많은 것을 말해 준다. 작가와 관련된, 아주 최근의 제안을 보려면 마리오 베네데티의 「작가의 우월성」Las prioridades del escritor 같은 에세이를 참조하라.

이미 밝힌 대로, 라틴아메리카 민중이 마침내 권력을 잡고 사회주의 혁명을 일으킨 국가들의 상황은 다르다. 흥미진진한 칠레의 사례는 결론을 도출하기에는 너무 가까운 최근의 사건이다. 그러나 쿠바에서 사회주의 혁명이 일어난 지도 벌써 12년이 넘었으니 현 시점에서 이제 몇 가지 사실을 지적할 수 있겠다. 이 글의 성격상 여기서는 아주 두드러지는 특징만을 언급하고자 한다.

이론과 실천에 있어 라틴아메리카의 매우 엄격한 민중적 전통에 절대적으로 충실한 이 혁명은 마리아테기의 염원을 십분 충족시켰다. "우리는 결코 아메리카에서 사회주의가 복제되거나 모방되기를 원치 않는다. 영웅적인 창조가 되어야 한다. 우리는 우리 자신의 현실을 끌어안고, 우리 자신의 언어로 인도아메리카[99] 사회주의에 생명을 불어넣어야 한다."[100] 따라서 "우리 자신의 현실", "우리 자신의 언어"를 도외시한다면 우리의 혁명은 제대로 이해될 수 없다. 이런 이유로 나는 이것들에 대해

---

**99**  마리아테기 같은 일부 진보적 지식인은 유럽 중심주의의 뉘앙스를 풍기는 라틴아메리카 대신 인도아메리카라는 용어를 선호한다.─옮긴이

**100**  Mariátegui, "Aniversario y balance" [1928], *Ideología y política*, p.249.

장황하게 언급했다. 그러나 라틴아메리카 역사의 정수를 물려받았으며 2억 명의 형제를 거느린 거대한 가족의 전위에서 투쟁한다는, 필수 불가결한 긍지에 매몰되어 우리가 더욱 거대한 또 다른 전위, 전 지구적 전위의 일부를 이루고 있다는 사실을 망각해서는 안 된다. 이제 모든 대륙에서 출현하고 있는 사회주의 국가들의 전위 말이다. 이는 우리의 유산은 곧 사회주의의 세계적 유산임을 뜻하며, 그 유산을 인류 역사의 가장 아름답고 가장 위대하며 가장 투쟁적인 장<sup>章</sup>으로 받아들인다는 것을 의미한다. 우리는 공상적 사회주의자들의 꿈부터 맑스——마르티가 "부드러운 영혼과 강철 같은 손을 지닌 독일인"이라고 묘사한——와 엥겔스의 열렬한 과학적 엄밀성에 이르기까지, 한 세기 전 파리코뮌의 영웅적 시도부터 10월 혁명의 승리와 레닌의 영원한 교훈에 이르기까지, 그리고 이른바 제2차 세계대전에서 파시즘이 패배한 결과로 유럽에 수립된 새로운 사회주의 체제부터 아시아의 '저개발' 국가들에서 일어난 사회주의 혁명에 이르기까지 사회주의의 과거를 온전히 우리 것으로 느낀다. 우리가 이 유산——더욱이 우리 자신의 기여를 통해 풍요롭게 만들기를 열망하는 유산——을 받아들인다고 말할 때, 물론 그것이 영광의 순간과 암울한 순간, 성공과 오류를 모두 포함한다는 것을 잊어서는 안 된다. 현실의 모든 역사적 운동은 성공과 오류를 수반해 왔고 미래에도 그럴 것이므로 **우리 자신의 역사를 만들 때**(타자의 역사를 **읽는** 것과는 전혀 무관한 활동) 우리 역시 성공과 오류를 겪게 된다면, 어떻게 이를 잊을 수 있겠는가!

이런 기본적 사실은 우리의 공공연한 적뿐 아니라 심지어 소위 친구라는 몇몇 사람에 의해서도 끊임없이 상기되었다. 그들이 본질적으로 사회주의에 반대하는 듯 보이는 유일한 점은 그것이 책에서는 흠 없는 완벽한 백조의 모습으로 활자화되었음에도 현실에서는 위대함뿐 아니라 난관으로 가득 찬 채 존재한다는 것이다. 우리는 쉼 없이 질문을 던져야 한다. 우리는 왜 사회주의를 건설하면서 직면하는 문제들에 대해 소위 친구라는 사람들에게 설명하고 있어야 하는가? 그들은 나름대로 양심과 적당히 타협하면서 계속 착취 사회에 통합되어 있거나, 어떤 경우에는 심지어 우리 신식민지 국가들을 버리고 정중하게 착취 사회에 한자리를 요구하기까지 한다. 그래선 안 된다. 정직하다면 많은 점에서 자신들이 우리의 적과 일치하는 것을 걱정해야 할 사람들에게 어떤 설명도 할 이유가 없다. 좌파로 거론되는 일부 지식인(그럼에도 민중은 눈곱만큼도 그들의 관심사가 아니다)이 자본주의가 사회주의 세계에 대해 제안하고 유포하는 기준들을 뻔뻔하게 글자 그대로 앵무새처럼 반복한다는 것은 그들이 생각만큼 철저하게 자본주의와 단절하지 못했음을 확인시켜 줄 뿐이다. 이런 태도의 자연스러운 결과로서 그들은 오류를 거부한다는 구실로——이 점에서 대립적인 두 당파는 쉽게 합의에 이른다——내친김에 제멋대로 사회주의 일체를 그러한 오류로 환원시켜 거부한다. 아니면 어떤 구체적인 역사적 상황을 왜곡해 일반화하고, 원래의 맥락에서 떼어 내 고유한 성격과 고유한 장점, 고유한 오류를 가진 다른 상황에 적용시키려 시도한다. 이는 쿠바에서 우리가 직접 체험으로 배운 많은 것 중 하나다.

지난 12년 동안 우리의 문제들에 대한 독창적인, 그리고 특히 **진정한** 해결책을 모색하는 과정에서 쿠바의 문화적 문제들에 대한 폭넓은 논의가 있었고 『카사 데 라스 아메리카스』에 관련 자료들이 발표된 바 있다. 1969년에 일군의 동료가 가진 라운드테이블이 특별히 기억에 남는다.[101]

혁명 지도자들조차 이러한 사실들에 대해 의견을 개진하기를 꺼려 왔다. 1961년 피델이 말한 대로, 우리는 혁명이 성공하기 전에 "우리의 연안문예좌담회[102]를 갖지 않았다".[103] 그러나 혁명이 성공한 뒤에는 이 문제들을 다룬 논쟁과 집회, 회의가 끊이지 않았다. 나는 피델과 체 게바라의 많은 글 중에서 일부를 기억하는 것으로 그칠 것이다. 피델의 경우, 1961년 6월 30일 국립도서관에서 행한 연설이 있는데, 그해에 『지식인들에게 보내는 말』이라는 제목으로 출간되었고 그 이후 계속 그렇게 알려져 왔다. 대학의 보편화를 제안하고 있는 1969년 3월 13일 연설은 1969년 우리가 라운드테이블에서 여러 차례 언급한 바 있다. 마지막으로, 최근 열린 교육문화국민회의에서 행한 연설이 있다. 물론 이것이 피델이 문화 문제를 다룬 유일한 경우들은 결코 아니지만, 쿠바 혁명의 원칙에 대한 충분한 설명이 되리라고 본다.

이 중 첫번째 연설——그의 해설가들 중 상당수는, 확신컨대, 이 연설문을 제대로 읽지도 않았고 문맥에 어긋나게 몇 구절 인용했을 뿐이다——과 마지막 연설 사이에 10년 세월이 가로놓여 있지만, 두 연설문을 꼼꼼히 살펴보면 10년의 시차에도 불구하고 무엇보다 일관성을 확인할 수 있다. 1971년 피델은 문학과 예술 작품에 대해 이렇게 말했다.

우리 혁명적인 민중은 인류에 얼마나 기여하는가에 따라, 인간의 권리 회복과 인간 해방, 인간의 행복에 얼마나 기여하는가에 따라 문화적·예술적 창조물을 평가합니다. 우리의 평가는 정치적입니다. 인간적 내용 없이 미학적 가치를 말할 수는 없습니다. 인간의 행복에 반하는 미학적

---

**101** "Diez años de Revolución: el intelectual y la sociedad", *Casa de las Américas*, no.56, September-October 1969. 이 글은 또한 『지식인과 사회』(*El intelectual y la sociedad*)라는 제목으로 1969년 멕시코시티에서 출간되었다.

**102** 1942년 문예정풍운동의 일환으로 진행된 포럼. 여기에서 마오쩌둥은 사회주의 리얼리즘의 이론적 근거가 된 『연안문예강화』를 발표했다.—옮긴이

**103** Castro, *Palabras a los intelectuales*, La Habana, 1961, p.5.

가치란 있을 수 없습니다. 결코!

또 1961년에는 이렇게 말했다.

혁명 당원의 목표는 바로 우리의 동지인 인간, 그 동지들의 구원입니다. 혁명 당원인 우리에게 가장 중요한 게 뭐냐고 묻는다면, 우리는 민중이라고, 언제나 민중이라고 답할 것입니다. 실제적 의미의 민중, 다시 말해 착취와 잔혹하기 짝이 없는 망각 속에 살아야 했던 다수의 민중 말입니다. 우리의 기본적인 관심은 언제나 절대다수의 민중, 즉 억압당하고 착취당하는 민중 계급입니다. 우리는 민중이라는 프리즘을 통해 모든 것을 바라봅니다. 그들에게 좋은 것은 우리에게도 좋으며, 그들에게 고결하고 아름답고 유용한 것은 우리에게도 고결하고 아름답고 유용합니다.

문맥을 무시하고 수없이 인용된 1961년의 구절은 함축된 의미를 오롯이 되찾기 위해 원래의 문맥으로 돌려놓아야 한다.

혁명 안에서는 모든 것이 허용됩니다. 혁명에 맞서는 것은 그 무엇도 용인되지 않습니다. 혁명에 맞서는 그 무엇도 용인할 수 없는데, 혁명에는 권리가 주어지며 혁명의 첫번째 권리는 실재할 권리, 존재할 권리이기 때문입니다. 혁명은 민중의 이익을 포함하며 국민 전체의 이익을 의미하기에 그 누구도 혁명에 맞설 권리를 주장할 수 없습니다.

일관성은 반복을 뜻하지 않는다. 1961년 연설과 1971년 연설이 일관성을 유지한다는 것은 10년 동안 허송세월했다는 것을 의미하지 않는다. 『지식인들에게 보내는 말』 서두에서 피델은 쿠바에서 진행되고 있는 정치·사회적 혁명은 필연적으로 쿠바 문화에 혁명을 일으켜야 함을 일깨운 바 있다. 무엇보다 대학의 보편화에 관한 1969년 3월 13일 연설과 1971년의 제1차 교육문화국민회의 연설에서 공표한 내용은 1961년에 이미 선언한, 경제사회 혁명에 의해 불가피하게 야기될 이러한 변화에 부응한다. 10년 동안 부단히 혁명의 급진화가 이루어졌는데, 이는 국가의 운명에 대한 대중의 참여가 점차 확대되었음을 의미한다. 농업 혁명이 1959년 농업 개혁의 뒤를 이었다면, 문맹 퇴치 운동을 후속 과정을 위한 캠페인이 계승했고, 마침내 대학의 보편화를 선포하게 된다. 대학의 보편화 선포는 이미 대중이 이른바 고급문화 영토를 정복했음을 전제하고 있다. 이와 병행하여 노동조합의 민주화는 국가의 삶에서 노동자 계급의 멈출 수 없는 역할 증대를 경험하게 했다.

1961년에는 아직 그런 일이 가능하지 않았을 것이다. 그해에는 문맹 퇴치 운동이 막 시작되고 있었다. 다시 말해 근본적으로 새로운 문화의 토대가 구축되기 시작했다. 1971년 오늘 문화의 발전에서 하나의 도약이 이루어졌다. 한편 1961년에 이미 예견된 바 있는 이 도약은 사회주의를 표방하는 일체의 혁명에서 필연적으로 실행될 과제들을 포함하고 있다. 모든 민중에게 교육을 확대하고, 혁명적 토대 위에 교육을 확고하게 정착시키며, 새로운 사회주의 문화를 건설하고 강화하는 것이 그것이다.

현재 진행 중인 **우리의 문화적 변화**의 목표와 구체적인 성격을 더 명확하게 이해하기 위해서는 다른 사회주의 국가들에서 이루어진 유사한 과정과 대조해 보는 것이 유용할 것이다. 착취와 문맹 속에 살았던 모든 민중이 가장 높은 수준의 지식과 창작물에 접근할 수 있게 만드는 것, 그것은 혁명의 가장 아름다운 발걸음 중 하나다.

문화의 문제는 또한 체 게바라의 주된 관심사이기도 하다. 그가 쓴 『쿠바에서의 사회주의와 인간』*El socialismo y el hombre en Cuba*은 여기에서 굳이 설명을 덧붙일 필요가 없을 만큼 잘 알려져 있다. 가령 사회주의 리얼리즘의 어떤 개념에 대한 그의 비판에는[104] 주목하면서 현 자본주의의 퇴폐적 예술이나 우리 사회에서의 그 지속에 대한 비판에는 눈을 감거나, 또는 그 반대로 행동하면서 이 글을 따로따로 분리해서 취하는 혹자들처럼 처신하지 말라고 독자들에게 권고하는 것으로 충분할 것이다. 그들은 체 게바라가 얼마나 놀랄 만큼 명쾌하게 우리의 예술적 삶의 몇몇 문제를 예견했는지 망각한다. 체 게바라의 표현은 그보다 권위가 떨어지는 작가들에 의해 다시 취해졌을 때 그들이 감히 체 게바라 자신에게 제기하지 못했던 반론을 야기할 것이다.

『쿠바에서의 사회주의와 인간』보다 훨씬 덜 알려지긴 했지만, 체 게바라가 1959년 12월 28일, 즉 우리 혁명의 초기에 라스비야스 대학에서 행한 연설의 결론 부분을 비교적 길게 인용하면서 끝마치고 싶다. 이 대

---

104 협의의 사회주의 리얼리즘 개념——오늘날 자본주의 예술의 속성인 가짜 아방가르드와 그것이 우리에게 미치는 부정적 영향과 함께 체 게바라가 이 글에서 거부하는——은 체의 말처럼 우리 예술을 크게 훼손시키지는 않았다. 그러나 이 개념에 대한 때늦은 두려움은 분명 우리 예술에 해를 끼쳤다. 암브로시오 포르넷은 이 과정을 명쾌하게 기술하고 있다. "10년 동안 쿠바 소설가들은 그들을 도식주의와 마비로 이끌 수 있었던 서사시의 위험을 교묘하게 피했다. 반면, 그들의 작품은 대부분 내용과 형식에서 공히 소심함의 분위기를 드러낸다(가령 다큐멘터리 영화와 시는 이러한 분위기에서 벗어났으며, 아마 단편 장르도 그럴 것이다). [……] 만약 새로운 서사 문학이 그 서사 문학이 발달한 예술적 자유의 풍토에서 순진하게 현실을 찬양하는 서사시적 시기를 거쳤다면, 아마 적어도 새로운 형식을 요구하는 하나의 고유한 '색조'(tono)를 발견했을 테고 오늘날 우리는, 이를테면 쿠바 서사 문학의 서사시적 아방가르드에 대해 말할 수 있을 것이다. [……] 팸플릿으로 **추락하지 않는다는 사실이 모방과 진부함에 빠지지 않는다는 것을 보증하지는 못하므로 피하려고 시도하지 않고 추락한 연후에 위험이 초래된 것이 틀림없다." Fornet, "A propósito de *Saccbario*", *Casa de las Américas*, no.64, January-February 1971.

학은 체 게바라를 교육대학 명예교수로 임명했고, 그는 이 연설에서 이에 감사를 표해야 했다. 그러나 그가 무엇보다 힘주어 말한 것은 대학과 교수, 학생에게 진정 혁명적이고 진정 유용하다고 여겨질 수 있기 위해 그들 모두가 필요로 하는——우리가 필요로 하는——변화의 제안이었다.

저는 친애하는 라스비야스 대학의 교수님들과 재학생들께 노동자·농민 대중이 대학에 입학하도록 하는 기적을 행해 주십사 요구할 생각이 없습니다. 오랜 세월에 걸친 예비적 연구의 먼 길이 필요합니다. 여러분 모두가 살아 온 과정 말입니다. 혁명가요 반란군 사령관으로서의 보잘 것없는 경험에 기대 제가 바라는 게 있다면, 공부는 그 누구의 소유물도 아니라는 것을 라스비야스의 재학생 여러분이 깨닫는 것입니다. 여러분이 공부하는 앎의 터전은 그 누구의 소유물도 아니고 모든 쿠바 민중의 것입니다. 따라서 대학은 민중에게 문을 열어야 합니다. 그렇지 않으면 민중이 점거할 것입니다. 저 자신이 대학생으로서, 중산 계급의 일원으로서, 그리고 여러분과 마찬가지로 전망과 젊은이의 포부를 지닌 의사로서 굴곡 많은 이력을 시작했기 때문입니다. 투쟁의 과정에서 제가 변화했기 때문이고, 또 혁명의 절박한 필요성과 민중의 대의의 무한한 정당성을 확신했기 때문입니다. 그래서 오늘 이 대학의 주인인 여러분이 민중에게 대학을 내주면 좋겠습니다. 그렇다고 내일 당장 그들이 대학을 점령할지 모르니 그렇게 하라고 협박하는 것은 아닙니다. 그렇지 않습니다. 제가 이 말씀을 드리는 이유는 단순히 라스비야스 중앙대학의 주인인 학생 여러분이 혁명적인 정부를 통해 민중에게 대학을 내준다면 오늘날 쿠바에서 제공하고 있는 수많은 아름다운 본보기의 하나가 될 것이기 때문입니다. 동료이신 친애하는 교수님들께도 비슷한 말씀을 드려야 하겠습니다. 흑인과 물라토, 노동사, 농민으로 분장해야 합니다. 민중 속으로 내려가야 합니다. 민중과 함께, 다시 말해 온 쿠바의 모든 필요와 함께 진동해야 합니다. 이것이 성취될 때, 아무도 패배하지 않고 우리 모두 승리할 것입니다. 그리고 쿠바는 더욱 힘찬 걸음으로 미래를 향해 진군을 계속할 수 있을 것입니다. 그리고 여러분은 교수회教授會에 의사이고 사령관이자 은행장이며, 오늘은 여러분과 작별하는 교육학 교수인 이 사람을 포함시킬 필요가 없을 것입니다.[105]

다시 말해, 체 게바라는 마르티가 했을 법한 연설을 통해, "유럽의 대학"에게 "아메리카의 대학"에 무릎 꿇을 것을 제안했고, 또 아리엘에게는 그 자신의 찬란하고 숭고한 본보기를 통해 칼리반에게 영광스러운 반항의 대열에서 한자리의 은전恩典을 베풀어 달라고 청할 것을 제안했다.

아바나, 1971년 6월 7~20일

## 1993년 1월의 후기[106]

이미 밝힌 대로, 내가 쓴 글 중에서 가장 널리 알려진 에세이 「칼리반」은 일종의 교차로와 같아서 이전의 내 글들이 그리로 통했고, 나의 여러 책에 실린 다른 글들이[107] 거기에서 출발했다. 그러나 그 중 상당수는 지금

**105** Ernesto Che Guevara, "Que la Universidad se pinte de negro, de mulato, de obrero, de campesino", *Obras 1957~1967*, II, La Habana, 1970, pp.37~38.
**106** 「칼리반」 일본어판 후기. 「칼리반과의 작별」(Adiós a Caliban)이라는 제목으로 *Casa de las Américas*, no.191, April-June 1993에 처음 실렸다.

까지 스페인어로 편집된 책에 묶이지 않았었다. 모두 출판사나 대학의 요청으로 쓴 글들이다. 에세이 「칼리반」과 다른 사람들의 글을 꼼꼼히 재검토하고 난 뒤에(무엇보다 기존의 내용에 덧붙이는 작업으로 특히 서지 정보의 추가가 많았다) 억압받는 친애하는 난폭한 노예 청년(가야트리 스피박이 "개념-메타포"[108]로 부르고, 더 분명하게는 질 들뢰즈와 펠릭스 가타리가 "개념적 인물"[109]로 부른 것과 같은 의미로 썼다)과 감사의 마음으로 작별할 수 있겠다는 확신이 든다. 그러므로 만약 사람들이 그에게서 섬을 강탈했다면, 그는 나에게서 거의 나의 앙상한 존재를 강탈한다. 인상적인 단편 「보르헤스와 나」Borges y yo[110]에서처럼 둘 중 누가 이 글을 쓰는지 모를 지경이었다. 나는 몇몇 친구에게 칼리반은 나의 프로스페로가 되고 말았다고 웃으며 고백하기에 이르렀다. 하지만 그에게 거칠고 장엄한 자유를 되돌려 주기 전에(그리고 나에게 소박한 자유를 되돌려 주기 전에) 그 텍스트에 대해 몇 마디 해야겠다.

107 특히 다음의 책들을 언급할 수 있다. *Ensayo de otro mundo*, La Habana, 1967(2d ed., Santiago de Chile, 1969); *Lectura de Martí*, México D.F., 1972(2d ed., with the title of *Introducción a José Martí*, La Habana, 1978); *El son de vuelo popular*, La Habana, 1972(2d ed., 1979); *Para una teoría de la literatura hispanoamericana*, La Habana, 1975(1st complete edition, Santafé de Bogotá, 1995); *Algunos usos de civilización y barbarie*, Buenos Aires, 1989(2d ed., 1993). 이 책들(그리고 또한 *Papelería*, La Habana, 1962)의 선집이 *Para el perfil definitivo del hombre*, La Habana, 1981(2d ed., 1995)이다. 어떤 면에서는 *Entrevisto*, La Habana, 1982 역시 고려될 수 있다.

108 Gayatri Chakravorty Spivak, "Subaltern Studies. Deconstructing Historiography"[1985], *In Other Worlds. Essays in Cultural Politics*, New York, 1987, p.198.

109 Gilles Deleuze and Felix Guattari, "3. Les personnages conceptuels", *Qu'est-ce que la philosophie?*, Paris, 1991, pp.60~81.

110 『창조자』(*El hacedor*, 1960)에 실려 있는 작품으로 자연인 보르헤스와 작가 보르헤스 사이의 거리에 대한 인식이 드러나 있다.—옮긴이

먼저 「칼리반」이 나에게 선사해 준 수많은 지적 우정에 감사한다. 논평과 출판본, 번역, 잡지, 칼리반이라는 이름으로 된 귀중한 컬렉션, 그리고 이 글이 나에게 드러낸, 그리고 내가 그곳에 들어가도록 허락해 준 방대한 세계의 가족들(아메리카인들, 아프리카인들, 유럽인들, 그리고 바라건대 아시아인들과 오세아니아인들로 이루어진)에게 고마움을 전한다. 1990년 사사리 대학에서 열린 칼리반 국제 심포지엄에 참석하기 위해 아메리카와 유럽에서 지중해의 가리발디와 그람시의 섬──그곳엔 『폭풍우』가 불었을 수도 있다──까지 여행한 분들께 특별히 감사를 표한다. 심포지엄에서 발표된 글들을 취합하여(주최측인 에르난 로욜라의 관대한 소개글과 함께) 호르헤 루피넬리가 편집하고 스탠퍼드 대학이 발간하는 『누에보 텍스토 크리티코』*Nuevo Texto Crítico* 9~10호에 실었다. 그 자리에 모인 30명가량의 벗을 여기서 일일이 열거하기란 불가능하니, 형제와도 같은 에르난과 호르헤에게 전하는 감사의 마음에서 모든 이가 나의 포옹을 느끼기를 바란다.

지면 관계상 심포지엄에 참석했던 모든 이를 열거할 수 없는 것과 마찬가지로 20여 년 동안 이 텍스트를 논평해 준 이들을 일일이 언급할 수 없다. 내가 일즉다一卽多의 원리를 믿도록 허락해 주시길 바란다. 각각 브라질, 미국, 이탈리아, 쿠바에서 출간된 나의 에세이 선집──「칼리반」을 앞세우거나 이 에세이가 주를 이루는──에 서문을 써 준 다르시 히베이루, 프레드릭 제임슨, 프랑코 카르디니, 아벨 프리에토에게 거듭 감사하는 것으로 그치겠다(마르틴 프란츠바흐가 그가 번역한 독일어판에, 그리고 클로드 펠이 그가 논평한 문제의 에세이 「칼리반」 프랑스어판에 서문을 쓸 수 있었다면 기뻤을 것이다). 또 로도의 『아리엘』과 나의 「칼리반」의 합본판(멕시코에서 출간된 한 아메리카 고전 컬렉션의 일부)에 서문을 써 준 아벨라르도 비예가스에게 고마움을 전한다. 합본판 출간을 제안한 장본인도 그였을 것이다(형뻘인 『아리엘』이 없었다면 아마 나의 「칼리반」은 존재하지 않았을 것이다. 71년의 시차,[111] 그리고 위대한 우루과이인의 적지 않은 생각과 유려한 산문이 두 에세이를 갈라놓지만, 이 둘을 결합시키는 공통분모도 많은데, 무엇보다 오늘날 한없이 궁지에 몰린 우리 아메리카와 진리, 예술 그리고 정신에 대한 사랑을 꼽을 수 있다). 레오폴도 세아에게도 감사를 표한다. 그는 대가의 풍모를 지녔던 노년에 내 글의 주장을 받아들여 널리 확산시켜 주었다.[112] 호르헤 알베르토 만리케, 마르타 E. 산체스, 롭 닉슨 그리고 호세 다비드 살디바르에게도 감사의 말을 전한다. 논평을 발표한 시기순으로 언급한 이들의 의견은 나로 하여금 내용의 일부를 재고하게 만들었다(때로는 수정을 가하기도 했는데, 이는 내가 수년 동안 시도하지 않았던 일이다). 더욱이 살디바르는 칼리반을 주로 다룬 나의 글 전체를 예리하게 분석했고, 조지 래밍, 에메 세제르 그리고 필자로 이루어진 "칼리반 유파"를 언급하기까지 했다.[113]

다음으로 눈에 띄게 새로운 부분은 별로 없지만 이 판본에서 몇 가지 달라진 점을 언급하겠다. 예컨대 초판에 나타난 남성 인물들의 과도한 존재(아니 나의 우울한 마초적 돌진을 드러낸 여성들의 과도한 부재)에

111 두 에세이는 71년의 시차를 두고 각각 1900년과 1971년에 발표되었다.─옮긴이
112 세아의 팔순을 기념하여 마땅히 마련된 오마주(나 역시 참가하여 글을 발표했다)에서 아벨라르도 비예가스라는 아주 신뢰할 만한 그의 제자가 이렇게 썼다. "두번째 단계는 [……] 몇몇 핵심적인 개념에 의해 지배되었다. [……] 또한 쿠바 시인 로베르토 페르난데스 레타마르가 멕시코에서 펴낸 『칼리반』이라는 책이 세아의 사상에 깊은 영향을 주었다." Abelardo Villegas, "La filosofía como compromiso", *América Latina. Historia y destino: Homenaje a Leopoldo Zea*, II, México D.F., 1992, p.393.
113 Saldívar, *The Dialectics of Our America*. 언급한 점에 관해서는 특히 "The School of Caliban", pp.123~148을 참조할 것.

맞서[114] 이제 카리브의 역사와 문화에 대해 말하면서 많은 여성의 이름을 포함시켰다. 그에 상응하여 인물 목록을 확장할 생각으로 다른 이름들을 추가하기도 했는데, 이는 언제나 논쟁의 원인이 되고 있다. 목록을 확장하면서 「칼리반」에 대해 맨 처음 글을 쓴 이들 중 하나인 만리케가 보르헤스에 대한 나의 가시 돋친 문장(진 벨-비야다 같은 많은 이를 놀라게 했다)에서 내가 그의 독창적인 칼리반적 조건을 인정하지 않았음을 일깨워 준 사실을 떠올렸다.[115] 그의 지적도 일리가 있었다. 그러나 지금 새로 포함시킨 칼리반적 이름들 중에 끝내 『부에노스아이레스의 열기』*Fervor de Buenos Aires*(1993년에 칠십 주년을 맞은 아름다운 책)의 작가를 포함시키지

---

**114** 롭 닉슨은 내가 아는 한 "Caribbean and African Appropiations of *The Tempest*", *Critical Inquiry*, no.13, Spring 1987, 특히 p.577(이 글의 p.575, 주 30에서 닉슨은 로도의 『아리엘』을 실수로 "소설"이라 부른다)에서 처음으로, 그리고 후에 1989년 12월 *Village Voice*에 발표한 나의 *Caliban and Other Essays*, University of Minnesota Press, 1989 리뷰에서 이 사실에 주목했다. 또 여성 작가들은 칼리반에 구현된 식민적 상황과 여성의 상황 사이의 유사성을 지적했다. Sara Castro-Klarén, "La crítica literaria feminista y la escritora en América Latina", *La sartén por el mango. Encuentro de Escritoras Latinoamericanas*, Río Piedras, 1984; Beatriz González-Stephan, "*Para comerte mejor*: cultura calibanesca y formas literarias alternativas" [1990], *Nuevo Texto Crítico*, no.9~10. 사라 카스트로-클라렌은 "여성을 '소화하기 힘든 지식으로 가득 채워진 말 없는 괴물'로 만드는" 가부장적 여성 혐오 특유의 개념은 "페르난데스 레타마르가 그의 반항적인 칼리반에서 라틴아메리카를 위해 요구하는 이미지와 동일하지 않은가?"(p.41)라고 묻는다. 베아트리스 곤살레스-스테판에게 "칼리반은 또한 여성의 얼굴을 가지고 있다. 여성을 위해 이류 문학을 배치했다"(p.214). 살디바르는 체리 모라가(Cherrie Moraga)의 자전적 책 *Loving in the War Years*에 대해 다음과 같이 논평한다. "치카나 페미니스트 지식인의 작품으로서 모라가의 자서전은 궁극적으로 래밍, 세제르, 페르난데스 레타마르에 의해 수행된 『폭풍우』의 남성주의적 다시 쓰기의 중화제로서의 역할을 할 수 있다"(*The Dialectics of Our America*, p.145). 여성과 특정 민족의 차별에 대한 접근은 오래전부터 다소 빈번하다. 나 또한 "Sobre *Ramona*, de Helen Hunt Jackson y José Martí", Helen H. Jackson, *Ramona*, La Habana, 1975, pp.419~420에서 이러한 접근을 했다.

**115** Jorge Alberto Manrique, "Ariel entre Próspero y Calibán", *Revista de la Universidad de México*, February-March 1972, p.90.

않았다. 에세이의 일관성을 훼손하지 않기 위해서였다. 그러나 독자들에게 간청하건대, 그 문장들이 뜨거운 논쟁의 시기에 쓰였음을 헤아려 주기 바란다. 또 그 전후에 내가 보르헤스에 대해 더 공정하게 글을 썼음을 참작하시라. 그의 동의하에 1985~1986년에 내가 선정하고 1988년 '카사 데 라스 아메리카스'가 출간한 『가려 뽑은 페이지들』*Páginas escogidas*의 서두에 내가 그에게 바친 서문을 보라.[116] 거듭 말하지만 더 공정하게, 그러나 그의 작품의 본질에 대한 유사한 열정을 가지고 서문을 썼다. 「칼리반」이 출간되었을 때 겪은 가장 유쾌한 일화 중 하나는 당시 나의 학생이던 한 젊은 작가가 그 책을 읽었다면서 내가 보르헤스를 그렇게 존경하는지 몰랐다고 말한 것이었다. 다행히 스쳐 지나가는 격앙에도 불구하고 그 아래서는 더 영속적인 사랑이 온전히 고동치고 있다는 것을 아는 것은 황홀했다. 순풍에 그 사랑이 드러나면 좋겠다. 아니 맞바람에 드러나는 편이 더 낫다. 내가 보기에 그것은 집안싸움이었기 때문이다. 보르헤스의 경우에는 그 결말을 알지도 못했을 것이다. 1985년 직접 그와 대화할 기회를 가졌을 때(그의 동의를 구했을 것이다), 나는 그가 루벤 다리오와 레오폴도 루고네스에게 보인 태도보다 그에게 더 가혹하지 않았다. 지금도 모르겠다. 그와 나 둘 중에서 누구의 처신이 더 옳았는지, 누가 더 열정적이었는지.

---

116 나는 이 서문에 가벼운 수정을 가해 "Encuentro con Jorge Luis Borges"라는 제목으로 *Fervor de la Argentina*, Buenos Aires, 1993과 *Recuerdo a*, La Habana, 1998 같은 나의 책에 묶었다. 첫번째 책에는 그 외에도 보르헤스에 대한 나의 다른 글들이 실려 있다. 아르헨티나 작가의 탄생 백 주년을 맞아 1999년 6월 부에노스아이레스에서 작가들의 만남 '보르헤스와 나. 라틴아메리카 문학과의 만남'(Borges y yo. Diálogo con las letras latinoamericanas)이 개최되었을 때, 나는 그 자리에서 "Como yo amé mi Borges"를 발표했고, 이 텍스트는 후에 여러 기회에 출간되었다(2000년 3월의 주).

에세이의 초판을 현재의 판본과 대조해 보면 사소한 다른 변화들이 눈에 띌 것이다. 이미 밝힌 대로, 대부분 서지 사항과 관련된 것들이다. 『망명의 기쁨』을 더 주의 깊게 읽고 나서 이제 조지 래밍을 공정하게 다룬 것이 흡족하다. 그의 작품은 우리 카리브인에게 필요하다. 카리브인들에게만 필요한 것은 아니다. C. L. R. 제임스처럼 초판에서 언급하지 않은 다른 인물들의 경우도 그렇다. 그는 당시에 이미 매우 존경받는 인물이었고 나는 1968년에 그를 처음 만났다. 에세이를 쓸 당시에 나는 마커스 가비의 위대한 작업도 알지 못했다. 또한 칠레의 작가이자 정치가인 프란시스코 빌바오의 선구적인 작품도 마찬가지다. 아르만도 카시골리 덕분에 칠레의 그의 집에서 빌바오의 작품에 친숙해지기 시작했다. 때는 고귀한 살바도르 아옌데의 목숨을 앗아 갈 험악하고 위협적인 분위기가 이미 칠레에 감돌고 있던 1972년 10월이었다. 이렇게 무지한데도 내가 칼리반의 이름으로 말할 자격이 있다고 믿었다니! 분명 그들은 우리에게 거꾸로 된 세상을 보여 주었다(지금도 계속 보여 주려고 한다). 나는 그 세상을 바로 세우는 일에 기여하면서 내 인생의 절반 이상을 보냈다.

「칼리반」에는 지금의 내 생각이 어떤지는 차치하고라도, 텍스트와 결합되어 있기 때문이든 아니면 이 시점에서 바꾸는 것이 윤리적으로 불가능하기 때문이든 결국 수정하지 않을 내용들이 들어 있다. 분명 그 중하나는 사회주의를 표방한 유럽 국가들이 익히 알려진 결점에도 불구하고 그들의 기획(이 기획은 증발시키는 것이 아니라 개선하는 것이 필수적이다)을 계속 추진해 나갈 것이며 그것은 칼리반의 땅에 유용하다는, 당시에 내가 가졌던 견해다. 그 후에 전개된 상황(기획의 포기와 그곳에 어설프게 자본주의를 정착시키려는 시도)은 언급한 칼리반의 땅에 부정적인 영향을 끼치지 않을 수 없다. 비록 이 글이 세계의 여타 지역에서 비롯한 근본적인 기여를 알지 못한 채, 분명 우리 아메리카의 관점에서, 나의 절대적 스승인 마르티를 필두로 볼리바르, 오르티스, 마리아테기, 마르티네스 에스트라다, 파농, 체 게바라, 그리고 그 밖의 다른 많은 사람(가령 항상 드러나는 것은 아니지만 나의 절친한 벗 아이데 산타마리아)과 관련된 관점에서 쓰였음에도 불구하고, 지금은 기회주의적으로 과거를 다시 쓰려고 시도할 시기가 아니다(결코 그렇지 않다).

수년 전부터 이 에세이에서 무엇보다 나를 불안하게 하는 것은 나와 전혀 무관하고 절대 받아들일 수 없는 메스티사헤 개념을 사용하는 것으로 (잘못) 이해될 수 있다는 것이다. 메스티사헤 개념은 텍스트에서 무엇보다 인종이 아닌 문화적 의미로 고려되고 있다.[117] 나는 이 에세이에서 호세 마르티의 말, 특히 그의 논거를 통해 "우리 메스티소 아메리카"에 대해 말했다. 사실 「칼리반」은 마르티가 우리에게 제공한 분별력을 가지고 1971년 시점에 우리의 현실(현실 일반)을 고찰한 것이었다. 그 목적의 성취 여부를 밝히는 것은 나의 몫이 아니다. 그러나 그 목적이 무엇이었는지는 아주 잘 알고 있다. 그리고 마르티의 메스티사헤 개념은 대륙의 적지 않은 과두 지배 계급과 그들의 대변자들이 가지고 있는 개념과 동일

---

**117** 「칼리반」에 요구되는 (올바른) 독서는 그러한 착각을 용인하지 않는다고 확신한다. 그러나 의심의 여지 없이 지적인 논평("Caliban: The New Latin-American Protagonist of *The Tempest*", *Diacritics*, 6/1, 1976)에서 마르타 E. 산체스는 이러한 나의 확신을 공유하지 않는 것처럼 보인다. 이런 논평들이 "El mestizaje cultural: ¿fin del racismo?", *El Correo*, November 1983 같은 글에서 내가 더욱 명료해지도록 이끌었다고 생각한다. 이 글에서 나는 이렇게 말했다. "우리 사이에서 다반사로 일어나는, 전혀 피할 수 없는 문화적 싱크리티즘이 인종주의의 극복을 가져올 것이라는 생각을 받아들일 수 있을까? 우리가 이 물음에 긍정적으로 답할 수 있다면 무척 기쁠 것이다. 그러나 그럴 수 없다"(p.31). 또 이렇게 말하기도 했다. "메스티사헤를 인종주의에 대한 해결책으로 내세우는 것은 궁극적으로 네그리튀드 같은 미몽(迷夢)의 영역에 속한다"(p.32). 그 뒤에 이어지는 행들에서는 나의 생각이 한층 더 명료해질 것이다.

시될 수 없다. 또한 이 자리를 빌려 빼놓을 수 없는 또 다른 사상가인 페르난도 오르티스에게 빚지고 있음을 밝히게 되어 기쁘다. 뛰어난 저작이 많지만, 특히 『인종의 기만』*El engaño de las razas*, La Habana, 1946을 우선 거론할 수 있다.

몇몇 헤게모니 강대국의 약탈을 정당화하기를 열망하는 이데올로기의 내부에서 인종주의(공공연하게 인종주의로 불릴 수도 있고 우생학이나 파시즘, 혹은 다른 어떤 용어로 불릴 수도 있는데, 그 본질은 변하지 않는다)가 수행한 역할은 지대했다. 탐욕스러운 근대적 제국주의가 시작된 19세기의 마지막 20년 동안 인종주의가 우파의 사상은 물론 상당 부분 좌파 사상에까지 스며들어 전 세계적으로 거의 절대적인 지배력을 확보했다는 것은 주지의 사실이다. 그런데 바로 이 시기에 마르티(조제프-아르튀르 드 고비노가 파리에서 「인종 간의 불평등에 관한 에세이」*Essai sur l'inégalité des races humaines*를 발표했고 서양에 "문호를 개방하도록" 페리 제독이 일본을 침략한 해인 1853년에 태어났다)가 강력한 반인종주의 운동을 전개했다는 사실을 상기할 때, 이 사안에 대해서도 그에게 정중하게 경의를 표하지 않을 수 없다. 1891년 그는 선언적인 글 「우리 아메리카」에서 이렇게 썼다. "인종은 존재하지 않으므로 인종 간의 증오는 없다." 자유주의 국가들에서 당대의 주요 지식인 중 몇이나 이런 견해에 동조했을까? 미국에서는 마크 트웨인(그리고 물론 많은 흑인)이 그랬으리라 생각한다. 프랑스에서는 '호랑이' 조르주 클레망소가 동조했을 것이다. 물론 아이티에는 앙테노르 피르맹이 있었다. 그는 대담하게 경탄스러운 조국의 경탄스러운 흑인성(세제르가 아직 네그리튀드*négritude*라는 용어를 창안하지 않은 때였다)의 근본으로부터 고비노를 공격했다. 아이티는 우리 아메리카에서 가장 먼저 독립한 나라이자[118] 근대 세계에서 최초로 노예제를 폐지한 국가였으며, 이러한 사실로 인해 오늘날까지도 가혹한 대가를 치러야 했다. 얼마나 더 있을까? 마르티에게 이른바 과학적인cientificos(훗날 우나무노가 '과학 만능주의적'cientificistas이라고 칭한) 수많은 자료를 들이대며 침묵시키려 들지 않았을까? 수없이 그랬듯이, 당신은 시인이고 몽상가(오늘날에는 유토피아주의자라고 말할 것이다)이며 정신이상자라고 비난하지 않았을까? 아니면 조부가 자신에게 그렇게 말한 적이 있다고 페르난도 오르티스가 얘기했듯이, 백인처럼 보이지만 속으로는 흑인이라고 하지 않았을까? 나도 어린 시절 사람들이 오르티스에 대해 그렇게 수군대는 소리를 들었다. 자칭 유물론자들과 사회주의자들은 대부분 인종주의를 받아들이지 않았지만, 훗날 받아들인 사람들도 있지 않았을까? 마르티의 반인종주의는 불타오르고 여전히 그 핵심적 가치를 잃지 않았다. 마찬가지로 "대지의 가난한 사람들", "억압받는 사람들"과 함께하겠다는 그의 결연함도 가치를 잃지 않았다. 아메리카에서 수많은 원주민, 흑인, 메스티소보다 더 가난하고 더 억압받는 사람들이 누구란 말인가? 마르티의 메스티사혜 개념은 반인종주의(그의 정치적·사회적·윤리적 급진주의의 근본 요소)에 뿌리를 두고 있다. 결과적으로 메스티사혜는 우리 아메리카의 일부 과두 지배 계급의 이데올로기적 무기를 구성하는 다른 어떤 개념과도 근본적으로 구별되는 개념이다. 우월한 인종과 열등한 인종이 존재한다는, 한마디로 인종이 존재한다는 생각은 탐욕스러운 서구 이데올로기와 유기적으로 밀착되어 있기 때문이다. 마르티에게 메스티사혜는 민중적이고 참된 반인종주의적 개념이다. 반면 과두 지배 계급

---

**118** 노예 출신의 아이티 장군 투생 루베르튀르는 1790년대부터 아이티 독립 운동을 지휘해 1804년 1월 1일 아이티공화국을 탄생시켰다. —옮긴이

과 그들의 하수인들에게 메스티사혜는 기만적이고 오만한, 인종주의의 (교활한) 또 다른 표명이다. 우리 가운데서 오르티스는 방대한 자료의 축적과 맹렬한 공격을 통해 일체의 인종주의에 대한 진정 과학적인 거부의 정점을 이룰 것이다. 앞서 말한 것에 몇 가지를 덧붙이겠다.

먼저 아메리카의 유일한 발견자인 아메리카 원주민에게서 비롯한 수백만의 직계 후손의 존재를 기억할 것이다. 통계가 냉정하고 엄밀하게 사실을 말해 주는데, 몇몇 통계는 특히 인상적이다. 예컨대 페루와 에콰도르에서는 원주민이 인구의 3분의 1이 넘는다. 과테말라와 볼리비아에서는 과반수에 이른다. 다시 말해 이 두 나라에서 이른바 '국민의 소수'는 실제로 다수다. 그럼에도 파라과이를 제외하면, 이베로아메리카의 모든 나라, 심지어 '문명론자들'이 원주민을 절멸하는 데 이르지 못한 나라들조차 유일한 공식 언어로 스페인어나 포르투갈어를 채택하고 있다. 이 두 언어는 분명 그 단어가 무엇을 의미하는지조차 알지 못하는 수백만 '이베로아메리카인'('라틴아메리카인'이라는 단어도 마찬가지다)의 언어가 아니다. 이들에게 가차 없이 다른 문명(우리 문명? 어쨌든 나의 문명은 아니다)을 강요하려 드는데, 이는 정복자들이 획책했던 것과 동일하다.

그러나 우리 아메리카의 상당 지역에 이른바 인디오가 생존해 있다는 것을 확인하기 위해 굳이 통계를 참조할 필요는 없다. 그 나라들에서 호텔이나 레스토랑, 상점, 은행을 찾아가 보는 것으로 충분하다. 그곳에서 지배인이나 셰프, 경영자, 지점장에게 눈을 돌리지 말라. 완벽한 '백인'이 아니라면 그들은 인종적 메스티사혜를 감추기 위해 갖은 애를 쓸 것이다. 바닥을 청소하고 옷을 세탁하고 쓰레기를 버리고 허드렛일을 하는 사람들을 찾아보라. 그들의 얼굴에서 수백 년 된 뛰어난 예술품들이 관광객에게 선보이는 특징들이 반복되는 것을 발견할 것이다. 많은 관광객에게 고되게 일하는 그들은 기껏해야 없어서는 안 될 거추장스러운 존재, 말하는 로봇으로 존재할 뿐이다.

이것은 기괴한 동물학적 의미의 '인종' 문제가 아니다. 그들의 구체적 풍요가 박탈되어 사회 문제가 거세된다면 단순히 사회 문제만도 아니다. 물론 사회 문제지만, 이는 (결코 추상적으로 존재하지 않는) 의심의 여지 없는 계급주의적 사실과 함께 아메리카 원주민들이 다른 언어, 다른 관습, 다른 종교, 다른 신앙, 다른 예술, 결국 한마디로 다른 문화를 가지고 있다는 사실을 고려할 때 비로소 그렇다. 크리오요 과두 지배 계급은 식민주의자들 못지않게 그들을 학대했다. 그럼에도 불구하고 1492년 이후 오백 년이 지난 오늘날까지 수백만 아메리카 원주민은 자신의 문화를 보존했다. 착취나 그들의 현실에 대한 무지, 경멸, 또는 그들에게 간접적으로 서구의 문화를 강요하려는 잔혹하고 괴이한 시도로는 원주민 공동체들을 풍요로운 메스티사혜로 나아가게 할 수 없다. 풍요로운 메스티사혜는 오직 근원적인 문화적 원형들 간의 상호 침투를 통해서만 생성될 수 있다. 이것이 바로 페르난도 오르티스가 반세기 이상 전에 '문화 횡단'transculturación이라 불렀던 것이다.[119] 그런데 이러한 문화 횡단은 착취가

---

119 오르티스는 *Contrapunteo cubano del tabaco y el azúcar*, La Habana, 1940의 2장 "Del fenómeno social de la 'transculturación' y de su importancia en Cuba", pp.136~142에서 처음으로 이 단어를 사용했다. 브로니슬라브 말리노프스키(Bronisław Malinowsk)는 이 단어를 거의 사용하지 않음에도 이 책의 「서문」에서 "이 신조어에 대한 열광적인 환영"(p.xv)을 표했다(그가 이 용어를 사용한 드문 경우들에 대해서는 Fernando Coronil, "Introduction", *Cuban counterpoint tabacco and sugar*, Duke University Press, Durham and London, 1995, pp.xlv~xlvii를 참조할 것[2000년 3월에 작성된 주]). 오르티스는 "사회학 용어에서" "적어도 상당 부분, 문화 변용(aculturación)이라는 단어를 대체할"(p.136) 수 있도록 이 용어를 제안했다. 그리고 그는 이렇게 덧붙였다. "우리는 문화 횡단이라는 단어가 한 문화에서 다른 문화로 이행하는 과정의 다양한 단계를 더 잘 나타낸다고 생각한다. 왜냐하면 이 과정은 단지 상이한 문화의 습득──엄밀히 말해, 이는 영

근절될 때 비로소 온전히 성취될 수 있다. 그러나 역사가 잘 보여 준 것처럼 이것은 필요조건이지 충분조건은 되지 못한다. 그것은 한 나라에 거주하는 서로 다른 집단들에 의해 공동으로 실현되는 다양한 성격의 과업을 필요로 하는 조건이다. 그것은 또한 정치적 문화 횡단으로 명명될 수 있을 것이다. 문명의 파생물로 간주되는 서구화된 존재들은 불온한 성서 판본과 『자본』, 또는 맑스-레닌주의 교본을 통해 야만적 혹은 후진적이라고 여겨지는 원주민 거주자들을 교화시키고자 했다. 이런 식으로는 괄목할 만한 성취를 이룰 수 없었고 앞으로도 마찬가지다. 호세 마리아 아르게다스, 다르시 히베이루, 기예르모 본필, 리고베르타 멘추를 비롯한 수많은 인물이 이 점에 대해 커다란 가르침을 주었다. 예상대로 이와 관련한 우파의 입장은 기형적이다. 대표적인 우파 대변자들은 파렴치하게도 오늘날까지 우리 아메리카의 근대화(그들의 언어로 제국주의로의 더 광범하고 더 완전한 귀의를 뜻한다)를 위해서는 원주민들이 영혼과도 같은 그들의 문화를 버릴 필요가 있다고 주장한다. 고의든 아니든 그러한 기준을 어느 정도 공유하는 좌파는 이런 의미에서 좌파로 간주할 이유가 없다. 어떤 공동체도 다른 공동체에 자신의 역사를 강요할 수 없으며, 타

---

어 단어 'acculturation'이 가리키는 것이다 ──에 있지 않기 때문이며, 또한 **문화적 박탈**(desculturación)이라고 할 수 있는 이전 문화의 상실 또는 뿌리 뽑힘을 필연적으로 나타내고, 더 나아가 **신문화화**(neoculturación)로 명명할 수 있는 새로운 문화 현상들의 뒤이은 출현을 의미하기 때문이다. 결국, 말리노프스키 학파가 올바로 주장하듯이, 문화의 포옹에서는 언제나 개체들의 유전자 결합에서와 같은 현상이 일어난다. 생명체는 항상 부모 양쪽을 다 닮지만, 또한 언제나 부모 각각과 다르다. 전체적으로 이 과정은 하나의 문화 횡단이며, 이 용어는 그 궤적의 모든 단계를 아우른다"(p.142). 이러한 근본적 기여에 대해서는 Diana Iznaga, *Transculturación en Fernando Ortiz*, La Habana, 1989를 참조할 것. 앙헬 라마는 *Transculturación narrativa en América Latina*, México D.F., 1982에서 이 용어를 적용했다. 이 문제와 관련해서는 특히 3장 "Transculturación y género narrativo", pp.32~56을 참조할 것.

자들에 대해 식민주의자나 그 하수인처럼 처신하는 자들은 그들이 겪는 식민주의에 이의를 제기할 자격이 없다.

상황은 동일하지 않지만, 아메리카로 데려온 아프리카인들의 생물학적·문화적 유산을 직접적으로 아주 생생하게 보존하고 있는 사람 중 많은 수는 열악한 상황에 놓여 있다. 인류가 겪은 가장 잔혹한 선택을 경험한——가장 젊고 건강한 사람들만 선택되었고 가장 강한 사람들만 항해에서 살아남았다——그들(우리)의 선조들이 '신세계'에서 아름답고 강건하고 비범한 생명체를 탄생시킨 것도 아무 소용없었다. 카리브의 광범한 지역에서 점하고 있는 엄청난 수적 우위, 많은 지역에서의 강력한 혼합, 상대적으로 덜 분리주의적인 전통, 그리고 몇몇 국가, 특히 쿠바에서 일어난 긍정적 변화로 인해 남아프리카공화국이나 미국에서와 같은 인종차별 정책의 시행이 불가능하긴 했지만, 그들은 불과 얼마 전까지 노예 신분이었기 때문에 거의 모든 지역에서 노예라는 낙인이 따라다녔다.

또한 아메리카에는 원주민 공동체에 필적하는 아프리카 기원의 공동체들이 존재하지 않는다. 아프리카의 언어, 종교, 예술(문화 일반)의 생존은 원주민들의 경우와 기계적으로 비교할 수 없다. 오히려 잔존하는 아프리카적 요소와 유럽적 요소의 상호 침투가 더 보편적인 현상이었다. 오르티스가 살아남은 아메리카 원주민은 없고 아프리카의 유산은 강하게 남아 있는 쿠바 같은 나라의 현실을 연구하면서 앞서 언급한 '문화 횡단'이라는 용어를 만들어 낸 것은 괜한 것이 아니다. 쿠바는 그 외에도 여러 면에서 안티야스 제도의 여타 스페인어권 국가들, 그리고 심지어 때때로 큰 틀에서 다른 카리브 해 지역들과도 매우 흡사하다. 오래전부터 그러한 상호 침투가 진행되고 있다. 예컨대 우리 중 어느 누구도 오스토스나 고메스, 레사마 리마가 위대한 백인이라거나 마세오, 엔리케스 우레냐 형제, 기옌을 위대한 흑인이라고 말하는 일은 결코 없을 것이다. 이들은 모두 메스티소 역사와 메스티소 문화 또는 오늘날 몇몇 학자가 선호하는 대로 혼종 역사, 혼종 문화의 대표자들이다.[120] 그러나 가비의 경우에는 정력적이고 필수적인 흑인 옹호 투쟁을 피해 갈 수 없다(인구의 절대다수가 흑인인 아이티, 자메이카, 바베이도스 같은 나라에서는 많은 메스티소가 백인의 자리를 차지하고 있다. 이런 나라들에서 모종의 메스티사혜에 대해 피상적으로 주장한다면, 그것은 인종적일 뿐만 아니라 무엇보다 문화적인 성격을 갖는다고 주장할 때조차 혁명적이기는커녕 긍정적일 수도 없다). 이 중대한 문제에서 착취의 종말은 일체의 편견을 잠재우고 완전한 문화 횡단을 실현하기 위한 필요조건이지만 충분조건은 아니라는 사실

---

120 가령 네스토르 가르시아 칸클리니는 『혼종 문화: 모더니티 넘나들기 전략』(*Culturas bíbridas. Estrategias para entrar y salir de la modernidad*, México D.F., 1990)에서 이렇게 말했다. "이따금 **혼종화**(hibridación) 과정을 명명하기 위해 **싱크리티즘, 메스티사혜** 등의 용어가 언급되는 경우가 있다. 나는 메스티사혜를 선호하는데, 이 용어가 다양한 문화적 혼합──흔히 '메스티사혜'가 그것으로 제한되기 일쑤인 인종적 혼합뿐만 아니라──을 아우르기 때문이며, 또 거의 항상 종교적 융합 또는 전통적인 상징적 운동들의 융합을 지칭하는 용어인 '싱크리티즘'보다 더 효율적으로 혼종화의 근대적 형태들을 포함할 수 있게 해주기 때문이다"(pp.14~15의 주. 가르시아 칸클리니 강조). 분명 가르시아 칸클리니는 페르난도 오르티스에 의해 그 용어가 사용되었음을 고려하지 않았는데, 참고 문헌에서 그의 책이 전혀 언급되지 않고 있다는 사실이 이를 뒷받침한다. 오르티스에게는 메스티사혜가 "인종적" 혼합으로 "흔히 제한되지" 않으며, 싱크리티즘이 "거의 항상 종교적 융합을 지칭하는 용어"도 아니다. 예컨대 『담배와 설탕의 쿠바저 대위법』(*Contrapunteo cubano del tabaco y el azúcar*)에서 오르티스는 "인종과 문화의 메스티소화"(p.138)와 "문화의 새로운 싱크리티즘"(p.137)에 대해 말했다(강조는 인용자). 다른 한편, 훗날 다른 기회에 그는 이렇게 단언했다. "물라토성'(mulatez) 혹은 메스티사혜는 실체 없는 혼종화나 절충주의[페르난도 오르티스는 '포스트모더니즘'과 함께 이 개념이 복귀하기 훨씬 전에 이렇게 썼다──인용자]도, 탈색도 아니며, 단순히 제3의 것(tertium quid), 풍요로운 생적 현실, 색소침착과 문화의 결합의 산물, 새로운 실체, 새로운 색깔, 정제된 문화 횡단의 소산이다." Fernando Ortiz, "Preludios étnicos de la música afrocubana", *Revista Bimestre Cubana*, January-February 1947, p.12. 여기서 알 수 있듯이, 이 점에서도 용어-개념을 둘러싼 논쟁은 결코 끝나지 않았다.

을 피해 갈 수도 없다.

따라서 우리 아메리카에서 원주민과 흑인(그리고 아시아계와 같은 다른 거주민들)의 차별은 기적적인 메스티사혜라는 획기적인 방안을 통해 극복될 수 없을 것이다. 인종, 문화, 계급은 물론 고용주와 노동자, 추장과 하인이 융합되고, 단 하나 남자인 동시에 여자인 존재만 빼고 다양한 것들이 합쳐지는 조화로운 혼합에서 피조물이 생겨나게 할 그런 메스티사혜 말이다. 메스티사혜의 필수 불가결한 혁명적 개념과 만인에 대한 권리의 실제적 평등을 위한 투쟁을 전혀 부정하지 않은 채, 인종적·성적 차이에 대한 권리를 인정하고, 선언하고, 옹호해야 한다. 원주민이나 흑인에게 무조건 메스티소가 되라고 제안하거나, 여자에게 남자나 남녀 양성이 되라고 제안하는(심지어 강요하는) 것은 터무니없다. 그래서는 안 된다. 종종 더없이 인위적이고, 외부자의 시각에서 생각되기 일쑤고, 도처에서 착취당하는 라틴아메리카 국가들의 복잡하고 복합적인 성격은 그런 식으로 보호되어서는 안 된다.

이 후기가(어떤 후기도 마찬가지다) 논평의 대상이 되는 에세이보다 방대할 수는 없다. 그러므로 이쯤에서 글을 마치겠다. 그 전에 「칼리반」의 지면에 등장하는 페르소나들(우선 작가의 페르소나)이 무작위로 선택되었음을 잊지 않기를 바란다. 몇몇 비평가가 지적한 대로 때때로 자전적 성격이 드러남에도 불구하고 이 에세이는 인신공격을 위한 텍스트가 아니다. 여기에서 관심사는 생각과 신념과 입장이다. 보르헤스의 경우(사르미엔토부터 푸엔테스까지 다른 사람들을 추가할 수 있겠다)가 지침이 되길 바란다. 어떤 망나니 전문가의 이름(지금은 천박한 하나의 경우만 기억할 뿐이다)을 제외하고, 독자는 마주치는 이름이 무엇이든(심지어는 무엇보다 정치적 이유로 나와 대립했고, 마침내 나름의 방식으로 칼리반에 관심을 갖게 된 로드리게스 모네갈의 이름조차도) 그 이름이 나와 관련 있다고 생각할 수 있다. 나의 이름도 마찬가지다. 어떤 면에서 나는 나 자신과 다투기도 한다. 과거의 나, 남들이 만들어 놓은 나와. 그러니 독자들은 내가 흥분해서 화를 낸 것을 용서하시라. 그것을 자책으로 이해하거나 새로운 침정沈靜으로 향하는 과정의 일부로 받아들이시라.

이 해명과 함께 내가 한없이 많은 빚을 지고 있고 이제 결정적으로 작별을 고한다고 생각하는 이 텍스트가 처음으로 세상 빛을 본 지 22년 만에 다시 한 번 세상에 나가길 바란다. 우리 둘이(텍스트, 나 그리고 칼리반 이렇게 셋인가?) 평화롭게 숨을 쉬고 다음 작업으로 넘어갈 수 있도록 말이다.

아바나, 1993년 1월

# 다시 돌아보는 칼리반*

1985년, 조너선 스위프트가 죽은 지 240년이 되었다. 혹자들은 그가 백치 상태로 생을 마감했거나 적어도 심각한 정신 질환을 앓다 죽었다고 했다. 그게 사실인지 모르겠다. 지인들의 전기나 내가 아는 사실들에 대한 이야기를 읽고 나서 혹자들이 말한 것을 불신하게 되었다. 어쨌든, 감탄할 만한 유명한 묘비명을 쓴 것은 분명 그 추정적 정신 질환을 앓기 전이었다. 묘비명은 "그는 거친 분노가 더 이상 심장을 갈기갈기 찢지 못하는 곳에 있다"Iit ubi saeva indignatio ulterius cor lacerari nequit로 시작해 "세상에 빠진 여행자여, 용기가 있다면 그를 모방하라. 그는 인간의 해방에 이바지했다"Abi, viator, et imitare, si poteris, strenuum pro virili libertatis vindicatorem로 끝난다. 그리하여 1745년 그는 거친 분노가 더 이상 심장에 상처를 입힐 수 없는 곳으로 떠났다. 여행자에게 할 수만 있다면 인간의 자유를 옹호한 자신의 노력을 본받으라고 촉구할 수 있는 상태로 길을 떠난 것은 옳았다. 스위프트는 많은 신랄한 작품에서 이 과제를 수행했다. 오늘날에는

---

* 여러 나라에서 출간된 나의 에세이 선집에 덧붙이기 위한 메모로 원래 *Casa de las Américas*, no.157, July-August 1986에 발표되었다.

부당하게도 『걸리버 여행기』(1726)를 제외하면 그의 작품이 많이 읽히지 않는다.[1] 이 책 역시 작가들에게 커다란 교훈을 준다. 열렬한 이 책의 저자는 조지 버나드 쇼나 베르톨트 브레히트같이 내가 흠모하는 사람들의 찬사를 받을 만했기 때문이다. 지칠 줄 모르고 인류의 악을 비난했던 그는 다정다감한 동화 작가로 역사에 기록되었다.[2] 윌리엄 블레이크의 호랑이 못지않게 가치 있는 그의 호랑이는 어린 독자에게 즐거움을 주는 순한 얼룩 고양이가 되었다. 그러나 그가 쓴 거의 모든 글이 그렇듯, 그 책은 작가의 거친 분노에서 나온 풍자였다. 뜻밖에도 그는 이러한 변신을 통해 우리에게 또 다른 교훈을 준다. 새로운 교훈도 아니고 유일무이한 교훈은 더더욱 아니지만, 그의 경우에는 강렬한 차원을 성취한다. 하나의 텍스트는 (종종 확인 불가능한) 작가의 의도뿐 아니라 그 맥락을 뛰어넘어 과거나 현재의 모습과 동떨어진 다른 것으로 바뀔 수 있다는 것이다.

황망하게도 나는 퍽 사소한 사실 앞에서 이 대단한 기억을 떠올렸다. 에세이 「칼리반」이 열다섯 돌을 맞았다. 쿠바 잡지 『카사 데 라스 아메리카스』 68호(1971년 9~10월) 지면에 발표된 날부터 오늘에 이르기까지 이 에세이는 원래의 언어인 스페인어뿐만 아니라 다른 언어들로도 번역되어 여러 판본이 나왔다. 또 그동안 논평도 다수 발표되었다. 논평의 다양한 성격과 태어난 지 15년 만에 다시 세상에 나온다는 사실이 이 에

---

1  영어권과 관련해서는 Edward W. Said, "Swift as intellectual", *The World, the Text and the Critic*, Cambridge, Massachusetts, 1983에서 이러한 사실을 추론할 수 있다. 스페인어권에서는 이러한 현상이 더욱 두드러지게 나타난다고 할 수 있다. 그러나 스위프트에 관한 스페인어 글로 Beatriz Maggi, "Panfleto y literatura", *Panfleto y literatura*, La Habana, 1982를 제시할 수 있어 기쁘다.
2  물론 이는 결코 아동 문학을 폄하하는 것이 아니라 단순히 작품의 의미 변화를 지적하는 것일 뿐이다.

세이를 되돌아보게 한다. 논평 중 일부는 여전히 감사의 마음을 불러일으킨다. 평소처럼 어떤 논평들은 나의 의도를 곡해한 것으로 보인다. 그러나 가장 나의 관심을 끄는 것은 어떤 때는 선의로, 또 어떤 때는 악의로 그 맥락을 제거해서 저자인 나조차 식별할 수 없는 것으로 변질된 경우가 있었다는 것이다. 이 에세이가 쓰인 당시의 상황으로 돌아가지 않으면 헛소리로 변질될 위험이 있다. 이러한 이유로 나는 개괄적으로나마 이 글이 탄생한 배경이 무엇인지 상기시키지 않을 수 없다. 그렇게 하려고 시도할 것이다.

나는 앵글로색슨 사람들이 그토록 즐겨 하듯이 역사를 10년 단위로 구분하는 것을 특별히 좋아하지 않는다. 그러나 세기로 구분하는 것을 피할 수 없듯, 때로는 그런 구분이 불가피해 보인다. 문제는 우리가 그러한 구분을 지나치게 진지하게 받아들인다는 것이다. 예컨대 우리는 1991년 1월 1일 혹은 2001년 1월 1일에 결정적으로 새로운 어떤 일이 시작되었거나 시작될 것이라고 믿는다. 그럼에도 불구하고 신중을 기한다면 세기도 10년 단위도 우리에게 유용할 수 있다. 가령 탁월한 저술인 『변명 없는 60년대』(1984)[3]에 대해 주의를 환기시키고 싶다.

이런 신중한 태도로 「칼리반」이 1971년, 즉 이미 종언을 고한 60년대와 막 시작된 70년대 사이의 문턱에서 등장했다는 것을 고려할 필요가 있다. 위에서 언급한 책의 제목이 가리키는 것처럼, 변명도 향수도 없이 60년대를 돌아보고 싶다. 왜냐하면 필요한 새로운 투쟁은 언제나 존재할 것이기 때문이다. 60년대는 많은 나라에서 좌파가 지적 삶의 헤게모니를 적어도 상당 부분 장악하고 있던 아름다운 시기였다. 이 글을 쓰고 있는

---

3 *The 60s Without Apology*, Minneapolis, 1984.

지금 이 순간에는 많은 국가에서 우파가 헤게모니를 잡고 있다. 그런 나라들 중 많은 경우 신新우파에 대해 거론하는 것은 괜한 것이 아니다. 반면, 다른 나라들에서는 비슷한 상황이 명백한 탈정치화의 형태를 취한다. 여담이지만, 이러한 상황에서도 용기 있게 정의의 깃발을 들고 있는 사람들에게 우리가 경의를 표해야 하는 충분한 이유다. 1979년 니카라과에서 일어난 아름다운 산디니스타 혁명은 바로 이런 열악한 환경에서 승리했다. 그럼에도 민주주의 세력은 루벤 다리오[4]의 조국에 대한 제국주의의 직접적인 침략을 피하지 못했다.

60년대가 시작되기 직전 쿠바에서는 혁명 세력이 정권을 잡았다. 그 반향은 결코 소멸되지 않았지만 60년대에는 그러한 기운이 특히 강하게 느껴졌다. 60년대에는 무엇보다 알제리 혁명의 승리와 훗날 70년대에 종결된 베트남 전쟁이 눈에 띄었다. 이 사건들은 각기 식민 지배국에 강력한 파장을 불러일으켰다. 우파는 눈앞에서 '인종들'과 피억압 공동체, 여성, 소외된 민중을 지지하는 운동이 전개되는 것을 목도했다. 당연히 히피 문화와 반전운동 같은 현상으로 구체화된 반항적인 태도도 없지 않았다. 우리 아메리카에서는 광범한 사회주의적 방향성을 가진 게릴라 운동이 승리할 것이라는 확신이 많은 투사의 가슴에 불을 댕겼고 숱한 영웅적 행위로 구현되었다. 숱한 인물이 이러한 희망의 길을 수놓았는데, 그중에서도 가장 선구적인 인물은 단연 체 게바라다. 우리 아메리카에서는 또한 소설을 필두로 한(그러나 소설이 다는 아니다) 문학이 신영화와 누에바 칸시온nueva canción을 가까이 동행하고 세계의 최전면에 나섰다. 그리

---

4 19세기 말~20세기 초에 라틴아메리카에서 전개된 문학 운동인 모데르니스모를 주창한 니카라과 시인.─옮긴이

고 뒤이어 1970년대가 동터 올 무렵 사회주의자 살바도르 아옌데가 칠레 대통령에 당선되었다.

물론 제국주의는 계속 팔짱만 끼고 있지 않았다(결코 그런 일은 없다). 정치적 측면에서 쿠바 침공과 도미니카공화국 점령, 콘트라 반군 조직, 새로운 독재 정권 수립부터 '진보를 위한 동맹'Alliance for Progress에 이르기까지 숱한 책략을 시도했다면, 지적인 측면에서는 유명한 월트디즈니 영화가 제2차 세계대전 시기에 좋은 선례를 제공한 선동 정치의 학술적 각색을 획책했다. 이 각색은 언급한 영화에 대한 경의의 표시로 '안녕, 라틴아메리카 작가·예술가 친구들'(오리지널 버전에서는 스페인어로)이라 불릴 수 있었을 것이다. 장학금이 봇물을 이루었고 학술 세미나가 꽃을 피웠으며, 우리를 연구하고 해부하기 위한 교수직이 우후죽순 생겨났다. 심지어는 천박한 자본 시장의 몰취향으로 우리 소설의 붐이 회자되기까지 했다. 이 모든 것을 악의적으로만 보는 것은 부당할 것이다. 당시까지 역사의 변방에 얼룩처럼 남아 있던 곳에서 출현한 현실을 향해 쇄도한 서구 세계의 많은 지식인과 기관의 진지한 태도가 있었다. 이러한 현상은 일찍이 1952년 프랑스의 인구학자 알프레드 소비에 의해 '제3세계'로 명명된 지역에 대한 진정한 관심의 한가운데서 일어났다. 오늘날 공공연하게 반동적인 수많은 매체와 (스펙트럼이 우파 쪽으로 미끄러지면서) 그 매체들을 앵무새처럼 되풀이하는 다른 매체들에서 '제3세계주의' tercermundismo로 표현되는 명백한 멸시에도 불구하고 피식민지 국가들과 과거의 피식민지 국가들에 대한 관심은 진심 어린 것이었고, 많은 경우 아직도 그렇다는 것을 잊을 수 없다. 이러한 관심 없이는 우리가 살고 있는 세계에 대한 이해에 다다를 수 없다.

아직 제3세계가 정치 무대에 본격적으로 진입하지 못한 냉전 초기에 미국은 이미 다각적인 책략의 일환으로 '문화적 자유를 위한 회의' Congress for Cultural Freedom를 결성했다.[5] 여기에서 현실 정치인들의 노골적인 반공주의는 지식인들의 탄식과 분노를 자아냈다. 이 회의의 스페인어 잡지명은 『쿠아데르노스』*Cuadernos*였는데, 경직된 형식으로 인해 점점 거세지는 60년대의 격류 앞에서 살아남지 못하고 결국 100호에서 좌초되었다. 그때 『쿠아데르노스』를 『문도 누에보』로 대체하려는 계획이 세워져 실행에 옮겨졌다.

이 잡지를 둘러싼 논쟁은 「칼리반」 집필을 구상하게 된 근본적인 배경의 하나다. 나를 포함한 일군의 작가는 60년대 중반, 언급한 잡지가 장차 파리에 등장할 것이라는 사실이 알려졌을 때부터 앞의 잡지에 비해 좌파에 더 호의적인 태도를 보이겠지만 본질적으로 유사한 역할을 수행할 것이라는 사실에 주목했다. 『문도 누에보』는 문학적인 수준에서 의심의 여지 없이 『쿠아데르노스』보다 뛰어났으며 필진도 대폭 교체되었다. 계획은 분명했다. 모더니티의 광채를 등에 업고, 유럽으로부터, 라틴아메리카 대륙 내의 지적 작업에서 혁명 노선과 헤게모니를 다투는 것이 의도였다.[6] 『문도 누에보』의 협력자들이 모두 필연적으로 혁명에 적대적이었다고 생각하는 것은 오판이며, 우리는 결코 그렇게 주장한 적이 없다. 정반대로 이 잡지에 맡겨진 실제 역할을 간파하기 어렵게 하는 모호한 분위기가 조성되었다. 1966년 4월 27일 『뉴욕타임스』에 미국중앙정보

---

5 Cristopher Lasch, "The Cultural Cold War: a Short History of the Congress for Cultural Freedom", *Towards a New Past. Dissenting Essays in American History*, New York, 1967 참조.

6 Ambrosio Fornet, "*New World* en español", *Casa de las Américas*, no.40, January-February 1967 참조.

국이 '문화적 자유를 위한 회의'와 그 간행물들에 자금을 지원했다는 장문의 기사가 게재되자 논쟁은 새로운 국면을 맞게 되었다. 회의 지도부와 일부 협력자가 위선적으로 사실을 부인했음에도 불구하고 1967년 5월 14일, 런던의 『선데이 타임스』와 『옵서버』가 결정적으로 사안의 진실을 밝혀 줄 방대한 정보를 공개했다. 회의 사무총장인 마이클 조셀슨이 파리에서 모든 사실을 시인했다. 『선데이 타임스』는 이 사건을 "문학의 피그만 사건"[7]으로 다루었다. 이 사건에 대한 스페인어 논평 중에서는 그해 5월 27일 우루과이 주간지 『마르차』*Marcha*에 실린 탁월한 페루 작가 마리오 바르가스 요사의 「문화 제국을 위한 묘비명」이 특히 눈길을 끈다. 수년 전 바르가스 요사(지금은 좌파에서 제법 멀어졌다)는 『풍랑을 헤치고(1962~1982)』라는 제목의 신문 기고문 선집을 출간한 바 있다.[8] 안타깝게도 바르가스 요사는 뒤에서 다시 다루게 될 두툼한 이 책에 다음과 같이 마무리되는 매우 중요한 글을 포함시키지 않았다.

> 아주 치밀한 책략과 막대한 비용으로 무장한 '문화 제국'은 모래성처럼 무너졌다. 안타까운 것은 연기가 피어오르는 폐허 사이에 죄인과 결백한 사람, 즉 선의로 행동했던 사람과 악의로 행동했던 사람, 그곳에서 자유를 위해 투쟁하고 있다고 믿었던 사람, 그리고 단지 급료를 챙길 궁리만 했던 사람이 더럽혀진 초췌한 몰골로 남아 있다는 것이다.[9]

---

7 1961년 4월 17일 쿠바 혁명 정부가 사회주의 국가를 선언하자 미국중앙정보국이 주도해 1,511명의 쿠바 망명자들로 '2506 공격여단'을 창설해 쿠바 남쪽 해안의 피그만을 침공한 사건. 미국의 대외 정책이 불러온 가장 참담한 실패의 하나로 꼽히는 이 사건을 계기로 카스트로와 미국 간의 대립이 본격화되었다. —옮긴이

8 Mario Vargas Llosa, *Contra viento y marea(1962~1982)*, Barcelona, 1983 참조.

9 Vargas Llosa, "Epitafio para un imperio cultural", *Marcha*, 27 May 1967, p.31.

당시 앙헬 라마가 문학 섹션의 전면에서 활동하고 있던 『마르차』는 다음 호(6월 2일자)에 연표 형태로 이 사건을 둘러싼 논쟁의 약사略史를 게재했는데, 『문도 누에보』의 편집장과 내가 주고받은 서간(여러 정기간행물에서 수집한 편지들)에서 시작해 다른 세부 사항으로 이어졌다.

책략 중의 하나가 실체를 드러냈다는 이유만으로 '문화 제국'이 소멸되었다고 생각하는 것은 소망을 현실로 착각하는 것이다. 『문도 누에보』는 일련의 폭로 뒤에 사라졌다. 그러나 이 사건은 매우 다양한 부류의 사람에게 라틴아메리카 혁명에 대한 커다란 불신을 심어 주었다. 당시 라틴아메리카 혁명이 제공할 수 있는 성공 사례는 쿠바뿐이었다. 쿠바는 많은 사람이 이 나라에 걸었던 다양한(심지어 모순적인) 기대에 거의 압도되어 있었지만, 실제로 대처 능력은 제한적이었고 시행착오는 불가피했다. 1968년에 쿠바작가예술가동맹Unión de Escritores y Artistas de Cuba이 시인 에베르토 파디야의 책(동맹은 의견 불일치를 드러낸 서문과 함께 출간했다)에 수여한 문학상을 둘러싼 논쟁은 "선의로 행동했던 사람과 악의로 행동했던 사람"에게 새로운 자극제가 되었다. 3년 동안 문제의 책의 작가는 쿠바에서 계속 일하며 글을 썼다. 그러나 1971년 그가 반혁명 활동을 한 혐의로(어떤 시의 창작이나 발표 때문이 아니다) 1개월가량 수감된 사건은 사상 유례없이 많은 사람이 선의 혹은 악의로 연루된 대대적인 논쟁을 촉발했다. 다른 한편, 우파로의 이동이 시작되고 있었다. 쿠바 혁명 비판자들 측에서 볼 때, 가장 중요한 것은 유럽에서 피델에게 보내는 공개 서한 두 통이 나온 것이었다. 첫번째 서한은 서명자들이 "쿠바 혁명의 원칙과 목표를 지지함"에도 불구하고 "저명 시인이자 작가인 에베르토 파디야의 수감에 우려를 표하기 위해" 서한을 보낸다고 밝혔다. 그리고 뒤에서 이러한 의견을 표명했다.

지금까지 쿠바 정부가 이 사안에 대해 아무런 정보도 제공하지 않았다는 사실은 1962년 3월 당신이 공표한 것보다 더 강력하고 위험한 분파주의 과정이 재현되지 않을까 하는 우려를 자아낸다. [……] // 칠레의 사회주의 정부 수립과 페루와 볼리비아에서 조성된 새로운 환경으로 인해 미 제국주의의 범죄적인 대쿠바 봉쇄의 해제가 용이해지고 있는 시기에, **혁명 내부에서 비판의 권리를 행사한 지식인·작가들에게 강압적인 수단을 사용한 것은** 전 세계의 반제국주의 세력에 심히 부정적인 영향을 끼치지 않을 수 없다. 쿠바 혁명을 상징이자 깃발로 여기는 라틴아메리카의 반제국주의 세력에게는 특히 그렇다.[10]

이 서한은 전 세계의 자본주의 매체를 통해 대대적으로 확산되었고, 일부 서명자의 의도와 상관없이 "강압적인 수단의 사용" 등을 기정사실화함으로써 쿠바 혁명에 대한 노골적인 비난으로 변질되었다. 그러나 그 어조는 두번째 서한 앞에서 무색해졌다. 심지어 최고의 선의로 얘기되었던 것과 반대로, 이 두번째 서한은 첫번째 서한에 답이 없었던(답을 한다는 것은 실제로 불가능한 일이었다) 데서 비롯한 필연적인 결과가 아니었다. 두 통의 서한 사이에 피델의 격렬한 연설과 파디야의 석방, 그리고 그의 요청으로 이루어진 일종의 자아비판이 있었다. 훗날 명백하게 밝혀진 대로, 파디야의 자아비판은 악명 높은 30년대 중반 모스크바 재판의 자아비판을 악의적으로 회화화한 것에 다름 아니었다. 그러나 이 문건은 쿠바가 30년대에 소련에서 이루어진 이른바 '개인숭배'와 유사한 시기를

---

10 *Libre. Revista crítica trimestral del mundo de habla española*, no.1, September-November 1971, pp.95~96 참조(강조는 인용자).

지나고 있는 것으로 간주할 만반의 준비가 되어 있던 사람들에 의해 해독될 목적으로 쓰인 것이었다. 두번째 서한에서는 첫번째 서한의 서명자 중 상당수가 빠졌다. 행동이 불러일으킨 반향과 한결같은 정직함을 고려할 때 서명을 거부한 사람들 중에서 훌리오 코르타사르가 두드러진다. 코르타사르는 아이데 산타마리아가 보낸 편지에 대한 1972년 2월 4일자 답신에서 이렇게 말했다.

> 내가 서명한 첫번째 서한의 작성과 관련하여 당신에게 단순히 이 점을 말할 수 있소. [후안—인용자] 고이티솔로가 나에게 건네준 원본은 두번째 서한의 내용과 아주 흡사했소. 다시 말해, 가부장적이고 오만하며 어느 관점에서도 받아들일 수 없는 것이었다오. 나는 서명을 거부하고 정중하게 사건의 경과에 대한 정보를 요구하는 것으로 한정된 대체 텍스트를 제안했소. 당신은 그 외에도 쿠바에서 '분파적 충동'이나 그 유사한 것이 야기되고 있다는 우려 또한 표명되었다고 말할 것이오. 맞는 말이오. 우리는 그런 일이 일어나고 있지 않을까 우려했지만, 그것은 반역도 분노도 항의도 아니었소. 제발 텍스트를 읽어 보고 그것을 물론 내가 서명하지 않은 두번째 서한의 텍스트와 비교해 보시오. 당신에게 말하건대, 동지 대 동지로서의 정보 요청이 이러한 우려 표명으로 끝난 것을 유감스럽게 생각하오(물론 '정치 비평' 역시 그렇게 말하오). 그러나 거듭 말하지만, 언어도단의 두번째 서한이 보여 주는 가부장주의나 오만한 간섭은 결코 서명자들 탓으로 돌릴 수 없었소.[11]

---

11 *Casa de las Américas*, no.145~146, July-October 1984, p.148 참조. 이 호는 훌리오 코르타사르의 죽음을 기려 그에게 헌정되었다(강조는 인용자).

코르타사르가 보기에 '언어도단'이라는 수식어를 붙여 마땅한 두번째 서한의 내용은 이렇다.

당신에게 우리의 수치와 분노를 전하는 게 의무라고 생각한다. 에베르토 파디야가 서명한 치욕적인 참회록은 오직 혁명의 합법성과 정의를 부정하는 방법을 통해서만 얻어졌을 것이다. 파디야 자신과 동료들인 벨키스 쿠사, 디아스 마르티네스, 세사르 로페스 그리고 파블로 아르만도 페르난데스[12]가 자아비판의 처참한 가면무도회에 회부된, 쿠바작가예술가동맹이 개최한 행사와 마찬가지로, 터무니없는 혐의와 정신착란적 진술이 담긴 참회의 내용과 형식은 스탈린주의 시대의 가장 추악한 순간들과 공작 정치, 마녀사냥을 상기시켜 준다. 인간 존재에 대한 존중과 인간 해방을 위한 투쟁에서 모범적이라고 보았던 쿠바 혁명을 첫날부터 열광적으로 지지했던 것처럼, 우리는 쿠바가 독선적 몽매주의와 문화적 쇼비니즘, 스탈린주의가 사회주의 국가들에 강요했던 억압적 체제를 피할 것을 열렬히 권고한다. 지금 쿠바에서 일어나고 있는 것과 유사한 사건들은 그러한 체제의 명백한 표명이었다. 한 인간에게 우스꽝스럽게 최악의 배신과 비열함의 죄를 자인하도록 강제하는, 인간존엄성에 대한 모욕은 작가 개인의 문제를 넘어 쿠바의 어떤 동지──농민, 노동자, 기술자 또는 지식인──라도 마찬가지로 폭력에 가까운 치욕의 희

---

12 잘 알려진 대로, 파디야와 그의 부인 벨키스 쿠사는 현재 쿠바 밖에서 적대적인 운동을 전개하고 있다. 디아스 마르티네스와 세사르 로페스, 파블로 아르만도 페르난데스──그들은 파디야에 의해 반혁명 분자로 지목되었다──가 쿠바에서 정상적으로 살면서 일하고 있으며, 종종 외국에서 쿠바를 대변한다는 사실은 제대로 알려지지 않았다(그들 중 디아스 마르티네스는 후에 쿠바를 떠났다.─1993년에 작성된 주).

생양이 될 수 있기 때문에 우리에게 경종을 울린다. 우리는 쿠바 혁명이 한때 사회주의 내부에서 하나의 표본으로 간주되었던 본래의 모습을 되찾기를 바란다.[13]

코르타사르는 1972년 2월 4일자 편지에서 아이데에게 밝힌 생각에 충실한 채 죽었다. 이는 그의 용감한 책『그토록 격렬하게 감미로운 니카라과』개정판에 덧붙인 글에서 추정할 수 있다. 판권 페이지에 따르면 이 책은 바르셀로나에서 "1984년 1월 25일 인쇄를 마쳤다"(초판은 그 글이 빠진 채로 1983년 니카라과에서 이미 출간된 바 있다). 새로 추가된 글의 제목은 「『1984』를 다시 읽고 여백에 적은 메모」였다. 비록 이 글에서 "파디야 사건이 뭔가 결정적으로 소용이 되었다면, 그것은 쿠바 밖에서 낟알과 쭉정이를 분리하게 되었다는 것"이라고 밝히고 있긴 하지만, 그는 거듭 첫번째 서한의 추정적 선의를 지적하는 한편, 두번째 서한에 대해서는 "**프랑스 지식인들이 피델 카스트로에게 보낸 유명한 서한**"이라고 부르면서 "가부장적이고 용서할 수 없을 정도로 오만한 편지였다"고 언급하고 있다. 그리고 계속해서 이렇게 덧붙였다. "그러나 최초의 사실 확인 요청—내가 다른 많은 사람과 함께 서명한—에 대한 답변이 적절한 기한 내에 주어졌다면 그 서한은 발송되지 않았을 것임을 필요한 모든 증거를 동원해 확인할 수 있다."[14]

이 글을 쓸 때 코르타사르는 위에서 언급한 바르가스 요사의 『풍랑

13 Vargas Llosa, *Contra viento y marea(1962~1982)*, pp.166~167 참조.

14 Julio Cortázar, "Apuntes al margen de una relectura de *1984*", *Nicaragua tan violentamente dulce*, Barcelona, 1984, p.13(강조는 인용자).

을 헤치고(1962~1982)』를 읽지 않은 게 틀림없다. 판권 페이지의 정보에 따르면, 이 책은 "1983년 11월에 인쇄"되었는데, 이로 미루어 사실상 홀리오의 책과 같은 시기에 출간되었음을 알 수 있다. 바르가스 요사의 책에는 피델 앞으로 보낸 두번째 서한이 다음의 각주와 함께 등장한다.

이 제안의 발의는 세계 언론계가 에베르토 파다야가 '자아비판'을 위해 쿠바 경찰의 감방에서 모습을 나타낸 쿠바작가예술가동맹 행사를 보도한 시점에 바르셀로나에서 이루어졌다. 후안 고이티솔로와 루이스 고이티솔로, 호세 마리아 카스테예트, 한스 마그누스 엔첸스베르거, 카를로스 바랄(그는 뒤에 서한에 서명하지 않기로 했다) 그리고 나는 우리 집에 모여 각자 별도로 초고를 작성했다. 그 뒤에 초고를 비교했고 투표로 내 것이 선택되었다. 시인 하이메 힐 데 비에드마가 부사 하나를 수정하여 문건을 자연스럽게 다듬었다.[15]

이처럼 바르가스 요사는 위의 인용에서 여러 사실을 인정하고 있는데, 우선 자신이 서한의 작성자임을 밝히고 있다. 결과적으로 "프랑스 지식인들"(비례적으로 첫번째 서한보다 여기에 이들의 수가 더 많지는 않았다)의 작품이 아니었다는 것이다. 그리고 그는 앞의 서한에서와 마찬가지로 그들 중 상당수가 후에 그러한 행동에 대해 의견 불일치를 나타냈다는 사실과 상관없이 61명의 서명자 명단을 덧붙인다.

앞서 언급한 자료들 외에도 쿠바의 입장에 동조하거나 반대하는 많은 자료가 무수한 출판물에 흩어져 있었다.

---

15 Vargas Llosa, *Contra viento y marea*(1962~1982), p.166 각주 참조.

내가 새삼스럽게 이 자료들을 거론한 것은 「칼리반」 집필에 불을 댕긴 도화선이 되었기 때문이다. 『카사 데 라스 아메리카스』는 세 호에 걸쳐 논쟁의 장을 제공했다. 그 중 마지막 호는 '라틴아메리카의 문화와 혁명에 관하여'Sobre cultura y revolución en la América Latina라는 큰제목을 달고 있었는데, 여기에 나의 글이 포함되었다. 이 시점에서 그 논쟁을 회피하거나 진지하게 고려하지 않는다면 그것은 분명 배신행위였다. 나는 독자들이 논쟁의 열기 속에서 생겨난 모든 자료에 익숙해지기를 바라지는 않는다. 그러나 논쟁이 얼마나 격렬했는지는 기억하면 좋겠다. 나의 글은 허공에서 생겨난 것이 아니라 열정으로 가득 차고, 또한 우리로서는 쿠바에 대한 경박한 비난과 가부장적 태도에 대한 분개, 그리고 심지어 자신의 두려움과 죄과와 편견을 끌어안고 서구에 편안히 앉아서 혁명의 재판관을 자임하는 자들의 기괴한 '수치'와 '분노'에 대한 분개로 가득 찬 구체적 시기의 산물이었다.

그러나 나의 글을 유발한 것이 단지 그런 논쟁뿐이었다고 생각한다면 그 또한 지나친 단순화다. 훨씬 오래전부터, 우리가 경험한(지금도 경험하고 있는) 혁명이 우리에게 던진 거대한 지적 도전에 고무되어, 1971년 텍스트를 예고하는 주제들에 차근차근 접근해 가고 있었다. 이전의 몇몇 단계를 지적하자면, 1959년의 신문 글 몇 편, 니콜라스 기엔의 작품에 바친 「비상하는 민중의 손」El son de vuelo popular, 1962,[16] 「마르티의 (제3)세계」Martí en su (tercer) mundo, 1965 그리고 「체 게바라 사상 입문」Introducción al pensamiento del Che, 1967 등의 에세이를 기억하는 것으로 충분하다.[17] 대체로 혁명의 요구에 비추어 우리 세계를 재해석한 글들이다.

---

16 '손'(son)은 밝고 경쾌한 사운드와 포근한 서정성을 담은 쿠바의 민속 음악이다.—옮긴이

나는 로저 툼슨이 『세 개의 칼리반』(1981)[18]에서 면밀하게 다룬 바 있는, 칼리반의 철자가 바뀐 내력과 같은 문제에 과도한 시간을 할애하지 않을 것이다. 또한 『문도 누에보』의 전 편집장인 우루과이 비평가 로드리게스 모네갈이 오랜 침묵 끝에 내게 붙인 별칭대로[19] 내가 정말 프랑스 편향적인지의 여부에 대해서도 길게 얘기하지 않을 것이다. 나는 죽은 이들과의 논쟁을 즐기지 않으며, 이 작가가 쓴 모든 글에 대해 그 가치를 부정하고 싶은 생각도 없다. 그러나 제국주의가 추진하는 문화 정책에 전적으로 몰입한 것이 그에게 도움이 되었다고 생각하지 않는다. 내가 칼리반이라는 상징을 사용한 것이 프랑스적 뿌리를 드러낸다고 여겨(나의 문화적 형성은 부분적으로 프랑스적 뿌리를 지니지만, 물론 다른 뿌리들 역시 가지고 있다) 프랑스 편향적이라고 나를 몰아붙였을 때, 그는 알레호 카르펜티에르, 후안 페레스 데 라 리바, 훌리오 르 리베랑 같은 친구들과 나를 한통속으로 엮어 수세기 전으로 거슬러 올라가는 일종의 케케묵은 반(反)스페인적 흑색전설을 문제 삼았으며 본의 아니게 '미국의 소리 방송'의 프로그램 「쿠바와의 데이트」가 나에게 거듭 퍼부었던 비난을 그대로 되풀이했다. 로드리게스 모네갈은, 한편으로는 칼리반이 프랑스 인물이

---

17  뒤의 두 글은 후에 각각 "Introducción a José Martí"와 "Para leer al Che"라는 제목의 증보판으로 나왔다.

18  Roger Toumson, "Caliban/Cannibale ou les avatars d'un cannibalisme anagrammatique", *Trois Cailbans*, La Habana, 1981, pp.201~299 참조. 툼슨의 연구와 추측이 다른 목적을 위해 가질 수 있는 가치를 얕잡아 보는 건 아니지만, Louis-Jean Calvet, *Linguistique et colonialisme. Petit traité de glottophagie*, Paris, 1974, pp.59, 223~224에서 나의 텍스트를 사용한 것이 본래의 취지에 훨씬 더 가깝다.

19  Emir Rodríguez Monegal, "Las metamorfosis de Calibán". 이 글은 영어로는 미국 학술지 *Diacritics*, no.7, 1977에, 그리고 스페인어로는 멕시코 정치 잡지 *Vuelta*, no.25, December 1978에 게재되었다.

아니라 영국 인물이라는 것을 잊었고, 다른 한편으로는 칼리반을 우리의 땅, 구체적으로 카리브와 결부시킨 것은 내 글에 인용된 조지 래밍[20](그가 먼저다)과 에드워드 카마우 브래스웨이트 같은 영어권 안티야스 작가라는 사실을 망각한 것처럼 보였다. 내세울 만한 자랑거리도 못 되지만, 우리 이스파노아메리카에 칼리반의 상징을 적용한 것은 내가 처음일 것이다. 어쨌든 이 주제는 로드리게스 모네갈의 지대한 관심사가 되기에 이르렀는데, 심지어는 이 주제로 대학에 강좌를 열었을 정도였다. 나는 언제나 이것을 그가 뜻하지 않게 나에게 바친 경의의 표시로 받아들였다.

두 명의 생존 작가에 대해서는 몇 마디 하고 싶다. 한 사람은 호르헤 루이스 보르헤스이고, 다른 한 사람은 카를로스 푸엔테스다. 내 글에서 "나와는 판이하게 다르지만 진정 중요한 작가"라고 언급한 보르헤스에 대해서는, 영국 비평가 J. M. 코언이 그에 관한 유용한 책에서 추정한 것처럼, 그가 받은 많은 상과 훈장이 그의 정치적 행보와 모종의 관계가 있다고 생각한 적이 결코 없다는 점을 분명하게 밝힐 필요가 있다.[21] 반대로 나는 언제나 반어적 유머를 구사하는 그가 뛰어난 재능을 지닌 정직하고 소박한 사람이며, 젊은 시절 10월 혁명을 찬양하게 하고, 후에 스페인 공화국을 옹호하고 나치의 반유대주의에 반대하게 했던 그의 정치적 나침반은 다른 많은 아르헨티나인의 경우와 마찬가지로 페론이 집권하면서 파괴되었다고 생각했고, 그 사실을 확인할 기회가 있었다. 보르헤스의 발언은 횡설수설이 되기에 이르렀고, 게다가 그는 자신의 생각과 반대로

---

20  1984년 런던에서 재판이 출간된 래밍의 책 『망명의 기쁨』은 「칼리반」 초판에서 내가 관심을 기울인 것보다 훨씬 더 큰 주목을 받을 만한 가치가 있었다. 나는 이 책에 포함된 새로운 판본에서 그를 공정하게 다루었다고 믿는다.

21  J. M. Cohen, *Jorge Luis Borges*, Edinburg, 1973, pp.107~109 참조.

무정부주의와 보수주의 사이를 오가는 정치적 성향의 작가다.[22] 그러나 그의 발언은 누그러져 갔고, 이제 나이가 들어 그의 작품 전체를 다시 살펴보니 그의 문학의 질은 당시에 느꼈던 것보다 더 탁월해 보인다. 마지막으로, 멕시코 비평가 호르헤 알베르토 만리케가 「칼리반」에 관한 최초의 논평 중 하나를 쓰면서 이렇게 지적했을 때 그가 옳았다고 생각한다.

> 보르헤스 자신이 말했듯이, 그는 유럽의 독서에 [……] 맞서 '밖으로부터' 저격수의 아이러니적 태도를 취한다는 것을 기억할 수 있을 것이다. 그의 작품의 정수는 그것으로 빚어졌고, 바로 거기에서 누구나 각자 자신의 답을 가지고 있으며 그 답들을 이해하려고 노력할 가치가 있다는 칼리반적 태도를 인지할 수 있을 것이다.[23]

한편, 푸엔테스에 대한 신랄한 비판과 빈정거림은 단지 그의 작품만을 고려한 것이 아니었다. 한때 가까운 동지였다는 사실 외에(지금도 계속 그런 관계라면 좋겠다) 오늘날 가장 중요한 라틴아메리카 소설가의 하나인 그가 『문도 누에보』의 주요 협력자이자 이데올로그의 한 사람이며, 1971년 피델에게 발송된 두 통의 서한의 서명자이자 쿠바에 반대하는 부당한 노선의 작가라는 사실 역시 고려했음을 감춘다면 공정치 못할 것이다. 이것이 바로 내가 당시에 그의 견해를 극단적으로 반박하게 된 배경이다. 지금도 여전히 그의 견해가 틀렸다고 생각한다. 그러나 그날부터

---

22 Julio Rodríguez-Luis, "La intención política en la obra de Borges: hacia una visión de conjunto", *Cuadernos Hispanoamericanos*, no.361~362, July-August 1980 참조.

23 Jorge Alberto Manrique, "Ariel entre Próspero y Calibán", *Revista de la Universidad de México*, February-March 1972, p.90.

지금까지 푸엔테스는 한편으로는 여러 차례의 인터뷰에서 (논쟁 대신) 나에 대한 모욕을 서슴지 않았고, 다른 한편으로는 쿠바 혁명과 니카라과 혁명에 대한 지지를 표명했다. 이러한 사실이 어떤 반응을 불러일으키든 그것을 밝히지 않고 나의 에세이를 돌아볼 수는 없을 것이다.

내가 존경해 마지않았던 몇몇 사람에 의해 궁지에 몰렸다는 생각에 착잡한 심경으로 거의 식음을 전폐하고 잠도 이루지 못한 채 단 며칠 만에 「칼리반」을 써 내려 가야 했던 탓에 이 글에는 제대로 갈무리하지 못한 부분이 여러 군데 초래되었고 이것이 오해의 빌미를 제공했다. 그 후 몇 년 동안 그 부분들을 줄여 보려고 노력했다. 그 결과, 예컨대, 우리 아메리카와 과거의 식민 지배국 집단의 관계는 나에게 「우리 아메리카와 서구」Nuestra América y Occidente를 쓰게 했고, 또 이스파노아메리카와 스페인의 관계는 누군가가 스페인에 대한 나의 사랑 고백이라고 불렀던 「흑색 전설에 반대하여」Contra la Leyenda Negra에서 다루어졌다. 또 지역적 편협성에서 벗어나 더 광범위한 차원에서 「문명과 야만의 몇몇 용례」Algunos usos de civilización y barbarie를 재검토하는 것이 불가피하다고 생각했다. 다음의 경우들에서는 역사적 고찰보다 문학적 고찰에 관심을 기울이기도 했다. 이 영역에서 내가 쓴 글 중에서 가장 불만족스러운 것은 「이스파노아메리카 문학의 몇 가지 이론적 문제」Algunos problemas teóricos de la literatura hispanoamericana이다. 또한 (그 전후에) 특별한 작가나 상황에 한정되긴 했지만, 동일한 시각에서 덜 방대한 주제를 다루기도 했다.

따라서 나에게 「칼리반」은 이전의 글들이 그리로 향하고 이후의 글들이 거기에서 출발하는 일종의 교차로가 되었다. 그러나 독립적으로 평가받기보다는 나의 다른 글들을 아우르는 별자리 내에서 판단되기를 바란다. 나의 바람은 라틴아메리카와 카리브를 세계의 여타 지역과 단절된 곳이 아니라 세계의 일부, 즉 서구의 새로운 변형이 아니라 여타 지역과 똑같은 관심과 똑같은 존중을 통해 바라보아야 하는 지역으로 제시하는 것이며, 과거에도 마찬가지였다. 많은 벗이 (영광스럽게도) 우리 현실과 관련한 나의 이러한 목표와 팔레스타인 출신의 에드워드 W. 사이드가 탁월한 저서 『오리엔탈리즘』[24]에서 자신의 세계를 위해 설정한 목표 사이의 일치점들을 지적해 주었다.[25]

'제3세계'라는 용어에 오늘날 우려스러운 점이 있다면, 아마도 본의 아니게 함축하고 있는 폄하의 의미일 것이다. 하나의 세계가 있을 뿐이다. 이곳에서 억압자들과 피억압자들이 투쟁하며 머잖아 피억압자들이 승리를 거둘 것이다. 우리 아메리카는 이 투쟁과 승리에 자신의 고유한 색조를 제공하고 있다. 폭풍우는 가라앉지 않았다. 그러나 육지에서는 『폭풍우』의 조난자들, 로빈슨 크루소, 걸리버가 떨쳐 일어서는 것이 보인다. 프로스페로, 아리엘과 칼리반, 돈키호테, 프라이데이[26]와 파우스트뿐만 아니라 소피아[27]와 올리베이라,[28] 아우렐리아노 부엔디아 대령[29]도, 그리고 역사와 꿈 사이의 길 한가운데서 맑스와 레닌, 볼리바르와 마르티, 산디노와 체 게바라도 그들을 기다리고 있다.

아바나, 1986년 3월 1일

---

24 Said, *Orientalism*, New York, 1978.
25 그들의 이름은 각각 존 베벌리(John Beverley), 암브로시오 포르넷 그리고 데시데리오 나바로(Desiderio Navarro)다. 나의 책을 알고 있었다는 데 대해 그들에게 감사한다.
26 로빈슨 크루소의 하인. ─ 옮긴이
27 알레호 카르펜티에르의 소설 『계몽의 세기』(*El siglo de las luces*)의 여주인공. ─ 옮긴이
28 홀리오 코르타사르의 소설 『팔방놀이』(*Rayuela*)의 주인공. ─ 옮긴이
29 가브리엘 가르시아 마르케스의 『백 년의 고독』의 중심 인물. ─ 옮긴이

# 현 단계의 우리 아메리카와 칼리반[*]

우리의 즉흥시인들이 말하듯이 '고정된 운각'pie forzado과 함께 영예로운 초대에 감사를 드리면서 시작하게 되어 대단히 기쁘다. 주최 측에서 주제를 알려 왔을 때, 어쩔 수 없이 제목에서 언급된 에세이로 돌아가 어떻게든 그것을 보완해야만 했다.[1] 1991년 현 시점은 그 글이 쿠바와 멕시코

---

[*] 이 글은 1991년 7월 8일 멕시코 메리다에서 유카탄 자치대학교(Universidad Autónoma de Yucatán) 인류학 대학이 조직한 제3차 카리브연구자모임(III Encuentro de Investigadores del Caribe)의 기조 강연문이다. 또 같은 해 9월 6일 아바나 대학의 라틴아메리카·카리브 강좌에서 발표했다. 두 행사 모두 나를 초청하면서 주최 측에서 대강의 제목, 그리고 결과적으로 강연의 내용을 제안했다. 글의 서두에서 '고정된 운각'을 언급한 것은 이런 맥락에서였다. 텍스트는 *Casa de las Américas*, no.185, October-December 1991에 처음 게재되었다.

[1] 제목이 알려 주고 지면이 허락하는 바에 따를 것이다. 다른 기회에 나는 이미 이 에세이를 다시 다루었다. 이 책에 수록된 것들 외에, 『칼리반』 국제 심포지엄(Simposio Internacional *Caliban*)인 '1992년 전야에 라틴아메리카 이미지의 재정의를 위하여'(Por una redefinición de la imagen de América Latina en vísperas del 1992, Sassari University, November 15~17, 1990)를 위해 「거의 20년 뒤에」(Casi veinte aíos después)를 썼으며, 이 에세이는 심포지엄에서 발표된 다른 글들과 함께 *Nuevo Texto Crítico*, no.9~10, 1992에 실렸다. 오늘 강연에서는 이 마지막 글과 학술 대회 '루벤 다리오: 전통과 근대화 과정'(Rubén Darío: la tradición y el proceso de modernización, University of Illinois, May 5~7, 1988)의 발표문 「루벤 다리오와 우리 아메리카의 모더니티들」(Rubén Darío en las modernidades de nuestra América)의 일부 내용을 활용한다. 뒤 글의 원본은 *Recreaciones. Ensayos sobre la obra de Rubén Darío*, Hanover, 1992에 수록되었다.

에서 동시에 빛을 본 지 20년째다. 그 후에는 다른 나라들과 다른 언어들을 돌아다니게 되었다. 내가 기쁜 것은 그 에세이 때문도 나 때문도 아니고, 그 페이지들이 그렇게 일말의 도움을 제공했기 때문이다. 사실 그 에세이는 기껏해야 이 반구半球에서 태어난 위대한 인물인 쿠바 사람 호세 마르티가 우리에게 제공한 눈으로 우리 아메리카의 현실을 바라보도록 초대했다는 정도의 가치를 지닐 뿐이다. 그의 전 세계적인 전파는 이제 시작되었을 뿐이다. 그 에세이의 기본적인 개념들은 마르티의 것이며, 그 개념들의 전략이라 부를 수 있는 것 역시 마르티를 지향했다.

우리가 백 주년을 기념하고 있는 마르티의 에세이 「우리 아메리카」를 논하면서, 가장 뛰어난 마르티 연구자의 한 사람이자 전방위적인 시인 신티오 비티에르는 특유의 명쾌함으로 텍스트에 나타난 마르티의 이미지들의 성격과 기능을 지적했다. 그의 지적은 마르티의 다른 작품에도 보편적으로 적용될 수 있다. 그러한 이미지들은 결코 장식도 무늬도 아니다. 이미지들이 부정할 수 없는 시적 뿌리를 지니고 있다는 것은 자명하다. 그러나 바로 그러한 이유로 이 이미지들에는 심오한 현실 이해와 마르티의 사상pensamiento——나는 이 용어로 호세 가오스[2]에게 경의를 표하고 싶다——이, 우나무노의 말을 빌리자면, "용해되어 퍼져"[3] 있다.

---

2 우리의 '사상'을 다룬 가오스의 여러 중요한 글 중에서 특별히 기억할 만한 José Gaos, *Antología del pensamiento de lengua española en la Edad Contemporánea*, México D.F., 1945를 언급하고 싶다. 오르테가 이 가세트의 제자이긴 하지만, '사상' 개념에 있어 가오스는 분명 오르테가보다 우나무노에 더 가까운 것 같다.

3 "우리의 철학, 스페인 철학[그리고 필요한 부분만 약간 수정하여, 우리 아메리카의 철학—인용자]은 철학적 체계가 아니라 우리의 문학과 우리의 삶, 특히 우리의 신비주의에 용해되어 퍼져 있다"(강조는 인용자). Miguel de Unamuno, *Del sentimiento trágico de la vida en los hombres y en los pueblos*, 10th ed., Buenos Aires, 1952, p.244.

칼리반이 하나의 이미지, 즉 눈부신 시인 셰익스피어에 의해 벼려졌고, 많은 거리(시·공간적 거리와 그 밖의 거리)를 두고 또 다른 시인[4]이 다른 방식으로, 그러나 다시 세상을 꿈꾼 바드bardo[5]에게 경의를 표하면서 제시한 이미지가 아니라면 무엇인가? 이 두번째 이미지가 몇 가지 것을 보게 하는 데 성공했다면(주지하다시피, 이데아라는 어휘는 어원적으로 '응시' 또는 '바라봄'을 의미한다), 그것이 바로 일체의 교육적 의도와 관계없이 모든 이미지가 지닌 운명이기 때문이다. 우리가 이미지에 대한 가장 통렬한 접근의 하나를 빚지고 있는 동포이자 벗인 호세 레사마 리마는 이 점을 너무 강조할 필요가 없을 것이다.

1959년 이래 나의 조국에서 계속되고 있는 혁명에 의해 열린 전망과 더불어, 그리고 이미 밝힌 대로, 그 혁명의 영원한 길잡이인 호세 마르티의 이념을 취해 발전시키고자 하는 의도로 쿠바에게도 또 나에게도 어려운 시기에 「칼리반」을 쓰기 시작했다. 만 40세를 목전에 두고 쓰기 시작해 열광적인 며칠 밤낮을 보낸 뒤 41세를 맞으며 마침표를 찍었다. 엄밀히 개인적으로는 그 후 시간이 흘러 어느덧 60세가 되었지만, 그건 중요하지 않다. 중요한 것은 1971년 이후 세계가 어떻게 바뀌었으며, 그 텍스트와 다른 동반 텍스트들의 가장 효율적인 독서를 위해 오늘 무엇을 추가할 필요가 있는가이다.

1971년에는 살아 있는 문화를 대표하여 라틴아메리카 소설 문학이 국제적으로 불러일으킨 붐이 아직 왕성한 상태였다. 당시 나는 그러

---

4 이 책의 저자인 페르난데스 레타마르를 가리킨다.—옮긴이
5 '시인'이라는 뜻으로 셰익스피어의 별칭이기도 했다. 셰익스피어는 흔히 '에이번의 시인'(Bard of Avon)이라 불렸다.—옮긴이

한 문화의 도래를 나타내는 몇몇 시점을 지정해 갈 생각이었다. 그 중 마지막 시점은 칠레에서 살바도르 아옌데의 사회주의 정부가 출범한 1970년이었다. 이제 갱신하기 위해 그 목록을 다시 취해 보면, 전반적인 결과는 아무리 축소해서 말해도 우려스럽지 않을 수 없다. 그 후 정확히 1973년 칠레에서 민중연합 정부가 붕괴되고 아옌데 대통령이 영웅적인 최후를 맞으면서 목록이 재개된다. 그리고 1979년 그레나다와 니카라과에서 혁명 정부가 집권에 성공한다. 그러나 4년 뒤 모리스 비숍의 암살로 그레나다 혁명 정부가 붕괴되자 미국은 소국 그레나다를 침공하여 수치스러운 승리를 거두고 결코 완전히 닫힌 적이 없는 포함외교砲艦外交의 장章을 다시 연다.[6] 한편, 니카라과는 국제법을 철저히 무시한 미국 정부에 의해 강요된 추악한 전쟁을 겪게 된다. 게다가 미국 정부는 이 중미 국가에 금수조치를 내렸다. 이 전쟁에서 수많은 니카라과인이 희생되었으며 미국의 봉쇄정책으로 국가 경제는 심각한 위기에 봉착하게 된다. 이런 상황 변화는 1990년 2월 선거에서 산디니스타민족해방군Frente Sandinista de Liberación Nacional이 패배하는 결과를 가져온다(물론 산디니스타는 40%의 지지를 획득함으로써 니카라과의 주요 정치 세력으로 남을 수 있게 된다). 1970년대 중반부터 쿠바는 혁명을 제도화하기 위한 구체적인 행보를 보였다. 국민투표도 그 일환이었는데, 쿠바 국민들은 압도적 지지로 사회주의 성격의 신헌법을 승인했다. 그리고 1986년에는 오류 수정이 아직 진행 중인 상황에서 새로운 과정에 착수했는데, 언제나 세계적으로 커다란

---

6  1983년 쿠바와 소련의 지원을 받은 좌파 강경론자들이 비숍의 온건 좌파 노선에 불만을 품고 유혈 쿠데타를 일으켜 군사 평의회를 설치하고 정권을 장악했으나 미국이 주도하는 다국적군의 군사 개입 이후 임시 정부가 수립되었다.—옮긴이

반향을 불러일으켰지만 쿠바와 우리 아메리카의 한복판에서 일어난 역사적 사건의 진정성을 보증할 고유한 형식과 해결책을 모색했다. 1989년 12월, 미국은 거짓 구실을 이용해 다시 한 번 또 다른 라틴아메리카 공화국을 침공했다. 이번에는 파나마공화국이 표적이 되었다. 대륙의 여러 나라에서 잔혹한 군사독재 후에 취약하지만 고무적인 민주화 과정이 시작되었음에도 불구하고(가장 최근의 사례로는 피노체트 장군이 최고군통수권을 보유하고 있는 칠레와 국민의 절대다수가 아리스티데 신부를 집권 전부터 궁지에 몰리기 시작한 정부의 수장으로 선출한 아이티의 경우가 있다), 지불불능의 막대한 외채가 우리 민중을 짓누르고 불평등 교역의 심화로 이미 만신창이가 된 나라들에 선진국들이 자본수출을 확대하던 시점에 이런 사태가 발생했다.

우리의 국경 너머에서는 1981년 미국에서 레이건과 그의 보수 조직이 집권하게 되는데, 이는 우리 아메리카에 대한 매우 공격적인 대외 정책을 의미했다. 이러한 정책은 산타페 프로그램Santa Fe Rrogram(그리고 그 두번째 표명)에서 명시적으로 드러났으며, 그 정책 기조는 강화되면서 오늘날까지 지속되고 있다. 1991년 7월 멕시코 잡지 『넥소스』Nexos에 실린 「쿠바의 이행」La transición cubana이라는 맥 빠진 글에서 저자인 프랑시스 피사니는 이렇게 말한다.

제3세계의 일부 지도자는 새로운 세계 질서가 1823년 먼로 독트린 이후 라틴아메리카인들이 비용을 지불하고 있고 오늘날까지 유일하게 쿠바[혁명 정부—인용자]만이 예외인 오랜 팍스아메리카나의 마지막 가명假名에 지나지 않을까 우려한다. [올 4월 『타임』에 '위협적인 제목'으로 실린—인용자] 기사는 그럴 만한 충분한 이유가 있음을 보여 준다. (54쪽)

1980년대가 한참 진행되었을 때, 소련은 페레스트로이카로 알려진 일련의 개혁에 착수했다. 페레스트로이카의 반향과 그 밖의 다른 이유로 인해 이른바 사회주의 진영 혹은 '현실 사회주의'는 동유럽에서 사라졌으며, 현실 사회주의를 구성한 거의 모든 국가가 대칭적으로 '현실 자본주의'로 명명된 체제로의 이행에 승선했다. 그러나 사라진 것은 사회주의가 아니라 사회주의의 변형들과 그 외에 제2차 세계대전 직후에 생겨난 양극 세계다.[7] 우리는 단극 세계에 살고 있다.[8] 이 세계에는 다른 자본주의 선진국들 틈에서 자국의 이해를 옹호하고 갈수록 더 옹호하게 될 동맹국들이 존재하긴 하지만,[9] 미국(일찍이 호세 마르티가 "제국 공화국", "아메리카의 로마"로 여겼던[10])은 그 어느 때보다 더 오만하고 공격적이다. 분열된 라틴아메리카와 카리브에 이러한 구도가 가져올 결과는 분명 우려스럽다. 미국 정부가 (어떤 대가도 치르지 않고) 파나마를 침공한 것처럼 이라크 정부가 쿠웨이트 침공을 감행했다는, 결코 받아들일 수 없는 사실에서 촉발된 최근의 가공할 대이라크 파괴 전쟁은 오늘날 국제사

---

7  "Stability and Change in a Bipolar World, 1943~1980", Paul Kennedy, *The Rise and Fall of the Great Powers. Economic Changes and Military Conflicts from 1500 to 2000*, New York, 1987 참조.

8  1989년 12월 7일 담화에서 카스트로는 양극 세계의 종말과 단극 세계의 존재를 언급했다.

9  이 점에 관해서는 마르티의 예리한 현실주의적 견해를 아는 것이 중요하다. 그는 자신의 노트에 이렇게 썼다. "우리가 우리 자신과 우리의 구원, 그리고 우리의 독립의 보증을 위해 스스로를 방어할 만큼 충분히 강해지는 동안, 경쟁 관계에 있는 외국 열강들은 균형 상태에 있다." José Martí, "Fragmentos"[1885~1895], *Obras completas*, XXII, p.116.

10 "안티야스 제도는 아메리카의 방향타다. 예속 상태에 놓인다면 안티야스 제도는 이미 호시탐탐 미국의 권력을 부정할 기회를 엿보고 있는 탐욕적인 유럽 열강을 막아 내기 위한 **제국 공화국**(república imperial)의 부교, **아메리카의 로마**(Roma americana)의 보루에 지나지 않게 될 것이다"(강조는 인용자). Martí, "El tercer año del Partido Revolucionario Cubano. El alma de la Revolución, y el deber de Cuba en América"[1894], *Obras completas*, III, p.142.

회에서 게임의 규칙이 무엇인지를 노골적인 냉소로 보여 준다. 우선, 새로운 세계의 강력한 우경화가 우리 대륙에 영향을 미칠 수밖에 없다. 이는 다양한 영역에서 뚜렷하게 확인되는데, 정치적 영역은 물론이고 종종 정치적 영역과 포개지는 엄밀한 의미의 문화 영역에서도 마찬가지다.[11]

대학 강의를 준비하기 위해 지금은 많은 사람이 지워 버리고 싶어 하는 시대인 60년대에 탐독했던 책 몇 권을 다시 찾아보았다. 여러 책이 특별히 관심을 끌었는데, 피에르 잘레의 『제3세계의 수탈』*El saqueo del Tercer Mundo*, 1965, L. J. 짐머만의 『부국과 빈국: 벌어지는 격차』*Países ricos, países pobres. La brecha que se ensancha*, 1965 같은 책들이다. 당시에 체계화된 제3세계 수탈은 가공할 수준에 도달했고, 결과적으로 부국과 빈국 간의 격차 역시 크게 확대되었다. 1968년에 내가 "저개발 유발 국가"*los países subdesarrollantes*로 부르자고 제안했던[12] 자본주의 선진국들은 그 어느 때보다 부유하며 그 국가들로 인해 저개발된 국가들은 갈수록 더 빈곤해지고 있다. 아마도 금세기 전반에 있었던 파시즘의 발흥을 동반한 이데올로기에나 견줄 수 있을, 과시적이고 미혹적인 반민중적 이데올로기가 이에 부합한다. 일부 좌파는 그러한 사실뿐만 아니라 그 사실과 나란히 만연된 이념 앞에서도 어찌할 바를 모르고 허둥댔다. 이러한 상황은 우리에게(지금 이 순간 특별히 라틴아메리카와 카리브에서 체념하여 깃발을 접

---

11 Alain Finkielkraut, *La nueva derecha norteamericana(La Revancha y la Utopía)*, Barcelona, 1982; VV.AA., *Tiempos conservadores. América Latina en la derechización de Occidente*, Quito, 1987 참조.

12 Roberto Fernández Retamar, "Ensayo de otro mundo", *Ensayo de otro mundo*, La Habana, 1967; "Responsabilidad de los intelectuales de los países subdesarrollantes", *Casa de las Américas*, no.47, March-April 1968. 두 편의 글은 모두 *Ensayo de otro mundo*(2d ed.)에 수록되어 있다.

지 않을 사람들을 생각한다) 신념을 깊게 하고, 물론 오류를 인정하며(그러나 그 중 상당수가 우리 탓이 아님을 강조한다), 진정한 우리 사상의 자산을 깊이 연구하고, 우리가 살아온 고된 질곡의 역사에서 교훈을 이끌어내야 함을 의미한다. 어떤 경우에도 타자의 경험을 재단하는 척도로 우리를 평가하는 것을 받아들일 수는 없다. 1982년 노벨문학상 수상 연설에서 가르시아 마르케스는 이런 물음을 던졌다. "문학에서는 한목소리로 유럽인들의 찬탄을 자아내는 우리의 독창성이 왜 우리의 사회적 변혁의 그 지난한 시도들에 대해서는 부정됩니까?"[13] 오늘날 우리는 그 어느 때보다 우리 자신에게, "우리의 사회적 변혁의 그 지난한 시도들에" 흔들림 없이 충실해야 한다.

  60년대가 아직 빛을 발하고 있었고 제2차 세계대전 이후 제3세계의 출현에서 상당한 자양분을 얻어 희망이 움트고 있을 때「칼리반」이 쓰였다. 우리는 언제 어떻게 제3세계라는 표현이 등장했는지 알고 있다. 이 용어를 창안한 프랑스 인구 통계학자 알프레드 소비가 1971년 아바나에서 나에게 밝힌 바에 따르면, 1952년 주간지『프랑스 옵세르바튀르』*France Observateur*에 기고한 글에서 처음으로 이 용어를 사용했다고 한다.[14] 그

---

13  Gabriel García Márquez, "La soledad de América Latina"[1982], *La soledad de América Latina. Escritos sobre arte y literatura, 1948~1984*, La Habana, 1990, p.508.

14  "El inventor de 'Tercer Mundo'", *Casa de las Américas*, no.70, January-February 1972, p.188 참조. 1960년대의 반항적·혁명적 사상에서 제3세계의 출현이 수행한 역할에 관해서는 Fredric Jameson, "Periodizing the 60s", *60s Without Apology*, Minneapolis, 1984, 특히 "1. Third World Beginnings"와 "6. In the Sierra Maestra"를 참조할 것. 프레드릭 제임슨의 글은 그의 책 *The Ideology of Theory. Essays 1971~1986, vol. 1: Situations of Theory, vol. 2: The Syntaxis of History*, Minneapolis, 1988의 1권 마지막에 재수록되어 있다.

의 설명에 따르면, 이 글에서 그는 세계를 18세기 프랑스의 사회 계급과 비교했다. 제1세계는 귀족 계급에 상응했고 선진 자본주의 국가들에 해당했다. 제2세계는 고위 성직자에 상응했고, 아직 스탈린(말만 해도 소름이 끼치는horresco referens[15])이 살아 있을 당시의 소련과 당시의 이른바 유럽 사회주의 진영의 다른 국가들이 여기에 해당했다. 그리고 제3세계, 제3신분[16]은 이미 저개발국으로 알려진[17] 빈국들이었다. 이 국가들 중 상당수는 식민지이거나 상대적으로 불과 얼마 전까지 식민지였으며, 이 나라들에 전 세계 인구의 절대다수가 거주했다(지금도 여전히 그렇다). 현재 전 세계 인구의 4분의 3이 이 지역에 거주하고 있으며, 아마도 2000년에는, 다시 말해 9년 이내에 그 수는 5분의 4에 달할 것이다. 주지하다시피 오늘날 그토록 혐구의 대상이 되고 있고 숱한 양심 불량자들을 불안에 떨게 하는 그 표현은 빠르게 행운을 누렸다. 무엇보다 제3신분, 혹은 그 일부는 프랑스 혁명의 수혜자였다. 통치자들과 연구자들, 시인들은 그 이미지와 명칭을 열렬히 받아들였다. 제3세계에 대해 이야기하는 것은 각양각색의 사람들에게 하나의 취향이 되기에 이르렀다. 그러나 제3세계는 저개발의 족쇄를 끊지 못하고 계속 제1세계에 수탈당했으며, 갈수록 빈곤과 침체의 늪에 빠졌고, 이 세계를 고작 지적인 심심풀이 대상으로 여긴 많은 사람의 관심을 잃었다. 그럼에도 저개발 유발 국가들(선진국들)과 그 국가들로 인해 저개발된 국가들 사이의 모순은 그 효력을 유지

---

**15** 베르길리우스의 『아이아네스』에 나오는 구절. — 옮긴이

**16** Emmanuel Sieyès, *Qu'est-ce que le Tiers Etat?* [1789], Paris, 1982 참조.

**17** 1944~1945년에 신생 유엔의 전문가들이 "식민지 지역 또는 낙후 지역"으로 불렸던 곳을 지칭하기 위해 "경제적 저개발 지역"이라는 표현을 만들어 낸 것으로 보인다. J. L. Zimmerman, *Países pobres, países ricos. La brecha que se ensancha*, México, D.F., 1966, p.1 참조.

하는 데 그치지 않고 계속 증대되어 왔으며, 오늘날에는 인류의 주요 모순이 되고 있다.

우리 아메리카 국가들에게 '잃어버린 10년'으로 간주되어 온 지난 10년의 막바지부터 이러한 모순을 가리키기 위해 남북 관계라는 용어가 선호되고 있다. 이 용어는 일정 기간 유지될 것으로 보인다. 여러 사실이 이 새로운 명칭에 우호적으로 작용하는데, 두 가지가 특히 두드러진다. 그 하나는 제3세계라는 용어가 퇴색한 것이고, 다른 하나는 제2세계로 간주되었던 세계의 대부분이 증발한 것이다. 사실 유럽에 속하는 소련의 일부 지역을 제외하고는 이제 유럽의 어느 정부도 명목상으로나마 사회주의 건설을 도모하지 않는다. 그리고 내가 이 글을 쓰고 있는 지금 이 순간, 소련 자체의 운명도 퍽 불안하다. 사회주의 기획이 유효한 중국, 북한, 베트남, 쿠바 같은 국가들은 의심의 여지 없이 새로운 남쪽(저개발 국가들)에 속한다. 남쪽이라는 말이 단순한 지리적 용어가 아니라 사회·경제적 의미를 함축하고 있다는 것은 두말하면 잔소리다. 이러한 이유로 멕시코, 중미와 서인도제도의 국가들, 그리고 심지어 에콰도르의 북쪽에 위치한 남미의 일부 국가들조차 우리 아메리카의 나머지 국가들과 마찬가지로(일부 시대착오적인 사람들의 생각과 달리) 남쪽 국가군에 속한다. 반면, 아프리카 최남단에 위치한 남아프리카공화국과 오스트레일리아 같은 나라는 새로운 북쪽 국가들이다. 이 새로운 북쪽에 마르티가 전투 중 사망하기 직전 절친한 멕시코 친구 마누엘 메르카도에게 쓴 미완성 편지에서 사용한 형용사들을 적용할 수 있다. 편지에서 마르티는 미국을 가리켜 "그들을 멸시하는 사납고 난폭한 북쪽"이라고 썼다.[18] 당시에 '그들'은

---

**18** Martí, "Carta a Manuel Mercado de 18 de mayo de 1895", *Obras completas*, IV, p.168.

우리 아메리카 국가들을 가리켰지만, 오늘날에는 분명 남쪽의 모든 국가를 포함한다. 1987년 줄리어스 K. 니에레레 대통령 임기 중에 공식적으로 제정된 '남쪽위원회'의 보고서 스페인어판이 바로 금년에 멕시코에서 발간되었다. 이 귀중한 보고서는 '남쪽을 위한 도전'이라는 제목을 달고 있다.[19]

나는 다시 우리 아메리카에 집중하여 남쪽의 새로운 의미처럼 예전에 스케치되었지만 무엇보다 「칼리반」이 처음 등장한 이후 전개된 하나의 주제를 언급할 것이다. 우리의 '모더니티'modernidad 개념을 말한다. 이 개념은 더 공고한 것으로 간주되는 다른 개념인 문학적 '모데르니스모' modernismo와 어떤 식으로든 관련되어 있다. 여기에서 우리의 의미론적 문제가 시작된다(아니, 계속되고 있다). 왜냐하면 우리가 스페인어로 모데르니스모라고 부르는 것은 미국과 몇몇 슬라브 국가 또는 브라질에서 그렇게 부르는 것에 상응하지 않기 때문이다. 이 나라들에서 모더니즘은 우리의 아방가르드를 의미한다.

이러한 혼란을 유발한 장본인은 페데리코 데 오니스로 보인다. 그는 잘 알려진 1934년 선집에서 마르티를 언급하면서 이렇게 말했다. "그의 모더니티는 모데르니스타들의 그것보다 더 먼 곳을 겨냥하며, 당대보다 오늘날 더 유효하고 더 명백하다."[20] 다른 비평가들 역시 이러한 관점을 받아들였을 것이다. 오니스는 몇 년 뒤 그들 중 앙헬 오제, 안드레스 이두아르테, 라이문도 라소, 라이문도 리다 등 몇 사람을 열거하게 된다. 그러

---

19 Comisión del Sur, *Desafío para el Sur*, México D.F., 1991. '도전'은 p.33과 p.34에 구체적으로 명시되어 있다.

20 Federico de Onís, "José Martí. 1853~1895", *Antología de la poesía española e hispanoamericana(1882~1932)*, Madrid, 1934, p.35.

나 이 인물들을 언급하고 있는 1953년 텍스트에서 오니스는 중요한 수정을 덧붙였다. 그는 말하기를 "우리의 오류는 '모데르니스모'와 '모더니티' 사이에 차이가 있다고 암시한 데 있다. 왜냐하면 그 이름을 부여한 사람들이 추정한 대로 모데르니스모는 본질적으로 모더니티의 탐색이기 때문이다."[21] 라고 했다. 오니스가 이 중요한 수정 사항을 밝히는 것을(그는 아바나에서 개최된 이른바 마르티파 작가 회의에 참석한 자리에서 이 내용을 발표했다) 경청한 막스 엔리케스 우레냐는 이듬해에 『모데르니스모 약사略史』를 펴내면서 "이미 1888년 이 용어가 루벤 다리오에 의해 모더니티(스페인왕립학술원 사전에 따르면, '근대의 특성')에 상응하는 보편적 의미로 사용되었다"[22]고 적었다.

그렇다면 1953년에 페데리코 데 오니스가 확언한 대로 '모데르니스모'는 "모더니티의 탐색"일까? 또 막스 엔리케스 우레냐가 1954년에 한 말을 신뢰한다면, 모더니티를 "근대의 특성"으로 규정하는 스페인왕립학술원 사전의 정의가 만족스러울까? 그동안 많은 진전이 이루어지지 못한 것 같다. 그럼에도 논란을 불러일으킬 용어가 우리의 싸움터에 들어왔다. 모더니티가 바로 그것인데, 물론 그 기원은 퍽 오래되어서 '모데르니타스'modernitas라는 라틴어 표현이 등장한 중세까지 거슬러 올라간다. 이 용어는 19세기 중엽 보들레르에 의해 '모데르니테'modernité라는 프랑스어로 재등장하며, 이 단어가 다른 언어로 확산되었다.[23]

---

21  Onís, "Martí y el modernismo", *Memoria del Congreso de escritores martianos (febrero 20 a 27 de 1953)*, La Habana, 1953, p.436.

22  Max Henríquez Ureña, *Breve historia del modernismo*, México D.F., 1954, p.156.

23  Adrian Marino, "Modernisme et modernité: quelques précisions sémantiques", *Neohelicon*, II, 3~4, Budapest, 1974.

알폰소 레예스는 어원 숭배자들 앞에서 "그 누구도 씨앗의 그늘 아래 있지 않고 나무 그늘 아래 있음"을 상기시켰다.[24] 모데르니스모와 모더니티 간의 유용한 대화는 당연히 씨앗들 사이의 대화일 수 없으며 이용어들이 역사적으로 의미해 온 것 사이의 대화다. 물론 다른 많은 경우처럼, 여기서도 다의성多義性은 어느 정도 불가피할 것이다. 모더니티를 "우리 시대의 키워드"[25]로 규정하면서 시작하여 이 개념이 체현해 온 것 (오히려 제2차 세계대전 이후 세계의 미국화 및 진부화로 보이는)을 줄기차게 비판하고 있는 장 셰노의 특별히 고통스러운 책 『모더니티에 관하여』 (1983)에서는 미셸 레리스의 다음 표현이 인용되고 있다. "이 혐오스러운 세계, 공포가 만연한 이 시대에 모더니티는 불결성mierdonidad으로 변질되었다."[26]

그러나 앞으로 만나게 될 다의성이 아무리 광범위하다고 해도 우리는 결코 레리스의 극단에 이르지 못할 것이다. 더욱이 모데르니스모와 모더니티 사이의 대화가 우리가 수긍할 수 있는 의미를 갖는 텍스트들을 집중적으로 살필 것이다(물론 그렇다고 우리가 항상 동의한다는 이야기는

---

**24** Alfonso Reyes, "Prólogo", *La ilíada de Homero, traslado de Alfonso Reyes. Primera parte: Aquiles agraviado*, México D.F., 1951, p.7. 한편, 호르헤 루이스 보르헤스는 이렇게 논평한다. "어원학보다 더 흥미로운 학문 분야는 드물 것이다. 이는 단어의 원형적 의미가 시간에 따라 변하는 것을 예측할 수 없다는 데 기인한다. 이러한 속성 때문에 단어의 기원은 우리가 하나의 개념을 규명하는 데 거의 도움을 주지 못한다. cálculo(계산)라는 단어가 라틴어로 piedrita(조약돌)[의사들과 담낭결석이나 신장결석, 방광결석을 앓는 많은 환자들에게 익숙한 것—인용자]를 의미하며 숫자가 발명되기 전에 피타고라스 학파 사람들이 그것을 사용했다는 것을 안다고 해도 대수학의 원리를 통달하기는 어렵다. 또 hipócrita(위선자)와 persona(페르소나)가 각각 actor(배우)와 máscara(가면)를 의미했음을 아는 것도 윤리학 연구를 위한 유용한 수단이 되지 못한다." Jorge Luis Borges, "Sobre los clásicos", *Páginas escogidas*, La Habana, 1988, p.240.

**25** Jean Chesneaux, *De la modernité*, Paris, 1983, p.5.

**26** *Ibid.*.

아니다). 그런 대화는 예컨대 이 주제를 다루고 있는 라파엘 구티에레스 히라르도트, 이반 A. 슐만, 그리고 앙헬 라마의 책에서 찾아볼 수 있다.

라파엘 구티에레스 히라르도트는 유용하고 도전적인 책 『모데르니스모』(1983)에서 "세기말의 스페인어권 문학을 유럽적 맥락에 위치시키고자"[27] 시도하면서 이 책이 "오늘날 세기말의 복잡한 유럽 문학을 설명하는 도구이자 세기말 20~30년 동안 스페인어권 문학이 그 일부를 이루는 '모더니티' 혹은 '모데르니스모'의 정의 또한 아우른다"[28]고 밝히고 있다. 발표문의 제목을 의미심장하게 '모데르니스모/모더니티: 개념의 변용'(1977)으로 붙인 이반 A. 슐만은 이렇게 덧붙인다. "모데르니스모는 철저히 역사주의적인 시각에도 불구하고 다면적인 사회·문화적 현상이며, 그 연대표는 매우 강렬한 창조적 삶의 경계를 넘어 공생적인 동시에 변성적인 상호작용 속에서 모더니티와 합쳐진다."[29]

페데리코 데 오니스와 막스 엔리케스 우레냐의 기준이 어느 정도 문제의 개념들에 대한 오늘날의 논쟁보다 앞선 순간에 우리를 위치시킨다면, 구티에레스 히라르도트와 슐만, 라마의 기준에서는 그런 일이 일어나지 않는다. 항상 일치하는 것은 아니지만, 이 세 사람은 우리에게 현재의 논쟁을 시사한다. 이 논쟁의 핵심은 모데르니스모의 고유성과 모더니티의 고유성을 구별 짓고 두 용어의 적확한 개념에 도달하는 것이다. 이와 관련하여 1971년 라마가 제안한 여러 개념이 타당해 보인다.

---

**27** Rafael Gutiérrez Girardot, *Modernismo*, Barcelona, 1983, p.7.

**28** *Ibid.*, p.8.

**29** Ivan A. Schulman, "Modernismo/modernidad: metamorfosis de un concepto", *Nuevos asedios al modernismo*, Madrid, 1987, p.11.

모데르니스모는 […] 라틴아메리카가 […] 19세기 부르주아 계급의 산업 문명에 의해 촉발된 사회·문화적 개념인 모더니티에 편입되는 다양한 방식을 표현하는 문학 형태의 총체다. 우리 아메리카는 미국과 유럽 제국들의 정치·경제적 팽창으로 인해 지난 세기 말에 신속하고도 격렬하게 모더니티에 편입되었다.[30]

모더니티에서 모더니티를 가능케 하는 근대화modernización로 넘어가면서 그가 수년 뒤에 밝힌 견해 역시 온당하다.

근대화는 자율적인 내적 진화의 결과물이 아니라 외적 요구의 산물이라는 사실을 결코 잊어서는 안 된다. 따라서 근대화는 수준이 서로 다른 문명들 간의 접촉의 예이며, 이것이 정복 이후 대륙이 작동해 온 규범이다. 라틴아메리카 문화들의 오랜 요구(사르미엔토의 주저±書[31])가 있었지만, 미국의 남북전쟁과 유럽의 프로이센·프랑스전쟁 이후 외부 식민 지배국의 경제적 요구가 강화되면서 비로소 현실화되기 시작했다. 내적 욕구와 외적 욕구가 그 순간에 절묘하게 결합되었다. 물론 외적 욕구가 내적 욕구보다 비교할 수 없을 정도로 더 큰 잠재력을 발휘했고, 때때로 내적 욕구는 결국 당대의 긍정적 모토가 된 '질서와 진보'라는 불평 어린 단순한 요구와 뒤섞였다.[32]

30 Ángel Rama, "La dialéctica de la Modernidad en José Martí"[1971], *Estudios martianos*, Universidad de Puerto Rico, 1974, p.129.
31 『파쿤도: 문명과 야만』을 가리킨다. ─옮긴이
32 Rama, *Las máscaras democráticas del Modernismo*, Montevideo, 1985, p.32.

앞의 논리에 따르면, 우리 아메리카와 관련하여 이른바 모더니티는 이 지역에서 일어난 종속 자본주의의 근대화 과정이 가져온 결과다. 다시 말해, 15년 전 내가 지적한 것처럼, "당시에 우리 아메리카가 편입되고 있던 모더니티는 고통스러운 현실이었다. [1880~1920년에—인용자] 우리 아메리카는 단순한 착취의 땅으로서 독점 자본주의 시장의 굴레에 예속되어 있었다".[33] 결과적으로 전혀 예외적인 경우가 아니고 전 지구적인 현상이었다. 당시는 자본주의가 제국주의 단계로 이행하던 시기였다. 구티에레스 히라르도트가 말한 대로,

오늘날까지 유일한 지배적 동인으로 간주되어 온 우리의 '특수성'은 자본주의와 부르주아 사회의 확장, 중심부 국가와 준準중심부 국가 그리고 이른바 주변부 국가 사이에 존재하는 복잡한 '지배-종속' 메커니즘의 확장이라는 보편적인 역사적 맥락에 위치시켜야 한다. 중심부 국가들의 문학과 주변부 국가들의 문학 간의 비교는 그 사회적 맥락을 고려할 때 비로소 유용한 결과가 도출될 것이다. 그러지 않으면 주변부 국가들의 문학은 계속 '종속적'이고 모방적인 문학, 다시 말해 정의定義의 과정과 독창적인 형성의 과정이 결여되어, 한마디로 고유한 표현인 문학이 될 수 없는 문학으로 나타날 것이다. 더욱이 이러한 비교는 외부의 문학 또는 표현과의 대조 및 동화의 관계 속에서만 윤곽이 그려질 수 있다. 또 이러한 대조와 동화는 사회적 상황이 유사한 경우에만 가능하다.[34]

**33** Fernández Retamar, "Para el perfil definitivo del hombre" [1976], *Para el perfil definitivo del hombre*, La Habana, 1981, p.522.
**34** Gutiérrez Girardot, *Modernismo*, p.25.

우리 아메리카 국가들은 의심의 여지 없이 "이른바 주변부 국가"에 속한다. 그러나 나라마다 시기마다 많은 미묘한 차이가 있음에도 불구하고 정치·경제적 측면에서 명백하게 드러나는 그러한 특징은 어느 정도 기계적으로 우리 문학, 우리 예술, 우리 사상에 적용될 수 있다. 주지하다시피 그 중 일부는 더 큰 위계질서를 갖는다. 1982년에 호세 에밀리오 파체코가 한마디로 요약한 것처럼, "우리 사회는 실패했지만, 우리 시인들은 아니다".[35]

파체코가 "우리 사회는 실패했다"고 말할 때, 나는 그가 라마에 따르면 "자율적인 내적 진화의 결과물이 아니라 외적 요구의 산물"인 근대화의 실패를 언급한다고 생각한다. 한 세기 이상 줄곧 목도해 온 것처럼, 근대화는 우리 국가들 중 단 하나도 자본주의적 발전으로 이끌지 못했다. 정도 차이는 있지만, 우리 아메리카 국가들은 거의 예외 없이 정치·경제적 종속 관계와, 저개발(이 단어가 비위에 거슬리긴 하지만)의 특징으로 간주할 수밖에 없는 구조적 일탈을 유지하고 있다.

그러나 기형적인 이 특징들이 기계적으로 우리 민중의 예술적 표현으로 해석될 이유는 없다. 우리 민중의 예술적 표현은 구티에레스 히라르도트가 제시한 설득력 있는 이유 외에도 언제나 풍부한 예를 제공할 수 있는 자율성의 여지를 지니곤 한다. 수십 년 전에 마침내 우리 문학, 특히 우리 소설에 쏟아진 국제적 반응은 단지 하나의 예에 지나지 않는다. 그리고 역설적으로 이러한 현상이 구조적인 면에서는 실패한 바로 그 근대화에 의해 조장되었다는 점을 밝혀야 한다. 우리 문학은 우리의 진정

---

**35** José Emilio Pacheco, "Prólogo", *Poesía modernista. Una antología general*, México D.F., 1982, p.1.

한(토착적이 아니라) 얼굴을 보여 주기를 갈망하는 동시에 갱신과 혁신에 대한 열망에 고무되어 세계의 독자들에게 다다랐다. 이스파노아메리카의 모데르니스모는 우리 아메리카가 어쩔 수 없이 트라우마적인 모더니티 안으로 진입했다는 사실의 문학적 표현이었음을 부인할 수 없다.

당대 최고의 우리 작가들이 느낀 전율의 형식은 그들의 전 작품을 관통하며, 일찍이 호세 마르티의 텍스트 「나이아가라의 시」(1882)[36]에서 이미 고전적인 표현에 다다랐다. 리카르도 구욘은 이 텍스트의 한 구절로 선집 『모데르니스타들이 본 모데르니스모』[37]의 '모데르니스모 선언문' 장章을 시작한다. 구티에레스 히라르도트에 따르면, 「나이아가라의 시」에서 모더니티의 특징인 "신의 죽음" 또는 "세속화"의 주제는 "호세 마르티에 의해 명백한 형식이 아닌 결과로 표현되었다".[38] 가필드와 슐만에게 이 시는 "발흥하는 아메리카 모더니티에 대한 일종의 선언문"이며, 더 나아가 "모더니티 선언문-에세이"다.[39] 이 시를 "이스파노아메리카 모더니티 선언문으로 간주할 수 있는 텍스트"[40]로 명명할 때 라마의 입장 역시 이와 궤를 같이한다.

그럼에도 불구하고 모데르니스타들 사이에서 마르티가 지닌 이례적인 특징을 망각해서는 안 된다. 모데르니스타들과의 많은 유사점에도 불구하고, 그는 근본적으로 문학인이 아니다. 그는 인간 해방에 헌신하

---

**36** Martí, "El Poema del Niágara", *Obras completas*, VII, pp.223~238.

**37** Ricardo Gullón, *El modernismo visto por los modernistas*, Barcelona, 1980.

**38** *Modernismo*(pp.76, 144)에서 그는 언급한 마르티의 텍스트를 "시 「나이아가라에게」(Al Niágara)에 붙인 강렬한 서문"으로 부른다.

**39** Evelyn Picon Garfield and Ivan A. Schulman, "Las entrañas del vacío", *Ensayos sobre la modernidad hispanoamericana*, México D.F., 1984, pp.56, 80.

**40** Rama, *Las máscaras democráticas del Modernismo*, p.25.

는 활동가로서 정치적으로 끊임없는 급진화 과정에 있다. 한편, 막 시작된 근대화가 함축하는 대격변의 시대에 모데르니스타들이 삶과 믿음, 표현에서 겪은 전율에 대해 장황하게 이야기하고 있는 「나이아가라의 시」는 또한 마르티에게 "이 눈부신 생산과 변화의 시대 [······] 언덕이 산 위로 올라가고 정상이 무너져 평지가 되는 시대, 모든 평지가 정상이 될 새로운 시대에 이미 가까워진 시대"에 대해 말할 기회를 제공하기도 한다.

> [······] 지성의 탈중심화descentralización에 동참하라. [······] 지식은 개인에서 집단으로 넘어간다. 인간 개체는 집단으로서의 인간을 위해 소멸된다. 특권 계급의 자질은 희석되어 대중에게로 확산된다. 그것은 천박한 영혼의 특권 계급을 만족시키지 못하지만, 당당하고 관대한 가슴의 특권 계급은 만족시킨다.[41]

여기서 마르티가 언급한 모더니티가 외부적 요인에 의한 자본주의적 근대화가 야기한 모더니티와 동일하지 않다고 생각하기는 어렵다. 마르티가 주목한 다른 모더니티는 현재의 쿠바 혁명이 받아들인 개념일 것이다. 그러나 노골적으로 혹은 암묵적으로 통상적인 모더니티 개념을 따르는 우리 아메리카의 다른 기획들은 아직 마르티의 모더니티 개념을 받아들이지 않고 있다.

그러나 통상적인 의미에서의 우리의 모더니티에 대한 논쟁의 불길은 아직 꺼지지 않았었다(아직도 꺼지지 않았다). 이 논쟁의 불길은 가까운 미래에 유례없이 유행하게 될 다른 개념들의 침입에서 유발된 새로운

---

41 Martí, "El Poema del Niágara", *Obras completas*, VII, pp.224, 228.

불길과 합쳐졌다. 누구나 알다시피, 내가 언급하는 것은 포스트모더니티라고 불려 온 것과 그 일가이다. 이 용어들은 1950년대 말, 1960년대 초부터(그렇게들 말한다) 문학과 예술에서 두드러진 현실을 지칭하기 위해 1970년대에 서구 국가들에서 세례를 받았다.[42] 이 명칭은 메마른 초원의 들불처럼 번졌고 문학과 예술을 뛰어넘어 정치학을 비롯한 다양한 영역으로 확산되었다.[43] 그런 경우에 빈번한 일이지만, 유발된 수많은 텍스트는 명료함과 소란, 정확성과 단순한 유행 사이를 갈팡질팡한다고 말하지 않을 수 없다(아마도 포스트모더니즘은 어제 혹은 그제 네오바로크의 손에 종언을 고했다고 확신시켜 줄 사람들이 있지 않을까?).

잘 알려진 대로, 스페인어로 **포스모데르니스모**posmodernismo라는 용어는 퍽 다른 의미로 페데리코 데 오니스에 의해 이미 1934년 선집에서 사용된 바 있다.[44] 더욱이 1916년 『엘 에스펙타도르』*El Espectador*의 첫 페이지들에서 오르테가 이 가세트는 "모더니티의 세기!……"라는 말로 19

---

42 예컨대 Ihab Hassan, *The Dismemberment of Orpheus: Towards a Postmodern Literature*, New York, 1971; Charles Jencks, *The Language of Post-Modern Architecture*, New York, 1977 참조. 개괄적 접근으로는 *The Anti-Aesthetic. Essays on Postmodern Culture*, Washington, 1983 참조.

43 Andrew Ross ed., *Universal Abandon?: The Politics of Postmodernism*, Minneapolis, 1989 참조.

44 Onís, *Antología de la poesía española e hispanoamericana(1882~1932)*, pp.xviii~xix, 621~953. "¿Qué es el posmodernismo?"라는 글에서 찰스 젠크스(Charles Jencks)가 "이 개념[포스모데르니스모—인용자]을 처음 사용한 사람은 스페인 작가 페데리코 데 오니스로 『스페인·이스파노아메리카 시선(詩選)』에서 모데르니스모 내에서 일어난 반작용을 기술하기 위해서였다"(*Cuadernos del Norte*, no.43, July-August 1987, p.2)라고 초점이 어긋나게 말한 것은 흥미롭기 짝이 없다. 젠크스는 모데르니스모/포스모데르니스모라는 스페인어 단어가 영어 단어 모더니즘/포스트모더니즘과 의미가 다른 개념이라는 것을 알지 못했음이 분명하다. 이것은 옥타비오 파스(Octavio Paz)가 여러 차례 올바로 주장했던 바다.

세기를 강하게 거부하고 나서, 비록 포스모데르니스모라고 부르지는 않았지만 "인모데르니스모"inmodernismo라는 용어를 대신 제안한 바 있다. 루벤 다리오를 주해하면서 그는 "내가 보기에 주사위는 던져졌다. 나는 전혀 근대적이지 않다. 그러나 매우 20세기적이다"라고 결론짓는다.[45]

이 페이지들, 이 강연은 이 주제를 다루는 자리가 아니다. 다만 내게는 여전히 프레드릭 제임슨의 「포스트모더니즘, 혹은 후기 자본주의의 문화 논리」[46]가 설득력 있어 보인다고 말하고 싶다. 제임슨은 에르네스트 만델이 『후기 자본주의』Der Spätkapitalismus에서 펼친 논지를 대체적으로 받아들이고 있다. 이 책에서 만델은 자본주의가 세 가지 기본적 단계를 거쳐 왔다고 지적한다. 시장 자본주의, 제국주의적 독점 자본주의, 그리고 후기 산업주의라고 잘못 불리고 있는 우리 시대의 다국적 자본주의가 그것이다. 후기 자본주의 또는 소비 자본주의라고도 불리는 다국적 자본주의는 "지금까지 출현한 자본의 가장 순수한 형태로 [……] 자본이 아직 상품화되지 않은 지역에까지 엄청난 확장을 이루었음을 보여 준다".

그리하여 우리 시대의 가장 순수한 이 자본주의는 전前자본주의 조직 가운데서 지금까지 그 존재를 묵인해 주고 공물을 받아 챙기는 식으로 착

---

**45** José Ortega y Gasset, "Nada 'moderno' y muy 'siglo XX'" [1916], *Obras completas*, II, 2d ed., Madrid, 1950, pp.23~24.

**46** Jameson, "El posmodernismo o la lógica cultural del capitalismo tardío" [1984], *Casa de las Américas*, no.155~156, March-June 1986. 이 작가의 "La política de la teoría. Posiciones ideológicas en el debate sobre el postmodernismo" [1984], *Criterios. Estudios de Teoría Literaria, Estética y Culturología*, no.25~28, January 1989~December 1990도 참조할 것. 마지막 글은 *The Ideology of Theory. Essays 1971~1986*에 수록되어 있는데, 여기에서 제임슨은 포스트모더니즘에 대한 좌우파의 입장을 구분한다.

취해 왔던 고립 지역들을 제거한다. 이런 의미에서 자연과 무의식에 대하여 역사적으로 새롭고 독창적인 침투와 식민화가 일어난다고 말하고 싶다. 녹색혁명[47]으로 인한 전자본주의적 제3세계 농업의 파괴, 대중매체와 광고 산업의 붐이 그것이다. 어쨌든, 내가 리얼리즘, 모더니즘, 포스트모더니즘의 단계로 문화적인 시대 구분을 하고 있는 것이 만델의 삼분법적 도식에서 영감과 확인을 모두 얻고 있다는 것은 이로써 분명하다 하겠다.[48]

여기서 '이 논쟁이 어느 정도까지 우리 아메리카와 관련되는가'라는 질문을 제기할 수 있다. 가령, 장-프랑수아 리오타르의 실용적인 저서 『포스트모던의 조건: 지식에 대한 보고서』(1979)의 서두는 분명 우리에게 그다지 자극적이지 않다. 리오타르에 따르면, "이 보고서의 연구 대상은 가장 고도로 발전된 사회에서의 지식의 조건"이며, 그는 "이 조건을 기술하기 위해 '포스트모던'이라는 용어를 사용하기로" 했다. 그리고 뒤에서 그는 이렇게 주장한다.

지난 수십 년 동안 지식이 주된 생산력이 되어 왔다는 것은 주지의 사실이다. 이 점은 이미 가장 고도로 발전된 국가들의 경제활동 인구 구성에 현저한 변화를 가져왔으며, 개발도상국들에게는 주된 애로 사항이 되고 있다. 후기 산업 사회, 포스트모던 시대에 과학은 국민국가의 생산력 창

---

**47** 개발도상국의 식량 생산력의 급속한 증대 또는 이를 위한 농업상의 여러 개혁을 일컫는 말.—옮긴이
**48** Jameson, "El posmodernismo o la lógica cultural del capitalismo tardío"[1984], *Casa de las Américas*, no.155~156, p.162.

고에서 중요한 위치를 점하고 있으며 장차 그 지위를 더욱 강화해 나갈 것이 자명하다. 이러한 상황은 선진국과 개발도상국 간의 격차가 앞으로 계속 확대될 것이라는 결론을 내릴 수 있게 하는 한 가지 이유다.[49]

이러한 이유로 적어도 1980년대 중반부터 우리 아메리카에서 이 주제가 고찰의 대상이 되었다 해도,[50] 조지 유디세가 1989년 글의 제목에서

---

**49** Jean-François Lyotard, *La condición postmoderna. Informe sobre el saber*[1979], 3d ed., Madrid, 1987, pp.9, 16~17(강조는 인용자).

**50** 간략하게 극히 일부의 예를 들자면, 다음 잡지들에서 이 주제의 존재를 확인할 수 있다. *Casa de las Américas*, no.155~156, March-June 1986; *Revista de la Universidad de México*, no.437, June 1987; *Vuelta*, no.127, June 1987; *David y Goliath*, no.52, September 1987. 의심의 여지 없이 이 리스트는 대폭 확장될 수 있다. 『부엘타』(*Vuelta*)의 언급한 호에는 옥타비오 파스가 쓴 「포스트모더니티?」(¿Postmodernidad?)라는 제목의 글이 실려 있는데, 여기에는 이렇게 적혀 있다. "이 주제가 지금의 인기를 얻기 수년 전에 여기에 처음으로 관심을 가진 사람 중의 하나가 옥타비오 파스였다(삼인칭으로 나에 대해 말하는 것을 용서하시라). 1961년이 처음이었다." 옥타비오 파스는 다른 기회에 이미 비슷한 주장을 펼친 바 있다. 존 바스(John Barth)의 글에 대해 말하는, 『라 호르나다 세마날』(*La Jornada Semanal*)에 보낸 편지에서다. 이 편지는 「모데르니스모 논쟁」(La querella del Modernismo)이라는 제목으로 1985년 10월 20일자에 게재되었다. 파스와 오르테가 이 가세트의 유사성을 언급하는 것을 여러 차례 보긴 했지만, 이 흥미로운 유사점을 다룬 좋은 글이 마땅히 쓰였는지는 모르겠다. 오르테가에게는 파스의 시적 재능이 결여되어 있긴 했지만, 두 사람은 주변부 국가들의 뛰어난 에세이스트들이었다. 그들은 어떤 면에서 "자유주의적이고 반혁명적인" 에드먼드 버크(Edmund Burke)와 유사한 관점에서 그 주변부 국가들을 환기시키고 최신 정보를 제공하기를 바랐다. 파스가 운영하는 잡지는 버크에 대해 눈에 띄게 찬사를 보낸 바 있다(Conor Cruise O'Brien, "Vindicación de Edmund Burke", *Vuelta*, no.176, July 1991 참조). 하나의 부차적인 사실이 스페인인과 멕시코인을 더 밀착시키는 데 기여한다. 다른 사람들이 나중에 말할 것을 그들이 앞서 (그리고 더 잘) 말했다고 믿게 만드는 데 대한 그들의 강조가 그것이다. 이러한 점 때문에 옥타비오 파스의 논쟁적이고 자극적인 책 『흙의 아이들. 낭만주의부터 아방가르드까지』(*Los hijos del limo. Del romanticismo a la vanguardia*, Barcelona, 1974)의 194쪽에서 "포스트방과르디아(postvanguardia) 시 (몇몇 [원문 그대로―인용자] 비평가들이 우리에게 제공하기 시작하는 그리 정확하지 않은 이 명칭을 체념하여 받아들여야 할지 모르겠다)가 태어났다"(강조는 인용자) 등등의 말을 읽을 때 내가 놀라움을 표해도 나쁜 의미로 받아들이지 않으리라 믿는다. 이름이 언급되느냐, 아니면 무시되느냐(se le ningunee)―대체할 수 없는 멕시코적 표현대로―에 아주 민감한

던지고 있는 물음은 적절하다. "라틴아메리카에서 포스트모더니티를 말할 수 있는가?" 물론 이 질문에 일관되게 적지 않은 부정적 답변이 제시되었다는 것을 모르는 바 아니지만, 내가 보기에 유디세가 제시한 긍정적 답변은 고려할 가치가 있다.

**만약 포스트모더니티를** 이제 미국과 유럽뿐만 아니라 전 세계에서 전개되는 **자본주의적 초국가화** 앞에서의(혹은 거기에 반ᶠᵃᶜ하는, 혹은 그 내부에서의) 지역의 '미학적·이데올로기적 응답/제안'으로 이해한다면, 라틴아메리카 문화에 대한 분석은 이러한 대화적 관계에서 출발해야 한다.[51]

1492년에 유럽인들이 장차 아메리카라고 불리게 될 땅에 도착하고 정복과 수탈이 뒤따른 결과, 오늘날까지도(미래에는 마땅히 그렇지 않으리라 확신한다) 우리의 운명은 식민 지배국들에서 전개된 상이한 자본주

---

파스 같은 사람에게 다른 사람이──이 경우에는 내가──자신의 이름이 빠진 것을 서운해하는 것은 이상하게 보일 수 없을 것이다. 1957년 뉴욕의 컬럼비아 대학에서 가졌던 강연 「이스파노아메리카 시의 현황」(Situación actual de la poesía hispanoamericana)(이 강연문은 이듬해에 *Revista Hispánica Moderna*에 수록되었다)에서 레사마 리마(그의 시집 『고착』*La fijeza*은 옥타비오 파스가 그의 책 192쪽에서 밝히고 있는 것처럼 1944년이 아니라 1949년 작이다)와 파스 세대의 시에 적용하기 위해 내가 **포스방과르디스모**(posvanguardismo)라는 용어를 사용한 바 있기 때문이다(스페인어로는 처음이라고 생각한다). 나는 파스가 이 강연문을 알고 있음을 안다(가령 호세 올리비오 히메네스는 『현대 이스파노아메리카 시선: 1914~1970』*Antología de la poesía hispanoamericana contemporánea: 1914~1970*, Madrid, 1971 서문에서 이 강연문을 언급하고 있다). 내가 기꺼이 그에게 강연문을 건네주었고, 벌써 30년도 더 된 행복했던 파리 시절에 둘이서 그 글에 대해 기쁜 마음으로 대화를 나누기도 했기 때문이다.

51 George Yúdice, "¿Puede hablarse de postmodernidad en América Latina?", *Revista de Crítica Literaria Latinoamericana*, no.29, 1st Semester 1989, pp.106~107(강조는 인용자).

의 단계와 결부되어 있다는 것을 부인할 수 없기 때문이다. 우리의 역할은 미국이 중심을 이루는, 서구로 간주되는 지역에서 자본주의 발달이 가능하도록 만드는 데 기여하는 것이었다. 그러한 발달이 우리에게 전혀 득이 되지 않았음은 물론이다. 우리 민중은 끊임없이 수탈당하고 고통받았지만 열망했던(그리고 두려워했던) 모더니티는 달성하지 못했다.[52] 그럼에도 수년 전부터 그 열망은 이미 의미를 잃었다고 알려지고 있다. 파라과이 에세이스트 티시오 에스코바르는 「포스트모더니티/전자본주의」에서 이렇게 설파하고 있다.

점점 더 멀어지는 것처럼 보이는 미래의 한 지점에 위치한 진보의 이상을 향해, 거의 항상 밖으로부터 떠밀리는 라틴아메리카 사회는 방향을 잃은 채 수십 년 전만 해도 불변의 도그마로 받아들였던 거대 담론 앞에서 회의하며 모더니티로부터 되돌아오는 역주행을 본다. 거대 담론이란 전위의 구원자적 역할, 더 나은 세상을 건설하겠다는 과학과 기술의 약속, 행복과 번영의 전조로 가득한 유일한 문명화 모델의 승리 따위다. // 모더니티 프로젝트는 피고석에 서 있다. 그 기술 패러다임과 합리주의 신화는 이제 설득력을 잃었다. 그 꿈의 숨겨진 이면과 그 유토피아의 기만이 알려지고 총체적 이성의 실패가 낱낱이 밝혀지고 있다. [……] 주변부 지역의 거주자요 가뭄에 콩 나듯 참여하는 공연의 제2열 관객인

---

52 우리 아메리카에게 이 개념이 갖는 모호성에 대해서는 Julio Ramos, *Desencuentros de la modernidad en América Latina. Literatura y política en el siglo XIX*, México D.F., 1989 참조. 앙헬 라마는 이미 이렇게 경고한 바 있다. "모더니티는 거부할 수 없으며 그것을 거부하는 것은 자살행위다. 그것을 받아들이기 위해 자기 자신을 거부하는 것 또한 자살행위다"(*Transculturación narrativa en América Latina*, México D.F., 1982, p.71).

우리는 갑자기 대본이 바뀐 것을 보았다. 우리는 피나는 노력을 쏟고도 아직 채 근대인이 되지 못했는데, 이제는 탈근대인이 되어야 한다.[53]

세계의 국제화(유디세의 말에 따르면, "자본주의적 초국가화")로 인해 우리가 포스트모더니티에 계속 무관심할 수는 없는 것이 현실이다. 그것이 꼭, 클라우디오 기옌의 말을 빌리면, "좋든 싫든 우리가 포스트모더니즘이라는 라벨을 붙여 온 예술적·지적 현실"이 카를로스 푸엔테스, 가브리엘 가르시아 마르케스, 마누엘 무히카 라이네스, 호르헤 이바르구엔고이티아, 마리오 바르가스 요사(가령 안토니오 블란치 같은 비평가는 보르헤스나 레사마 리마 등의 다른 작가들을 제시한다) 같은 라틴아메리카 작가들의 작품을 포함하기 때문만은 아니다.[54] 그것은 다국적 자본주의 혹은 후기 자본주의는 우리와 무관하지 않으며 그럴 수도 없기 때문이기도 하다. 부정적인 방식일지언정 우리와 숙명적으로 관련되어 있는 것이다.

「포스트모더니티, 포스모더니즘 그리고 사회주의」라는 글에서 아돌포 산체스 바스케스는 제임슨의 기본적인 가정을 전유하여 "역사는 포스트모더니즘의 기요틴 아래 나뒹구는 또 하나의 머리통"임을 알린다.

---

53 Ticio Escobar, "Posmodernidad/precapitalismo", *Casa de las Américas*, no.168, May-June 1988, p.13.

54 Claudio Guillén, *Entre lo uno y lo diverso. Introducción a la literatura comparada*, Barcelona, 1985, pp.429~430; Antonio Blanch, "Algunas ideas sobre la llamada novela posmoderna", *La Gaceta de Cuba*, April 1990, pp.22~23. "포스트모더니즘을 둘러싼 현재의 뜨거운 논쟁에서 자민족 중심주의의 등장"과 "그 어느 때보다 오늘날 우리가 '동시적인 것의 비동시성'을 살고 있다는 사실"에 관해서는 Desiderio Navarro, "Critique de la critique et postmodernisme", *Association Internationale des Critiques Littéraires. Revue*, no.33, XIVe. Colloque International "La critique de la critique", 20~24 September 1989, Paris, 1990, p.21 참조.

이제 프랑스 구조주의가 제안한 주체 없는 역사를 말하는 것도, 역사의 무의미를 말하는 것도 아니다. 단순하게 한마디로, 역사가 없다는 것이다. 설령 역사가 있었다 해도 종말에 이르렀거나, 우리가 **탈역사** poshistoria 시대를 살고 있다는 것이다.[55]

역사의 목을 베어 버리려는 이러한 시도의 두드러진 예는 널리 알려진 프랜시스 후쿠야마의 논문 「역사의 종말?」The End of History?이다. 이 글은 1989년 여름 『내셔널 인터레스트』*The National Interest*에 발표되었다. 후쿠야마는 최근 수세기 동안 역사의 주역이었던 국가들에서 저개발 유발 자본주의와 "자유주의적"(다시 말해, "반혁명적") 이데올로기의 승리를 기정사실로 받아들이며 "우리는 정말로 역사의 종말에 이르렀는가?"라고 자문한다. 그러고는 스스로 이렇게 답한다.

우리의 과제는 세계를 배회하는 반쯤 실성한 메시아들 각자가 고취시킨 자유주의에 대한 도전들에 철저하게 응답하는 것이 아니다. 단지 중요한 정치·사회적 세력과 운동으로 구체화되는, 따라서 세계사의 일부를 이루는 도전들만을 다룰 것이다. 우리의 목적을 위해서는 어떤 이상한 생각들이 알바니아나 부르키나파소 사람들에게 떠오르건 말건 전혀 상관이 없다. 왜냐하면 우리의 관심사는 어떤 의미에서 인류 공통의 이데올로기적 유산으로 불릴 수 있는 것이기 때문이다.

---

55 Adolfo Sánchez Vázquez, "Posmodernidad, posmodernismo y socialismo", *Casa de las Américas*, no.175, July-August 1989, p.141.

나치즘과 후쿠야마의 선구자로서 매우 반동적인 또 다른 사상가인 오스발트 슈펭글러의 오만을 떠올리지 않을 수 없다. 그는 『서구의 몰락』에서 주저 없이 이렇게 쓰고 있다. "수단의 두 부족 간의 전투, 또는 카이사르 시대에 있었던 체루스커족과 카투스족 간의 전투, 또는 본질적으로 동일한, 두 개미 군대 간의 전투는 한마디로 살아 있는 자연의 장관이다."[56]

같은 『내셔널 인터레스트』(1989/90년 겨울) 지면에서 후쿠야마는 몇몇 비판자에 대응하여 이렇게 덧붙였다.

제3세계에 대해 마지막으로 말하겠다. 내게 제3세계를 멸시한다는 혐의를 씌웠기 때문이다. 나의 의견은 그 중요성을 깎아내리려는 것이 아니라 단지 그 자체로 명백한 사실을 기록하고자 할 뿐이다. 세계가 정치적 선택을 할 때 기대는 주된 이데올로기는 주로 제1세계에서 제3세계로(그 반대가 아니라) 흐르는 것처럼 보인다. 이유는 모르겠지만, 그럼에도 불구하고 제3세계 국가의 혁명가들이 오래전에 죽은 제1세계 철학자와 논객의 저작을 계속 연구할 때 보여 주는 집요함은 주목할 만하다.

전직 미 국무부 직원인 후쿠야마는 여기서 여러 가지 사실을 망각하거나 모르고 있는 듯하다. 예컨대 '제1세계'와 '제3세계'라는 은유적 표현은 현실에서 물 샐 틈 없는 객실을 의미하지 않는다. 한쪽(이른바 '제1세계')은 다른 쪽(이른바 '제3세계')의 무자비한 수탈 위에서 발전했고 지금

---

56  Oswald Spengler, *La decadencia de Occidente. Bosquejo de una morfología de la historia universal*[1918~1922], vol.2, Buenos Aires, México D.F., 1952, p.72.

도 그렇다. 이로 인해 양 세계는 공통의 역사에 묶이게 되는데, 여기에서 제3세계는 대체로 값싼 노동력과 원자재(종종 민속화된 문화적 원자재를 포함한다)를 공급하고, 제1세계는 생산품과 지배 이데올로기를 제공한다. 순진해 보이는 이 작자는 "이유는 모르겠지만"이라고 말한다. 그에게는 "제3세계 국가의" 혁명가들이 "오래전에 죽은" 제1세계의 철학자와 논객의 저작을 계속해서 연구하는 게 "주목할 만하다". 여기서는 모든 게 언어도단이다. 후쿠야마는 자신이 헤겔의 추종자, 헤겔에 대한 우파적 해석의 추종자임을 선언하면서 글을 시작했다. 몇 해 전 베를린의 작고 아름다운 공동묘지에서 『정신현상학』과 『역사철학강의』의 저자의 무덤을 찾았다. 나는 가끔 잊지 못할 드라큘라 백작의 무덤에서 일어나듯이 무덤이 비어 있거나, 아니면 바로 19세기부터 알려진 대로 좌파적 해석이 가능한 저작의 작가인 헤겔이 오래전에 죽은 철학자라고 확신했다(지금도 확신한다). (이류) 우파 헤겔주의자인 후쿠야마는 그것을 일깨울 수 있는데, 도대체 왜 우리는 못한단 말인가? 게다가 우리 제3세계 국가의 혁명가들이 제1세계의 철학자와 논객(예컨대, 칼 맑스)을 연구할 때, 그들은 종종 그 세계의 본질, 즉 자본주의에 맞서 싸웠거나 싸우고 있는 인물들로 다루어진다. 이 과정에서 그들은 필연적으로 반자본주의적인 오늘날의 모든 혁명가의 유산이 된다. 마지막으로, 후쿠야마가 우리 세계의 유기적 사상가들에 대해 도대체 뭘 안단 말인가? 이미 우리 작가·예술가들의 작품이 전파되어 인류를 이롭게 했듯이, 가령 마르티와 마리아테기, 체 게바라 사상의 전파가 인류에게 어떤 이로움을 가져다줄지 그가 뭘 안단 말인가?

우리 아메리카의 운명은 개미들의 운명은 아닐 것이다. 마리아 에스테르 힐리오가 얼마 전 노엄 촘스키에게 후쿠야마의 견해에 대해 어떻게 생각하는지 물었을 때, 그는 이렇게 대답했다. "헤겔에게서 빌려 와 현 시기에 적용한 이 개념은 실소를 자아냅니다. 사실 최근 10년 동안 민주 주의에 대한 매우 중대한 공격이 있었지요. 자본주의는 총체적 재앙임을 보여 주었습니다. 이 모델이 적용된 라틴아메리카를 바라보는 것으로 충 분합니다."[57] 이 모델은 미국에 의해 우리 라틴아메리카 국가들에서 촉진 된 신자유주의 시장경제를 상기시켜 준다. 이 사실에 대한 촘스키의 견 해를 들어 보자.

미국에게는 그들을 강탈하고 착취하는 게 훨씬 더 용이합니다. 충분한 힘을 가졌다면 어느 국가도 시장의 원칙을 받아들이지 않죠. 예컨대, 미 국은 세계에서 외채가 가장 많은 국가입니다. 그러나 국제통화기금이 미국에 국제 경제 규범을 준수하라고 요구하는 일이 생긴다면, 모두가 홍소를 터뜨리겠죠. 미국의 어떤 기업가도 그 규범의 지배를 받는 일을 용인하지 않을 겁니다. 미국과 일본을 위시한 강대국들에서 기업들은 예외 없이 그들을 비호하고 산업 보조금을 조성하고 시장을 규제하고 그들을 위해 개입하는 강력한 국가 권력을 등에 업고 있습니다.[58]

얼마 전 우리 아메리카와 주변부 유럽, 특히 동유럽 국가들 간의 구 조적 유사성을 지적하는 자리에서, 나는 지구 양 지역의 작품들을 대상 으로 한 비교문학 연구의 활성화를 제안한 바 있다.[59] 최근 동유럽에서 일

57 María Esther Gilio, "Estados Unidos: de la libertad al conformismo fascista" (Entrevista con Noam Chomsky), *Brecha*, 29 June 1990, p.3.
58 *Ibid.*, p.3.

어나고 있는 사건들은 주요 현안들과 관련하여 이 지역을 우리 지역에 더욱더 가깝게 할 것으로 보인다. 이 점에서 언급한 인터뷰에서 촘스키가 어떤 의견을 제시했는지 살펴보는 것은 흥미롭다. 그가 보기에 "동유럽은 여러 의미에서 라틴아메리카와 아주 흡사한 특징을 지니고 있으며, 미국은 동유럽이 원자재와 값싼 노동력, 그리고 오염을 남용할 기회를 제공할 또 하나의 지역이 되기를 기대한다".[60]

또 다른 미국인 학자 제임스 페트라스는 새로운 비교를 제안하고 독특한 결론을 도출한다.

라틴아메리카에서 자유시장 자본주의가 실패한 것은 동유럽에서 스탈린주의 체제가 붕괴된 것과 마찬가지로 현대 세계사에서 의미심장한 사건이다. 뒤의 사건만이 명백한 이유로 자본주의 매체에 의해 세계적으로 부각되었다. 그럼에도 불구하고 생활수준의 저하, 경제 침체, 천문학적인 물가 상승률, 자본 유출, 참을 수 없는 외채/수출 관계, 대규모 이주 등 타당한 어떤 지표를 보더라도 라틴아메리카 자본주의의 사회·경제적 위기는 더욱 심각하다. 동유럽의 위기와 정치적 변화가 서구 자본주의의 영향력을 확대시켰다면, 라틴아메리카의 위기는 적어도 자본주의의 미래에 대해 심각한 의문을 불러일으켰으며, 더 나아가 반자본주의적 정치체제의 출현을 위한 견고한 토대를 마련했다. 정치적 관점에서

---

59 Fernández Retamar, "Algunos problemas teóricos de la literatura hispano-americana" [1974], *Casa de las Américas*, no.89, March-April 1975. 이 글은 나의 책 *Para una teoría de la literatura hispanoamericana*, La Habana, 1975와 그 이후의 판본에 다시 수록되었다.

60 Gilio, "Estados Unidos: de la libertad al conformismo fascista" (Entrevista con Noam Chomsky), *Brecha*, 29 June 1990, p.3.

볼 때, 군부 체제에서 선거 체제로, 미국의 후원을 받는 자유시장의 보수주의자들에서 제2인터내셔널의 사회민주주의자들로 정치체제가 변화했음에도 불구하고 라틴아메리카 자본주의의 위기는 계속 심화되어 왔다. […] 객관적으로 라틴아메리카 좌파는 사회주의적 해결을 위한 사회·경제적 조건이 전 대륙적 차원에서 지금처럼 '성숙한' 경우를 맞닥뜨린 적이 결코 없다.[61]

이제 글을 마무리해야 할 시간이다. 카사 데 라스 아메리카스가 오백 주년에 대한 입장을 공표하기 위해 단체 명의로 작성한 텍스트의 마지막 구절을 인용하면서 미래를 응시하며 글을 마치겠다. 『카사 데 라스 아메리카스』 184호(1991년 7~9월) 권두에 실린 이 글은 일종의 원칙 선언의 마침표에 해당한다. 따라서 앞에 나와야 할 것을 이 텍스트에 요구하면 곤란하다.

오백 주년의 도래는 분열과 원한, 쓸모없는 오만과 증오를 부추기기 위한 기회가 될 수 없으며, 풍요로움을 의미하는 차이들을 철저히 존중하는 가운데 어렵지만 꼭 필요한 우리 아메리카의 통합을 주장하기 위한 계기가 되어야 한다. 오직 그러한 통합만이(파라과이 작가 아우구스토 로아 바스토스에 따르면, "오랜 분열과 파편화의 모든 고통에도 불구하고 실제로 강력하게 존재한다") 우리가 더 위대한 인류 역사에 맘껏 동참할 수 있게 해줄 것이다. 이 역사에서 탐욕스러운 강력한 서구 문명([마르티

---

61 James Petras, "Transformaciones globales y el futuro del socialismo en la América Latina", *Casa de las Américas*, no.181, July-August 1990, p.4.

에 따르면—인용자] "파괴적 문명")은 결코 슬픈 마지막 장章이 아니라 진정 세계적이고 관대하고 형제적인 단계의 서막이다. 이 단계 내에서 "네사우알코요틀[62]의 옛 시대"부터 희망의 깃발을 내리는 것이 수치스러울 오늘 이 격랑의 시대에 이르기까지 숱한 민초들이 숭배한 이 대륙에서도 복잡한 "인간적 현상"이 실현될 수 있을 것이다.

---

62 Nezahualcóyotl(1402~1472). 고대 멕시코의 시인·건축가·철학자이자 도시국가 텍스코코의 왕으로 아스테카의 기틀을 다졌다.—옮긴이

# 오백 년 뒤의 칼리반<sup>*</sup>

내가 초청받은 이유에 부합하도록 칼리반에 대해 말할 것이고, 종종 칼리반으로부터 이야기를 전개할 것이다. 20여 년 전[1] 나는 신화 속 시코락스의 아들을 방대한 세계의 뿌리를 가졌고 호세 마르티가 "우리 아메리

---

\* 나는 뉴욕 대학의 초청을 받아 '타자와의 만남'이라 이름 붙인 라운드테이블에서 이 글의 제목이 시사하는 주제를 전개했다(때는 1992년 10월 1일이었고, 언급한 라운드테이블에는 에드워드 카마우 브레스웨이트와 세르주 그뤼진스키가 자리를 함께했다). 그 뒤 미국의 다른 대학들에서도 초청을 받았고, 그 중 여러 대학(아이오와 대학, 일리노이 대학 어바나-샴페인 캠퍼스, 캘리포니아 대학 버클리 캠퍼스, 스탠퍼드 대학, 뉴욕 대학 퍼체이스 캠퍼스)에서 첫 텍스트의 증보판을 제공했다. 그럼에도 불구하고 시간상의 제약으로 여기에 공개된 모든 자료를 읽을 수는 없었고, 물론 각주를 활용할 수도 없었다. 역시 1992년에 쓰이고 부에노스아이레스, 할라파, 베라크루스, 마드리드, 플로렌시아, 아바나에 알려진 다른 에세이들에서 이 에세이의 몇몇 구절을 사용했다. 나를 초청해 준 벗들과 나의 관심사와 희망을 밝힐 수 있게 해준 기관들의 관대함에 감사한다. 또 청중들을 배려하여 이 페이지들을 흠잡을 데 없는 영어로 옮겨 준 아델라이다 데 후안(Adelaida de Juan)(40년 동안 삶을 함께한 것처럼 최근의 미국 여행을 그녀와 함께했다)에게 고마움을 전한다. 이제는 그 페이지들 중 여러 곳을 내가 스페인어로 번역해야 했다. 아델라이다는 영어와 스페인어뿐만 아니라 예술에도 능통해서(그녀와 내가 공동으로 제공한 강연에 참석했던 사람들은 이를 확인했다) 거의 전부를 번역했을 뿐만 아니라 끊임없이 의견을 말하고, 인용할 참고 문헌을 제공하고(때로는 아이오와의 호텔 메뉴처럼 자료의 출처가 믿기지 않을 정도였다), 나의 미로 같은 문체에 제동을 걸고, 지치지 않고 내 의견에 귀를 기울이고 화내지 않고 논쟁했다. 따라서 단지 나의 이름만 등장하지만, 열에 들뜬 헛소리만 제외하면 이 글은 또한 그녀의 것이기도 하다. 다른 한편, 1993년에 40주년을 맞은 나의 첫 연구서 이후에 쓴 모든 글에 대해 같은 말을 해야 할 것이다. 이 텍스트는 *Nuevo Texto Crítico*, no.11, 1st Semester 1993에 처음 발표되었다.

카"라고 부른[2] 지역에 해당하는 문화의 이미지로 제안했다. 그러나 칼리반이라는 강력한 개념-메타포(거듭 말하지만 "개념-메타포", 즉 어떤 면에서는 단지 "작품상의 이름"일 뿐이다)[3]는 이 지면에서 라틴아메리카와 카리브뿐 아니라, 빈번하게 그래 왔던 것처럼, 대지의 저주받은 사람들[4] 모두를 가리킬 것이다. 그들의 존재는 1492년 이후 사상 유례없는 차원에 도달했다.

예고한 대로 나의 과제는 칼리반으로부터 말하는 것이다. 그렇다고

---

1 당연히 이 책의 첫 에세이를 말한다.

2 José Martí, "Nuestra América", *La Revista Ilustrada de Nueva York*, 1 January 1891. 이 글은 Martí, *Obras completas*, VI에 실려 있다. 1875~1878년 멕시코와 과테말라에 망명했던 시절까지 거슬러 올라가는 마르티의 이 개념의 형성 및 확산에 관해서는 Roberto Fernández Retamar, "La revelación de nuestra América", *Introducción a José Martí*, La Habana, 1978 참조.

3 그의 저작을 높이 평가하기에 가야트리 차크라보르티 스피박에게 감사한다. 그는 「칼리반」에 대한 논평에서 나의 에세이를 "유럽과 라틴아메리카(그리고 미국?) 사이의 '대화'"로 명명하고 그가 "감동적인 구절"이라고 여기는 부분을 인용한다. 그러나 그가 항상 에세이의 의미를 제대로 이해하는 것 같지는 않다. 예컨대, 에세이에서는 "인식 가능한 '라틴아메리카 문화'의 가능성"이 부정되지 않으며 오히려 정반대다. 또 칼리반이 "작품에 등장하는 이름"(Gayatri Chakravorty Spivak, "Three Women's Texts and a Critique of Imperialism", *Critical Inquiry*, no.12, Autumn 1985, p.245)이었다는 점도 잊지 않고 있다. 뒤의 사실과 관련하여, 가야트리 자신이 같은 해인 1985년 사용한 유용한 용어("Subaltern Studies. Deconstructing Historiography"[1985], *In Other Worlds. Essays in Cultural Politics*, New York, 1987, p.198)를 빌려 말하자면, 나는 셰익스피어의 인물들을 "개념-메타포"(나 이전과 이후에도 다른 많은 사람이 그 인물들을 역사화하면서 그렇게 했다) 또는 들뢰즈와 가타리가 『철학이란 무엇인가』(*Qu'est-ce que la philosopie?*, Paris, 1991, pp.60~81)에서 제시한 용어인 "개념적 인물"로 취했다. 이러한 용어상의 기여는 가령, 프로이트가 정신분석학적 관점에서 오이디푸스 콤플렉스로 부른 것에 대해 프로이트는 오이디푸스가 작품에 등장하는 이름이라는 사실을 잊었다고 말하고 싶은 유혹을 뿌리칠 수 있게 해준다.

4 물론 프란츠 파농이 창안한 명칭을 사용한다. Frantz Fanon, *Les damnés de la Terre*, Paris, 1961. 마르티는 이미 19세기 말에 비슷한 의미로 "대지의 가난한 사람들"(los pobres de la tierra)이라는 표현을 사용한 바 있다. Fernández Retamar, "Introducción a José Martí", *Introducción a José Martí* ; "Fanon y la América Latina", *Ensayo de otro mundo*, La Habana, 1967 참조.

항상 칼리반에 대해서만 말하지는 않을 것이다. 이 글은 오백 년 뒤에 칼리반의 눈이 보는 것이고 칼리반의 목소리가 말하는 것이다. 무엇보다 진정성을 내포하는 것은 시선이지 바라봄의 대상이 아니다. 세계의 다른 중요한 지역의 예를 하나 들자면, 이러한 시선의 진정성은 셰익스피어보다 더 영국적인 작가는 없다는 사실을 설명해 준다. 그의 이야기는 자신의 자그마한 조국뿐만 아니라 베로나, 베네치아, 로마, 덴마크, 아테네, 트로이, 알렉산드리아, 지중해의 사이클론에 휩쓸린 아메리카의 땅, 마법에 걸린 숲, 권력욕으로 인한 악몽, 사랑, 광기에서도 전개된다. 그 어떤 곳에서도 전개되지 않으며 동시에 모든 곳에서 전개된다.

1492년 이후 오백 년이 흐른 지금, 오백 년 전으로 거슬러 올라가는 이미 따분해진 게임을 멈추고 천 년을 거슬러 오르는 흔치 않은 게임으로 여러분을 초대한다. 992년의 유럽은 얼마나 보잘것없었던가? 천 년의 이집트 중심주의가 지배하던 시대에 이집트인들이 기원전 몇 세기를 살고 있는 그리스인들을 어깨 너머로 바라보며 어린아이나 부도덕한 사람으로 취급했듯이, 세련된 아랍인이나 비잔틴인이 어떻게 다른 방식으로 그들을 바라볼 수 있었겠는가(아마 992년에는 더없이 세련된 중국인들도, 그리고 분명 마야인들도 유럽인이 존재하리라고 상상하지 못했을 것이다)? 다시 말해, 달리 어떤 방식으로 동시대의 가련한 유럽인들을 바라볼 수 있었겠는가? 당시에 오리엔트로 간주된 체제, 즉 아랍과 비잔틴 체제 하에 살았던 사람들을 제외하고 유럽인들은 존재가 희미한 뼈만 앙상한 사람들이었다. 버나드 루이스가 『무슬림의 유럽 발견』이라는 책을 쓴 것도 전혀 이상할 게 없다.[5]

---

5  Bernard Lewis, *The Muslim Discovery of Europe*, New York, 1982.

그런 일이 있었다면, 논란의 여지 없이 정말 그런 일이 있었다면, 어째서 천 년 뒤의 현실은 이토록 다를까? 자의적으로 아메리카라고 불리게 될 곳에 유럽인들이 도착한 것이 그것과 무슨 관련이 있을까? 유럽인의 도착은 그 자체로 어떤 신적인 권능의 발현이었을까? 그러나 거의 천 년 전에 그러한 위업을 수행한 것으로 알려진 최초의 유럽인들인 레이프 에이릭손과 북유럽 출신의 대담한 선원들이 이 반구를 방문했을 때는 세계에 아무런 근본적인 변화도 일어나지 않았다. 이유는 아주 간단하다. 그 모험은 더 거대한 어떤 계획에도 포함되지 않았고, 당시의 맥 빠진 유럽은 그러한 구상을 세울 능력도 없었을 것이다. 오백 년 뒤에 유럽인들이 그들에게는 가짜 아시아였지만 의심의 여지 없이 구세주였을 서반구에 두번째로 도착했을 때는 사정이 달랐을 것이다(지금까지 이야기되어 온 것처럼, '아메리카'가 없었다면 유럽인들은 진짜 아시아로의 기나긴 여행에서 식량 부족으로 목숨을 잃었을 것이다). 이 새로운 도착은 세계를 변화시키게 된다. 1492년에는 메시아적 제노바인[6]과 그 못지않게 대담한 스페인 선원들뿐만 아니라, 무엇보다 유럽 사회의 지역들에서 싹트고 있던 방대한 계획이 도착했기 때문이다. 이 계획이 자본주의를 가리킨다는 것은 두말하면 잔소리다. 자본주의는 꽃을 피우기 위해, 일부 유럽인의 원시적 자본 축적이 가능하도록 무엇보다 (아직 고유의 자본주의에 진입할 만큼 성숙하지 못한) 지구상의 나머지 지역에 대한 무자비한 약탈을 필요로 했다. 그렇게 서구 세계라 불리게 될 모더니티(포스트모더니티를 포함하여)가 시작되었다. 호세 카를로스 마리아테기와 레오폴도 세아에 따르면,[7] 이 서구 세계는 자본주의와 동의어다. 왜냐하면 '자본주의'는 자본이

---

6 크리스토퍼 콜럼버스를 가리킨다. ─ 옮긴이

"구멍마다 피와 진흙을 뚝뚝 흘리며" 세상에 왔음을 상기시켜 주므로 명칭으로서 불편하기 짝이 없기 때문이다. '부르주아 사회' 역시 불편한 표현인데, 19세기 유럽의 많은 작가·예술가조차 다소 의식적으로 '부르주아'를 속물, 가련한 중생과 동일시하여(같다는 것을 폭로하면서) 지탄했다. 사정이 이렇다 보니, 유럽에서 태어나 자본주의에 복무하는 지식인들, 분주한 아리엘들은 기원에 있어서는 지리적 용어이지만 제국과 교회의 후광 덕에 권위를 얻은 '서양', '서구', '서구 세계, 서구 문화, 서구 문명 또는 서구 사회' 같은 용어를 장려했다. 이 명칭들은 자본주의가 산책할 때 걸치는 옷이다. 때로는 (어떤 진정한 권리도 없이) '기독교'라는 이름이 추가되기도 하는데, 이 용어는 자본주의를 매력적이라고, 다시 말해 향기롭고 치명적이라고 여긴다.

자본주의의 등장과 관련하여 여러 가지 사실을 부각할 필요가 있다. 우선, 1492년 이후 계속된 유럽인의 아메리카 침략, 언제나처럼 피비린내 난 무자비한 정복과 대량 학살, 전 대륙에서 자행된 가공할 문화 파괴, 정복자들을 위해 생산하도록 토착민들에게 강요된 잔혹한 노예 상태, 아프리카(그리고 나중에는 다른 지역들)에서 끌려와 노예가 되고, 토착민들이 몰살당하거나 그러기 직전인 지역들에서 짐승처럼 노역에 시달린 수백만의 흑인, 그리고 물론 광대한 민중에 대한 억압과 결부된 뒤이은 다양한 형태의 직·간접적인 수탈은 근본적으로 더없이 잔혹한 자본주의(다시 말해, 서구 자본주의) 발달에서 결정적인 역할을 수행했고 지금도 마찬가지다. 의심의 여지 없이 급진적 표현이라고는 찾아보기 힘든 간행

7 José Carlos Mariátegui, *Siete ensayos de interpretación de la realidad peruana*[1928], La Habana, p.5; Leopoldo Zea, *América en la historia*, 1956, p.80.

물인 『타임』은 '2000년을 넘어. 새천년에 무엇을 기대할 것인가'를 1992년 가을 특집호 주제로 다루었다. 화려하다고 할 수 있을 적지 않은 표현 중에서, 이 특집호에는 지면이 지면이니만큼 이런 웅변적인 대목이 나온다. "서구의 승리는 여러 면에서 피로 얼룩진 수치——야만과 강탈, 오만과 생태적 약탈, 타 문화에 대한 모욕과 멸시, 비기독교적 신앙의 배척의 역사——였다."[8] "증거 없는 심문은 없다"고 법조문은 말한다. 『타임』의 기사에서 한 가지 점은 수정되어야 할 것이다. 과거 시제의 사용이 그것이다. "피로 얼룩진 수치"는 단지 과거사가 아니다. 그것은 또한 지구상의 나머지 지역에서 과거에 자행되었고 오늘날에도 자행되고 있는 현재의 서구 역사이기도 하다.

둘째, 아메리카에 정착한 최초의 유럽인이 이베리아인이었고 그들의 국가가 '다른 유럽 국가들'(네덜란드, 영국, 프랑스, 독일 같은)의 자본주의 발전에 크게 기여했음에도 불구하고, 그 국가들 역시 지금으로부터 오백 년 전에 있었던 스페인의 유대인 추방 같은 잘 알려진 이유로 그러한 발전에 도달하지 못했다는 사실을 강조할 필요가 있다. 더욱이 지리적으로 유럽 대륙에서 가장 서쪽에 위치한 국가들임에도 끝내 **구舊 서구 국가들**paises paleoccidentales처럼 서구의 변방으로 남았다. 중유럽과 동유럽의 경우는 더 말할 나위가 없다.

유럽 밖에서 거대 자본주의의 발달은 단지 과거에 영국의 식민지였던 소수의 국가에서만 이루어졌다. 그들의 식민 지배국은 금세기 초에 네덜란드의 뒤를 이어 탁월한 자본주의 국가가 되기에 이르렀다. 다

---

8 John Elson, "The Millenium of Discovery", *Time, Special Issue. Beyond the Year 2000. What to Expect in the New Millenium*, Autumn 1992, p.18.

른 과거의 식민지들(가령 아프리카, 아시아, 카리브의 식민지들)이 아니라 영국인들이 실제로 원주민들을 몰살하고 식민 지배국의 체계를 재생산하고 때로는 증식시킨 바로 그 식민지들이다. 물론 내가 언급한 국가들은, 편차가 있긴 하지만, 다르시 히베이루가 "이식된 국가들"pueblos trasplantados[9]로 명명한 바 있는, 미국·캐나다·오스트레일리아 같은 나라들이다. 그러나 일본이라는 예외가 존재한다. 일본은 (여러 요인, 특히 약탈적인 강대국들 틈에서 유례없는 무의식적 균형을 유지한 덕분에) 봉건주의에서 고유의 강력한 자본주의로 이행하는 데 성공했고, 유럽인에 의해 이식되지 않은 국가들 중 그런 일이 일어난 유일한 사례가 되었다.[10] 왜냐하면 아시아의 '호랑이' 또는 '용'은 정확한 판단을 내리기에는 아직 시기상조이며 상황이 불분명하기 때문이다.[11]

---

**9** Darcy Ribeiro, *Las Américas y la civilización. Proceso de formación y causas del desarrollo desigual de los pueblos americanos*, 2d ed., Buenos Aires, 1972. 특히 "Tipología étnico-nacional"(pp.80~90)과 "Los pueblos trasplantados"(pp.401~489)를 참조할 것.

**10** 이 중요한 주제에 대한 참고 문헌 중에서 다음을 언급하는 것으로 그치겠다. Paul A. Baran, *La economía política del crecimiento*[1957], 2d ed., México D.F., 1961, pp.176~187; L. J. Zimmerman, "El caso del Japón", *Países pobres, países ricos. La brecha que se ensancha*[1965], pp.113~125; Paul Bairoch, "El Japón o la excepción que confirma la regla", *El Tercer Mundo en la encrucijada. El despegue económico desde el siglo XVIII al XX*[1971], 2d ed., Madrid, 1982, pp.133~146(언급한 마지막 장章의 제목이 인용하고 있는, 두서없이 되풀이되는 속담은 하나의 예외가 어떤 규칙의 유효성을 입증할 수 있음을 뜻하는 것이 아니라──예외가 존재하지 않는다면 유효성은 더 커질 것이다──그 예외가 실재함을 의미한다. 이 속담은 가치론적 의도가 아닌, 존재론적 의도를 가진다). 국가 발전에 대한 일본인들의 견해를 알고 싶다.

**11** 그러나 Walden Bello and Stephanie Rosenfeld, *Dragons in Distress. Asia's Miracle Economics in Crisis*, San Francisco, 1990를 읽는 것은 유용하다. (정확히 샌프란시스코에서) 이 날카로운 책을 알게 해준 수전 조나스(Susan Jonas)에게 감사한다. 이 책은 한국("하나의 모델이 진전하다"), 대만("문제적") 그리고 싱가포르("표류하는")의 사례를 연구하고 있으며, 홍콩의 경우 경제적으로 중국과 강하게 연결되어 있고 정치적으로도 그러한

이처럼 지리적으로 유럽 대륙에서 가장 서쪽에 위치한 국가들인 스페인과 포르투갈은 온전히 '서구적'이지 않고 구 서구적인 반면(최근의 근대화에도 불구하고 그들은 여전히 유럽 공동체에서 가장 낙후된 나라들로 남아 있다), 이른바 '극동' 국가인 일본은 '서구적'일 뿐만 아니라 컴퓨터화된 기모노와 더불어 '서구'의 중심, 가장 발전된 자본주의의 심장을 이루며, 대표자들이 이따금씩 모여 어떻게 하면 파이를 더 효율적으로 나눌 것인가를 논의하는 7대 빅브라더의 일원이다. 게다가 오늘날에는 중심 중의 중심을 이루는데, 여기에는 하나의 유럽 국가(독일), 하나의 미주 국가(미국) 그리고 하나의 아시아 국가(일본)만이 속해 있다. 이 시점에서 이미 언급한 '극동'이나 '중동', '근동', '머나먼 땅' 또는 '저기'la bas 같은 유럽 중심적 표현은 그 표현을 사용하는 사람들이 그 장소에 거주하지 않는다는 사실을 제외하고는 아무 의미가 없다는 것을 굳이 언급할 필요가 있을까?

아메리카 땅에 있는 영국의 과거 식민지 두 곳에서는 '모국'의 발자취를 좇아 활력 있는 자본주의가 꽃을 피운 반면, 이베로아메리카에서는 스페인과 포르투갈의 뒤틀린 발자취를 좇아 활력 있는 자본주의가 아닌 병약한 주변부적 자본주의가 발달했다는 것은 이상할 게 없다. 이 이류 자본주의는 아시아와 아프리카 대부분의 자본주의와 마찬가지로 헤게모니 국가들에, 토인비의 표현을 빌리자면 "외부 프롤레타리아"proletariados externos를 제공했고 지금도 제공하고 있다. 중심부 자본주의

---

관계가 임박했다는 이유로 배제하고 있다. 일부 우파 대변자들이 지적인 엄밀함 없이 우리 아메리카 국가들의 용화(龍化)를 도모하고 있으므로 Bruce Cumings, "The Abortive Abertura: South Korea in Light of Latin American Experience", *New Left Review*, no.173, January-February 1989를 읽는 것도 유용할 것이다.

는 또 우리 아메리카 국가들 거의 전부를, 공공연하거나 혹은 은밀한 식민지는 아니라 해도, 다양한 성격의 신식민지로 전락시킨다. 이 국가들 중 일부, 아니 적어도 그 중 한 국가에서 발달한 자본주의의 면모가 어땠는지 파악하기는 불가능했다. 우리 아메리카에 자본주의는 없었고, 지금도 없으며, 현재의 상황이 바뀌지 않는 한 미래에도 없을 것이라는 단순한 이유 때문이었다. 우리의 독립 전쟁이 시작된 지 두 세기가 지난 지금(인종주의 때문에 부당하게도 제대로 언급되지 않지만, 독립 전쟁은 1791년 아이티에서 시작되었다), 우리는 정치적 독립과 진정한 영웅들에 대한 기억, 찬란한 헌법, 국가, 국기, 문장紋章, 대통령, 의회, 국가 영웅과 악당(때때로 둘은 동일하다)의 동상, 군대, 그리고 유사한 다른 사실들과 상징들을 가지고 있다(그렇게들 말한다). 그러나 아무리 빈약할지언정 서구 열강의 손아귀에서 빠져나와 진정한 자본주의를 창조한 라틴아메리카의 일본은 가지고 있지 못하다.

이제 명백하게 본론에서 벗어나야 하는데, 이는 필요한 과정이다. 1492년에 일어난 사건을 지칭하기 위해 '발견'이란 용어를 사용하는 일은 반드시 거부되어야 한다. 콜럼버스가 세 척의 작은 스페인 범선을 이끌고 유럽인으로는 두번째로 우연히 아메리카에 도착했을 당시 그곳에는 수천만 명의 사람이 살고 있었고 영零이라는 숫자부터 천체에 대한 지식까지 갖고 있던 거대한 문화가 여럿 있었다. 그리고 당시에 세계에서 인구가 가장 많은 두 도시 중 하나인 테노치티틀란이 있었다(다른 한 도시는 베이징으로 역시 유럽에 있지 않았다). 확신컨대, 이 도시를 이어받은 현재의 멕시코시티는 또다시 지구상에서 가장 많은 인구를 가진 두 도시 중 하나다. 비슷한 이유로, 일관성을 유지하기 위해, '발견'이라는 명칭이 일부를 이루는 용어/개념 體系에 대해서도 동등한 태도를 취할 필요가 있다. 요컨대, 프로스페로의 이데올로기에 반대해야 한다. 이데올로기(이왕 몇 가지 예를 들자면, 유토피아와 역사, 주체와 정통 거대 서사, 인간과 초인, 모더니티와 총체성, 작가와 예술, 그리고 물론 사회주의를 포함한다)의 종말을 외치는 오늘날 그 어느 때보다 더욱 그렇다. 이데올로기의 종말을 주장하는 자들은 서구의 이데올로기가 모든 대오에서 승리했음을 기정사실로 받아들인다. 그들은 이데올로기의 범람에 종종 탈이데올로기화라는 놀라운 이름을 붙인다.

서구가 자신과 다른 대륙에 대해 퍼뜨린 거짓말을 일일이 다룰 시간도 지면도 없다. 물론 그들이 주도해 온 명명命名을 말한다. 명령하는 자가 명명한다(이것은 미셸 푸코 훨씬 이전부터 알려진 사실이다). 몇 가지 날조된 사실을 언급하는 것으로 그치겠다. 가령 '서구' 세계가 서구가 아니고 신대륙 '발견'이 발견이 아니며, 이른바 아메리카 인디오가 인디오가 아닌 것은 단지 그 부차적인 부분hors d'oeuvre일 뿐이다. 실은 비슷한 방식으로, 서구의 전형적인 조상으로 추정되는 '고대' 그리스 세계는 아프리카계 아시아, 아니 더 정확히는 동양의 영향이 훨씬 더 강하다.[12] 기독교, 즉 서구가 자신들 고유의 것이며 그들의 영주적 지배에 정당성을 부여한다고 주장하는(그리고 모욕하는) 종교는 동양의 이단적 종파였으며, 아름답

---

12 Martin Bernal, *Black Athena. The Afroasiatic Roots of Classical Civilization, vol. I, The Fabrication of Ancient Greece 1785~1985*[1987], 6th ed., New Brunswick, New Jersey, 1991 참조. 2권인 *The Archeological and Documentary Evidence*, New Brunswick, New Jersey, 1992는 Emily Vermeule, "The World Turned Upside Down", *The New York Review of Books*, 26 March 1992에서 신랄한 비판의 대상이었다. 나는 이것이 내가 따라갈 수 없었던 논쟁을 시작했다고(또는 그 논쟁의 일부를 이루었다고) 생각한다. 이 점 및 유사한 다른 점들에 관해서는 또한 Samir Amin, *El eurocentrismo. Crítica de una ideología*, Madrid, 1989를 참조할 것.

고 충격적인 평등주의로 인해 로마제국의 노예들 사이에 뿌리를 내리게 되었다.[13] 전 세계적인 공포로 여겨지는 서기 1000년의 사건은 결코 존재하지 않았을 뿐만 아니라,[14] 설령 존재했다 하더라도 극소수의 유럽인에게만 영향을 끼쳤을 것이다(당시 지구상의 인구는 현재의 미국 인구와 엇비슷했다). 왜냐하면 당시에 인류의 절대다수를 이루는 사람들의 달력은 시간 구분법이 달랐기 때문이다. 16세기에 서구인들이 만들어 낸 '인종'이라는 용어는 동물학 용어에서 차용되었다고 한다. 이는 사실이며 이에 대한 언급은 수없이 많다. '인종'이라는 이 근사한 신조어는 커다란 중요성을 갖게 된다. 인간 존재들 간에 분명하고 사소한 신체적 차이가 있다는 사실은 이미 잘 알려져 있었지만(어떻게 한 흑인 여성에게 바쳐진 「아가서」를 떠올리지 않을 수 있겠는가?), 서구에 의한 나머지 세계의 약탈이 시작된 1492년 이후에야 비로소 유례없는 노략질을 정당화할 목적으로, 그러한 차이들은 못지않게 고정적인 기의記意를 지닌 고정된 기표記標

---

**13** 유럽 땅에 기독교가 이식된, 매우 민중적이고 반항적인 기원(지금 해방신학이 그 유기적 과거로서 강력하게 주장하는)은 엥겔스로 하여금 이렇게 쓰도록 이끌었다. "원시 기독교의 역사는 노동자 계급의 근대적 운동과 주목할 만한 유사점들을 지닌다." Friedrich Engels, "Sobre la historia del cristianismo primitivo", Karl Marx and Friedrich Engels, *Sobre la religión*, Buenos Aires, 1959, p.272. 또한 Marx, *Las luchas de clases en Francia de 1848 a 1850*, La Habana, 1973에 대한 엥겔스의 해설(pp.34~36)을 참조할 것.

**14** 쥘 미슐레(Jules Michelet)와 어떤 점에서 앙리 포시용(Henri Focillon)이 아직 믿고 있던 이 문제는 오래전에 명확하게 밝혀졌다. 가령 Edmond Pognon, *L'An Mille*, Paris, 1947(Edmond Pognon은 편집자였다)과 *La vie quotidienne en l'An Mille, Paris*, 1981; *L'An Mil*, Paris, 1980을 참조할 것. 이 마지막 책에서, "1000년의 공포에 대한 잘 알려진 첫 묘사가 나타난 것은 새로운 휴머니즘이 승리를 구가하던 15세기 말이었다. 이러한 묘사는 암울하고 조야한 세기들에 대한 **서구의 젊은 문화**의 경멸에 응답한다. 서구의 문화는 그 야만적인 심연을 넘어 자신의 모델인 고대를 바라보기 위해 이 세기들에서 나왔고 이 세기들을 거부했다"(p.9)고 말한다(강조는 인용자). 따라서 자신의 진정한 과거를 거부하고 다른 과거를 날조하려는 시도 속에서 그것은 (그렇다면 '젊은'이라기보다는 태어나는) 서구의 또 다른 이데올로기적 책략이었다.

이며 그 기의들은 '하얀'(조지 버나드 쇼와 G. K. 체스터턴은 더 사실적으로 '담갈색', '장밋빛' 같은 명칭을 제안했는데, 도대체 유령처럼 하얀 인간 존재를 본 사람이 아무도 없었기 때문이다) 피부를 가진 사람들의 경우에는 긍정적이고 '유색인종'으로 간주된 나머지의 경우에는 부정적이라는 주장이 제기되었기 때문이다.[15] 18세기 중엽에 만들어진[16] '문명'이라는 용어는 사람다운 진정한 인간 존재는 도시ciudad(라틴어 '[자유] 시민'cives에

---

15 늘 만족스럽지는 못하며 종종 날조되기도 하지만 이 주제에 관한 참고 문헌은 방대하다. 나에게는 Fernando Ortiz, *El engaño de las razas*[1946], 2d ed., La Habana, 1975가 여전히 탁월해 보인다. 이 책에서 "La raza, su vocablo y su concepto", pp.35~66 참조. 오르티스는 문헌학적·역사적 자료의 탁월한 수집을 통해 '인종'(raza)이라는 단어/개념의 등장과 확산을 1492년 이후 서구가 세계의 나머지 지역에 강제한 착취 및 예속과 연결시킨다. "메타포가 아니라 이미 가장 정확한 의미로서의, 인간 존재의 타고난 운명적 자질의 총체의 명백하고 세습적이고 현저한 성격화로서의 '인종'이란 단어는 16세기와 17세기까지 보편적 언어로 사용되지 않았다"(p.41). 수년 뒤 배런(Paul A. Baran)과 스위지(Paul M. Sweezy)는 *Capital monopolístico. Un ensayo sobre la estructura socioeconómica norteamericana*, La Habana, 1969, pp.199~200에서 이러한 견해를 뒷받침했다. "현 시점에서 세계에 존재하는 그대로의 인종적 편견은 거의 백인들의 태도이며, 16세기 이래 전 세계에서 유색인 희생자들의 강탈과 속박, 계속적인 착취를 합리화하고 정당화하기 위한 유럽 정복자들의 필요성에 그 기원이 있다."

지구상에서 제국주의의 대규모 약탈이 시작된 19세기의 마지막 20년이 "전 세계에서 서구의 백인 패권이 정점에 이른 시기"(Harold J. Isaacs, *The New World of Negro Americans*, New York, 1963, p.119. Baran and Sweezy, *Capital monopolístico*, p.201에서 재인용)였다는 점을 고려한다면, 마르티가 「우리 아메리카」(1891)에서 당대의 우파 및 좌파 사상가 대다수와 의견을 달리하면서 다음과 같이 썼을 때 그의 독립심과 대담함을 이해할 수 있을 것이다. "인종은 존재하지 않으므로 인종 간의 증오는 없다"("Nuestra América", p.22). 이 주제에 관한 비교적 최근의 유익한 몇몇 견해를 살펴보려면, Henry Louis Gates ed., "Race", *Writing and Difference*, Chicago, 1986을 참조할 것.

16 18세기 중엽 먼저 프랑스에서 그리고 뒤이어 다른 유럽 국가들에서 등장한 '문명'(civilización)이라는 용어에 관해서는 Lucien Febvre, "Civilisation: évolution d'un mot et d'un groupe d'idées"[1930], *Pour une histoire à part entière*, Paris, 1962; Émile Benveniste, "Civilisation. Contribution à l'histoire du mot"[1954], *Problèmes de linguistique générale*, Paris, 1966; José Antonio Maravall, "La palabra 'civilización' y su sentido en el siglo XVIII", V Congreso de la Asociación Internacional de Hispanistas, Bordeaux, September 1974 참조.

서 유래했다)에 거주하는 반면, 사실상 인간이 아닌 존재는 밀림selva에 살고 야만인(이탈리아어 'silva', 프랑스어 'sauvage', 스페인어 'salvaje', 영어 'savage'는 모두 라틴어에서 왔다)이라는 것을 의미했다. 문명으로 여겨진 것은 당시 유럽의 상태를 가리켰으며 진정한 인간적 삶의 **유일한** 형태로 간주되었다. 반대로 지구상의 나머지 공동체들은 야만이나 미개[17]의 상태로 **내몰렸다**. 이 공동체들 중 많은 곳에는 서구인이 도착하기 이전에 위대한 문명이 존재했지만, 그들은 이 문명을 모욕하거나 파괴했다. 이처럼 자칭 문명(가상적 야만에 대한 서구의 강요)은 범죄 무기로 둔갑했고, 불행히도 심지어는 우리 아메리카에 널린 시파요cipayo[18]의 손발이 되기도 했다. 호세 마르티는 적어도 1884년부터(실은 이 해에 베를린에서 끔찍한 문명 회담이 시작되었는데, 수많은 유럽 국가와 터키, 미국의 대표자들이 아프리카를 분할하기 위해 회동했다) 다음의 명분을 부정하면서 이러한 관념의 실체를 폭로했다.

라틴어를 아는 야심가들은 아랍어를 말하는 아프리카인들에게서 땅을 강탈할 천부의 권리를 부여받았으며, 문명(유럽인의 현 상태를 지칭하는 통속적인 이름)이 야만(남의 땅을 탐하는 자들이 유럽이나 유럽계 아메리카 출신이 아닌 모든 사람의 현 상태에 붙이는 이름)에 속하는 남의 땅을 차지할 천부의 권리를 갖는다는 명분.[19]

---

**17** '인종'의 경우와 마찬가지로, 이 문제에 대한 참고 문헌은 방대하지만 종종 만족스럽지 못하다. 나는 "Algunos usos de civilización y barbarie", *Casa de las Américas*, no.102, May-June 1977를 비롯해 여러 기회에 이 주제를 다루었다. 독일 학자의 흥미로운 기여인 Urs Bitterly, *Los "salvajes" y los "civilizados". El encuentro de Europa y Ultramar*[1976], México D.F., 1982를 참조할 것.

**18** 일반적으로 식민 지배국에 우호적인 식민지 원주민을 가리킨다.—옮긴이

식민화는 곧 문명화(배질 데이비슨이 최근의 저서 『흑인의 책무』에서 조롱하고 있는 "백인의 책무")라는[20] 주장은 반박할 가치조차 없을 만큼 초보적이다.

수십 년 전부터 이 사실에 쏟아진 관심 때문에, 1940년대 중엽 당시의 신생 국제기구인 유엔의 전문가들이 칼리반의 땅에 완곡하게 새로운 이름을 붙이기 위해 만들어 낸 기이한 용어를 좀더 살펴보겠다. 우리를 경멸적으로 '야만', '유색인'으로 부른 뒤에, 그리고 식민지, 반半식민지 또는 신식민지라는 직설적인 명칭을 피하면서(제2차 세계대전의 일부 참전국은 그들의 수사修辭에 몇몇 평등주의적 용어를 편입시킨 바 있다), 서구는, 이러한 말의 잔치를 통해, 외견상 더 중립적이고 심지어 고무적이기까지 한 명칭을 제안했다. 먼저 '경제적 저개발 지역'으로 칭했고, 후에 '저개발' 국가, 그리고 심지어는 (다름 아닌) '개발도상국'이라는 명칭을 붙였다.[21] 앞의 경우와 마찬가지로 관계 용어(백인/유색인, 문명/야만, 식민지 국가/피식민지 국가)이므로 대립항을 간파할 필요가 있다. 그들은 그 대립항이 '선진국'이라고 했다. 따라서 새로운 관계는 선진국/저개발국이 될 것이다. 여기에서 저개발국이 바르게 처신하고 선진국의 교훈을 배우면 선진국처럼 강력한 성년의 국가가 될 수 있다고 추론할 수 있다.

---

**19** Martí, "Una distribución de diplomas en un colegio de los Estados Unidos" [1884], *Obras completas*, VIII, p.442.

**20** Basil Davidson, *The Black Man's Burden. Africa and the Curse of the Nation State*, New York, 1992.

**21** 짐머만에 따르면, "경제적 저개발 지역이라는 용어는 아마도 1944년과 1945년 유엔 회의에서 공개적으로 처음 등장했다. 그 이전에 전문가 집단은 식민지 지역 또는 낙후 지역이라는 용어를 사용하곤 했다"(*Países pobres, países ricos*, p.1). 용어를 둘러싼 논의를 뛰어넘는, 이 문제에 대한 간략하고 유용한 개관은 Yves Lacoste, *Les pays sous-développés*, Paris, 1959에서 찾아볼 수 있다.

(그 주체가 누구인가에 따라) 순진하거나 악의적일 수 있는 이러한 착각은 '개발주의'desarrollismo로 불렸다. 이미 살펴본 대로, 바르게 처신한다는 것은 가령 국제통화기금의 충격적인 극단적 조치를 순순히 따른다는 것을 의미한다. 국제통화기금은 치명적인 신자유주의의 깃발 아래 또다시 칼리반의 땅을 유린하고 있다.

그럼에도 불구하고 '저개발' 또는 '개발도상'의 대립항을 '개발'이 아닌 '저개발 유발'subdesarrollante(내가 사반세기 전에 이 용어를 제안했지만[22] 아직까지 통용되지 않고 있으며 식민지 국가/피식민지 국가라는 사라진 이항 대립 속에 그 개념이 살아남아 있다)로 정정한다면 모든 게 분명해진다. 실재하는 이 유일한 양극화를 통해 명확하게 진실을 엿볼 수 있다. 일부 국가들은 비약적으로 발전한 반면, 이와 병행하여 또는 독립적으로 다른 나라들은 쇠약해졌는데, 피상적인 논평자들의 취향대로 신흥국이거나 쇠락한 국가여서, 그 국민들이 게으르거나 서투르거나 부도덕하거나 뒤떨어져서(과거에도 지금도), 또는 무엇이든 그런 사소한 어떤 이유로 그렇게 된 것은 아니다. 실제로는 한 줌도 안 되는 소수의 국가가 흡혈귀처럼(드라큘라 백작에 대한 빈번한 경의의 표시를 용서하시라) 무수한 다른 국가들의 **희생**으로 성장한 것이다. **저개발 유발** 국가들은 나머지 국가들의 **저개발**을 불러왔으며 지금도 상황은 달라지지 않았다. 이 문제와 관련한 참고 문헌으로는 이미 고전이 된 월터 로드니의 『유럽은 어떻게 아프리카의 발전을 가로막았는가』가 있다.[23]

---

22 Fernández Retamar, "Ensayo de otro mundo", *Ensayo de otro mundo*, La Habana, 1967, p.14. 그와 함께 "Responsabilidad de los intelectuales de los países subdesarrollantes", *Casa de las Américas*, no.47, March-April 1968을 참조할 것. 두 글 모두 언급한 책의 재판(Santiago de Chile, 1969)에 수록되어 있다.

여기서 우리는 1492년과 재회한다. 왜냐하면 갈수록 수가 줄어들고 갈수록 부유해지는 저개발 유발 국가 그룹과 그 국가들에 의해 저개발된, 갈수록 수가 늘어나고 갈수록 빈곤해지는 국가들, 즉 프로스페로와 칼리반 사이의 분할은 1492년 이후 시작되었기 때문이다. 오백 년 전에 일어난 것으로 연도가 고정되어 있긴 하지만, 에릭 J. 홉스봄과 폴 케네디가 사용한 거친 용어를 빌리자면,[24] 세계가 "승전국들"과 "패전국들"로 나뉜 것은 시기적으로 18세기 이후, 특히 19세기 이후라고 믿자. 두말할 필요 없이 승전국들은 진정한 자본주의가 발달한 국가들이다. 또 이미 언급한 바와 같이, 패전국들은 단지 허약한 주변부적 자본주의만 이식받을 수 있었기 때문에(지금도 그렇다) 자신의 발전, 자신의 저발전을 희생하여 승전국들의 발전에 기여한 국가들이다. 이러한 흡혈귀적 착취 관계가 1992년에도 여전히 작동하고 있다는 사실을 보여 주는 예를 두 가지만 들겠다. 불평등 교역과 외채가 그것이다.

제1세계, 제2세계, 제3세계, 또는 북쪽, 남쪽이라는 국가 구분에도 대단한 변화는 없다. 첫 구분은 1952년 에마뉘엘 시에예스를 추모하여 알프레드 소비에 의해 만들어졌다.[25] 거의 20년이 지난 뒤 소비가 나에게 설명해 준 바에 따르면,[26] 그의 메타포에서 귀족 계급은 자본주의 선진

23  Walter Rodney, *How Europe Underdeveloped Africa*, Dar es Salaam, 1972.

24  Eric J. Hobsbawm, *The Age of Capital 1848~1875*, London, 1975, Chapter 7. Paul Kennedy, *The Rise and Fall of the Great Powers. Economic Change and Military Conflicts from 1500 to 2000*[1987], New York, 1989, p.151에서 재인용.

25  Emmanuel Sièyes, *Qu'est-ce que le Tiers Etat*[1789], Paris, 1982 참조.

26  나는 1971년 아바나에서 소비와 짧은 인터뷰를 가졌고, 이 인터뷰는 *Casa de las Américas*, no.70, January-February 1972, p.188에 「'제3세계'의 창안자」(El inventor de "Tercer Mundo")라는 제목으로 서명 없이 실렸다. 소비는 나에게 1952년 주간지 『프랑스 옵세르바퇴르』에 게재된 글에서 처음으로 그 명칭을 사용했다고 밝혔다. 나는 자료를 확인

국, 즉 제1세계에 상응한다. 고위 성직자 계급은 아직 스탈린(말만 해도 소름이 끼치는)이 생존해 있던 소련과 당시의 이른바 유럽 사회주의 진영의 국가들, 즉 제2세계가 구현한다. 제3신분은 이미 저개발국으로 알려진 빈국들이었다. 이 국가들 중 상당수는 상대적으로 얼마 전까지만 해도 식민지였거나 과거에 식민지였으며, 전체적으로 볼 때 지구상의 절대다수의 인구가 거주한(그리고 지금도 여전히 거주하고 있는) 제3세계 지역이었다. 불과 수년 후에 이 지역의 대표자들이 반둥에서 첫 회합을 갖게 된다. 알려진 대로, 오늘날 비양심적인 사람들에게 불안감을 안겨 주는 이 표현은 급속도로 확산되는 행운을 누렸는데, 이는 대부분 1789년의 부적절한 이해, 잘못된 적용에 기인한다. 제3신분 또는 그 중요한 부분이 프랑스혁명의 수혜자였다면, 게다가 의식적이든 무의식적이든 많은 사람에게 자본주의와 사회주의 사이의 '제3의 길'을 생각하게 만든 제3세계라는 표현의 경우에도 유사한 어떤 일이 일어나지 않았을까? 통치자들과 연구자들, 시인들은 앞다투어 열정적으로 이 용어를 취했고, 결국 개념-메타포가 되었다. 각양각색의 사람들에게 제3세계에 관심을 기울이는 것은 품격 있는 일이 되기에 이르렀다. 그러나 제3세계는 저개발의 굴레를 벗어나지 못한 채 신식민주의를 통해 계속 '제1세계'에 수탈당했고, 갈수록 빈곤과 침체 속으로 추락했으며, 고작 지적 심심풀이의 대상으로밖에 여기지 않는 사람들의 관심에서 멀어졌다. 그럼에도 국가들 간의 모순, 위대한 주인과 대지의 저주받은 사람들, 프로스페로와 칼리반

---

하지 않았다. 다른 작가들은 이 용어가 등장한 해가 1954년이나 1956년이라고 믿고 있지만 (그 근거가 뭔지 모르겠다) 나는 그의 말을 의심하지 않았다. 스탈린은 1953년 사망했고, 소비가 나에게 언급한 "제2세계"의 "성직자적" 성격은 그의 존재를 필요로 했다.

사이의 모순은 그 유효성을 유지해 왔다. 뿐만 아니라 그 효력은 더욱 커져 오늘날에는 인류의 주요 모순을 이루고 있다.

그럼에도 1965년(다시 말해, 아직 '제3세계'를 위한 가까운 해결책에 대한 희망에 부풀었던 시기)에 피에르 잘레는 이렇게 썼다.

정치적 탈식민화의 시기에 제3세계 국가들에 대한 제국주의의 수탈은 계속될 뿐만 아니라 더 강화된다. 제국주의의 전형적인 특징인 노동의 국제적 분업은 심화된다. [……] 제국주의가 조직하는 자칭 유례없는 체계는 [……] 단지 위장전술을 통해 오랜 식민 협약을 연장시킬 뿐이다. [……] 제국주의의 태양은 가장 빈곤한 지구의 절반 위에서 그 어느 때보다 빛난다. 단지 좀더 강하게 빛날 뿐이다. [……] // 과거처럼 제3세계는 아주 가혹하게 착취당하고 있다. 그러나 이제 이따금 그들의 손아귀를 빠져나가는 제3세계에 대해, 제국주의는 그 영원함을 의심하며 할 수 있을 때 최대한 이용하고자 한다.[27]

1971년(해결책에 대한 희망이 무너져 내리기 시작하던 때)에 폴 베어록은 두 그룹의 국가들 간의 생활수준 차이에 대해 이렇게 덧붙였다.

거의 스캔들로 비치기 시작할 만큼 심각한 수준에 이르렀다. 실제로 1950년경 선진국의 1인당 평균 소득은 제3세계의 9배에 달하며, 아시아와 미국 사이에서는 이 차이가 27배 수준으로 확대된다. 오 장황하게도![아니, 오 역설적이게도!—인용자] 개발도상국으로 지칭되기에 앞서

---

**27** Pierre Jalée, *Le pillage du tiers monde. Étude économique*, Paris, 1965, pp.113, 122.

당시에 저개발국으로 불렸던 나라들의 경제·사회적 상황은 당연히 엄청난 골칫거리, **전형적인 문제**가 될 것이다. [……] // [그 나라들의—인용자] 발전은 더뎠고 [……] 이는 지금의 속도를 유지한다면 저개발 국가들의 1인당 평균 소득이 1970년의 미국 수준에 이르는 데 130년 걸린다는(다시 말해 22세기에나 가능하다는) 것을 의미한다. [……] 1970년에 제3세계와 선진국 간의 1인당 평균 소득 격차는 1950년의 1:9 내외에서 1:14로 확대되었다. 아시아의 저개발 국가들과 미국 간의 격차는 1:42에 달한다.[28]

1992년 오늘, 부국과 빈국 간의 "벌어지는 격차"와 "제3세계 수탈", "전형적인 문제"는 거의 참을 수 없는 한계 수준까지 확대되었고, **그 결과** 1492년 이후 줄곧 그래 왔던 것처럼 그러한 현실에 대한 승인을 책임진 서구 우파 사상 또한 강화되었다. 이를 위해 침묵과 함구, 또는 외양은 바뀌지만 기능은 바뀌지 않는 화려하고 빛나는 수사修辭를 동원한다. 프로스페로의 가면은 폭로된 진실이나 문명, 또는 필요하게 되면 심지어 파시즘(프로스페로가 적절한 시점에 잃어버린 가면)으로도 불릴 수 있다. 그러나 가면 뒤의 늙은 얼굴은 골격이 거의 변하지 않는다. 물론 이것이 고유한 내적 모순을 숱하게 안고 있는 서구의 한복판에서 만들어진 사상의 **전부는 결코** 아니다. 프로스페로와 칼리반의 대조와 관련하여, 라스 카사스와 몽테뉴부터 우리 시대에 이르기까지 프로스페로의 땅에서 태어나 칼리반의 대의大義를 이해하고 그를 옹호해 온 많은 사람이 있다. 그러한 이해와 옹호는, 이미 거의 신화가 되었지만 매우 현실감 있게 느껴지

---

28  Paul Bairoch, *El Tercer Mundo en la encrucijada*, pp.11~13(강조는 인용자).

는 1960년대에 똑똑히 확인한 바와 같이, 고양된 성찰의 순간들과 서구 주요 지역들에서의 행동으로 나타났다.[29] 분명 지금은 고양된 시기가 아니다. 오히려 아주 암울했던 다른 시기들을 강하게 환기시킨다. 제국주의가 사라지기는커녕 한없이 더 악랄해지면서 **최신 유행을 좇는**up to date(식민 지배국 지역에 따르면, **첨단적인**à la page) 많은 이론가의 텍스트에서 실제로 사라지는 것은 그들이 사용하기를 극히 꺼리는 제국주의라는 **말(개념)**이다. 분명히 이 단어는 '거대 서사'와 (역방향으로à rebours) 관련되어 있는 것으로 추정된다. 그 이론가들 중 상당수가 유쾌하게 '거대 서사'의 위기 혹은 공공연한 종언을 선언했다. 물론 기습당한 민중들은 제국주의가 서류상으로만 죽었다는(그리고 부활해서 지금은 전 지구화, 신자유주의, 야만적인 시장, 빈국들에서의 국가의 약화, 초국가화, 사유화, 새로운 세계 질서…… 그리고 심지어는 빈정거림이 도를 넘어 민주주의와 인권으로까지 불린다는) 사실을 알아채지 못했다. 『포스트모던의 조건: 지식에 대한 보고서』(1979) 같은 책들에서 제국주의에 대한 언급은 눈을 씻고 봐도 찾을 수가 없다. 이미 한물갔지만 널리 알려진 저개발 유발 이데올로그인 장-프랑수아 리오타르는 이 책에서 "사회가 이른바 포스트산업 시대에, 그리고 문화가 이른바 포스트모던 시대에 진입하는 동시에 지식은 규정을 변경한다"라는 가정에서 출발한다. 그리고 이러한 현상은 "적어도 유럽의 재건이 마무리된 1950년대에" 시작되었다는 주장이 이어진다. 또 덧붙이기를, 그(이) 시대에

---

29 제3세계의 등장이 1960년대에 식민 지배국의 반항적·혁명적 사상에서 수행한 역할에 관해서는 Fredric Jameson, "Periodizing the 60's", *The 60's Without Apology*, Minneapolis, 1984, 특히 "I. Third World Beginnings"과 "6. In the Sierra Maestra" 참조.

지식의 습득은 정신, 그리고 심지어 개인의 교육Bildung과 불가분의 관계에 있다고 생각하는 옛 원리는 폐기되고 있으며 미래에는 더더욱 그렇게 될 것이다. [……] 지식은 팔리기 위해 생산되고 있고 앞으로도 그럴 것이다. [……] 지식은 이제 그 자체가 목적이기를 멈추고 '사용가치'를 상실한다. [……] 지난 수십 년 동안 지식이 주된 생산력이 되어 왔다는 것은 주지의 사실이다. [……] 개발도상국들에게는 주된 애로사항이 되고 있다. 후기산업 사회, 포스트모던 시대에 과학은 국민국가의 생산력 창고에서 중요한 위치를 점하고 있으며 장차 그 지위를 강화해 나갈 것이 분명하다. 이러한 상황은 선진국과 개발도상국 간의 격차가 앞으로 계속 확대될 것이라는 결론을 내릴 수 있게 하는 한 가지 이유다.[30]

여기에는 대단히 비인간적인 후기 자본주의 단계 및 고도의 피착취 국가들이 처한 끔찍한 상황에 해당하는 여러 진실이 언급되어 있다. 그러나 (지금 이 자리에서 나의 주제인) 뒤의 상황은 짐머만, 잘레, 베어록을 비롯한 많은 학자에 의해 명백한 거부와 함께 제시되었는데, 그들이 보기에 이러한 상황은 인류에게 악영향을 끼치는 개탄스러운 것이었다. 반면에 리오타르 같은 학자들(아마도 그들은 '인류'를 소멸한 가증스러운 거대 서사의 구성 요소로 간주할 것이다)에게는 사실의 단순한 확인일 뿐이다(곤충학자들은 판단하지 않는다). 앞의 학자들이 분개한다면, 길들여진 인공 두뇌의 아리엘들인 두번째 부류의 학자들은 '무관심은 배부른 사람들의 철학'이라는 속담을 입증한다.

---

30 Jean-François Lyotard, *La condición postmoderna. Informe sobre el saber*[1979], 3d ed., Madrid, 1987, pp.13, 16~17.

특히 지난 1980년대부터 부국들과 그들이 빈곤하게 만들었고 지금도 빈곤하게 만들고 있는 나라들 사이의 모순에 남북 관계[31]라는 (이미 사용된 바 있는) 명칭을 부여하는 것이 선호되고 있다. 이 상투적인 용어는 한동안 유지될 것으로 보인다. 여러 사실이 이 새로운 명칭을 뒷받침하는데, 특히 두 가지 사실이 두드러진다. 하나는 제3세계라는 용어의 의미 퇴색이고, 다른 하나는 제2세계로 간주된 세계의 증발이다. 제2세계의 현 관리자들(그들 중 상당수는 과거의 주인공이자 제2세계에서 일어난 여러 변형의 책임자이다)은 이 세계를 제1세계에 진입시키고자 열망하지만, 냉혹한 현실은 제2세계 대부분을 제3세계로 이끈다. 제3세계로 밀려난 제2세계 국가들은 빈곤을 더욱더 분배해야 하는 상황 앞에서 푸대접을 받을 것이다(이미 그런 대우를 받고 있다). 난관과 위기에 봉착한 사회주의 기획이 아직 유효한 극소수의 국가들(중국, 북한, 베트남, 쿠바)은 그 기획과 지형적 위치에도 불구하고 의심의 여지 없이 새로운 남쪽에 속한다. 따라서 이 명칭은 불과 얼마 전까지 사용되던 **현대적 의미의 동서**라는 명칭[32]과 마찬가지로 지리적 요소를 고려하여 만들어진 용어임에도 그러한 사실을 초월한다는 것을 잊어서는 안 된다. 이 두 쌍의 용어는 지리적

---

**31** The South Comission, *The Challenge to the South*, New York, 1990.

**32** 대체로 서쪽의 관점에서 전통적인 의미로 동서에 대해 얘기한 것은 이미 오래전이었다. N. I. Konrad, *West-East, Inseparable Twain. Selected Articles*, Moscow, 1967; Joseph Needham, *Dentro de los cuatro mares. El diálogo entre Oriente y Occidente*[1969], Madrid, 1975 같은 포괄적인 책들을 참조할 것. 서구에 의해 구축된 동양의 이미지에 대해서는 에드워드 W. 사이드의 『오리엔탈리즘』(New York, 1978)을 인용하는 것이 필수적이다. 1997년은 브램 스토커(Bram Stoker)의 소설 『드라큘라』가 나온 지 한 세기가 되는 해다. 이 소설의 첫 페이지에서 한 인물이 부다페스트(작품 속에서 아직 "Buda-Pesth"로 나온다)에 도착해 이렇게 말한다. "내가 받은 인상은 우리가 서쪽을 떠나 동쪽으로 들어가고 있다는 것이었다." 음울하고 늑대 인간이 출몰하는, 만들어진 동쪽은 1917년 이후 10월 혁명에 부과되고 후에 대부분의 사회주의 국가로 확장된 바로 그 개념이다.

현실이 아니라 사회·경제적 현실을 가리키며, 게다가 동서의 경우는 정치적 현실을 함축한다. 이러한 이유로 과거에 서구로 불리던 지역은 오늘날 갈수록 북쪽으로 불리는 경향이 두드러지는데, 오스트레일리아나 남아프리카공화국의 경우가 그렇다.

1492년에서 오백 년이 지난 지금, 칼리반은 우리 세기, 우리 시대에 대해 어떤 말을 더 할 수 있을까? 라틴아메리카와 카리브에게 1980년대는 잃어버린 10년이라는 말이 많은 경제학자 사이에서뿐만 아니라 이미 인구에 회자되고 있다면, 이와 유사하게 칼리반은 이미 저물어 가는 20세기가 잃어버린 세기가 아닐 것인지를 자문한다.

먼저 역사상 유례없이 잔혹하고 파괴적이었던 전쟁, 1914년 유럽에서 시작되었고 종결되었다고 어느 정도 확신할 수 있는 전쟁을 기억해보자. 우리는 "안녕, 자기야, 난 백년전쟁으로 떠나"라고 말하는 인물의 멍청한 농담에 모두 웃는다. 그러나 대략 1914년에 발발한 세계 전쟁에 대해 말하면서 그와 유사하게 멍청한 짓을 저지른다는 데 대해 늘 유념하지는 못한다. 우선, 1914~1918년에 일어난 전쟁은 제1차 세계대전으로 불리지 않았고 그렇게 불릴 수도 없었다는 것은 자명하다. 단지 세계 전쟁 혹은 대★전쟁으로 불렸을 뿐이다. 새로운 전쟁이 시작되었을 때 비로소 제1차로 명명되었다. 이미 제2차 전쟁이 있었기 때문이다. 게다가 그것들을 동일한 전쟁의 상이한 두 시기로 보지 않고 두 개의 서로 다른 전쟁으로 간주하는 것은 허풍스럽고 진부한 우리 시대의 또 다른 표명에 다름 아니다. 우리 시대는 이처럼 한편으로는 선조들을 망각하거나 날조하고, 다른 한편으로는 스스로 이름을 붙이면서 과거를 지우거나 수정하고 미래를 찬탈하려 한다. 그럼에도 불구하고 뒤의 경우와 관련하여 유럽의 다른 예들을 들자면, 암흑기로 폄훼되는 중세도 르네상스(대단히 호의적인 평가를 받고 있는데, 공연히 자본주의의 여명기가 아니다)도 오늘날 우리가 알고 있는 명칭을 사용하지 않았다. 르네상스라는 용어는 19세기에 처음 사용된 것으로 알려져 있다. 장 콕토는 더 재치 있게 큰곰자리를 이루는 별들은 지구가 자신들이 그런 그림을 구성하는 것을 본다는 사실을 알지 못한다고 설명했다. 백 년(틀림없이 그 이상 지속되었다) 전쟁으로 불린(물론 뒤에 가서) 전쟁은 한 세기 동안 끊이지 않고 계속된 전쟁이 아니라 역사가들이 그 시기들 간의 차이를 빤히 알면서도 유사성을 강조하면서 훗날 그렇게 이름 붙인 일련의 전쟁 시기였다. 이와 마찬가지로, 무분별하게 제1차 및 제2차 세계대전으로 불리는 전쟁들도 차이점보다는 유사성이 두드러지며, 세계라는 공통의 한정사가 다른 어떤 전쟁도 공유하지 못하는 근본적인 유사성을 드러내 준다. 더욱이 1914년에 전쟁을 촉발한 원인(헤게모니를 장악한 소수 강대국들 사이에서 이미 분배된 세계의 재분배)은 불행하게도 여전히 매우 유효하다.

1914년에 시작된 전쟁의 참화로부터, 그리고 무엇보다 그 전쟁을 뿌리부터 질식시키려는 의도를 가지고, 역사상 유례없는 가장 야심적이고 광범한 사회주의 실험이 1917년 과거의 차르 제국에서 시작되었다. 그 첫 열흘간은 하버드 출신의 탁월한 청년 저널리스트 존 리드에 의해 기록되었다.[33] 세계를 뒤흔든 그 실험은 많은 이에게 희망을 안겨 주었으며, 비록 큰 어려움을 겪었고 그 이름으로 수많은 범죄와 일탈이 자행되었지만, 가공할 희생을 치르면서 나치 파시즘의 패배에, 그리고 이어 광범한 탈식민화 과정에 결정적으로 기여하게 될 후진국의 근대화를 성취했다.

---

**33** 볼셰비키 혁명 과정을 기록한 르포 문학의 고전 『세계를 뒤흔든 열흘』(*Ten Days that Shook the World*, 1919)을 말한다. ─옮긴이

최근의 소비에트 체제 붕괴는 소비에트 체제가 (승자인 연합국들이 세계를 분배하려 했던 1945년 얄타협정에 따라) 지금은 해체된 소련의 위성국가들(보무도 당당한 소비에트 체제의 군대가 종종 친파시스트 체제들을 무너뜨리면서 이 국가들을 가로질렀다)에 강제한 체제의 붕괴를 의미했다. 소비에트 체제가 고립되고 침략당한 뒤에 전개된 사회주의 실험의 변질과 레닌의 때 이른 죽음, 후계자 후보군 사이의 권력 투쟁, 승리자 스탈린의 잔혹한 폭정, 특히 그 실험의 극적인 좌절과 존 케네스 갤브레이스를 고심하게 만들고 그 결과가 신문지상에 대대적으로 보도된 서투른 방법으로 자본주의를 재건하고자 했던 뒤이은 무질서한 분투는 사회주의의 희망에 가해진 최악의 가혹한 타격이었다.

1945년 이후 동서 양극 체제는 지금으로부터 30년 전에 발발했다면 인류의 실험 전체를 좌절시켰을 것으로 예상되는 또 다른 전쟁의 조짐을 보였다. 이 양극 체제는 수년 전 새로운 의미와 함께 탄생했고(슈펭글러의 『서구의 몰락』을 기억하라), 특히 파시즘 및 나치즘의 출현과 함께 강화되었는데, 주로 1917년 혁명과 그 결과에 대한 자본주의의 격렬한 반발이었다. 그럼에도 불구하고 '동쪽 진영'의 증발은 고대하던 영구적 평화 pax perpetua의 시작이 아니라, 이미 언급한 것처럼 1914년 이전과 유사한 단계로의 회귀를 의미했다. 칼리반은 결코 세상의 종말을 원치 않으며 그건 허황되고 터무니없는 얘기라고 믿는다. 그러나 미국이 소니, 미쓰비시, 혼다의 수많은 제품이 자신의 땅을 점령하고, 더 나아가 일본 자본이 자신의 기업을 인수하는 등의 상황을 매우 우려하고 있으니, 이 거대 국가가 금세기 초에 가련한 이스파노아메리카가 느꼈던 것에 견줄 만한 전율을 느끼게 될까? 금세기 초에 우리의 시인 루벤 다리오는 이렇게 썼다. "수많은 우리가 영어를 말하게 될까?" 상황은 많이 바뀌어서 이스파노아메리카인들에게 던지는 경고의 외침이었던 이 시구는 이제 벌리츠어학원이나 그 유사한 학교의 광고 문구로 탈바꿈한 것처럼 보인다. 그러나 다리오가 이 말을 한 지 백 년이 지난 21세기 초에 어느 미국 시인(포스트포스트모던 시인이 아니라고 믿자)이 이렇게 쓸까? "수많은 우리가 일본어를 말하게 될까?" 제발 우리 후손들은 개연성 있는 그러한 전율의 소름 끼치는 결과를 피할 수 있기를 바란다. 어쨌든 제프리 E. 가튼과 레스터 서로의 최근 저서[34]와 같은 책들의 존재를 알았을 때 분명 칼리반은 몹시 못마땅해했을 것이다.

세계대전의 두번째 시기 이후에 나타난 광범한 탈식민화를 언급했으니 이제 이 탈식민화가 대부분 금세기의 또 다른 대실패로 귀결되었다는 점을 덧붙여야 한다. 왜냐하면 상당수 국가가 당시에 옛 식민 지배국에서 떨어져 나왔지만, 신식민주의로 인해 다시 식민화되어야 했기 때문이다. 전쟁에서 (아주 적은 대가를 치르고) 대대적인 승전국이 된 미국에 의한 신식민주의가 특히 두드러졌다. 해리 맥도프의 잘 알려진 표현[35]을 살짝 바꾸어서 말하자면, 우리의 시대는 전통적인 식민지는 거의 존재하지 않지만 **전통적이지 않은** 식민지, 즉 신식민지는 넘치는 제국주의 시대다. 결과적으로 우리의 신식민 시대에 대해 말하면서 (피상적인 정치적 특징을 심오하고 결정적인 사회·경제적 구조와 혼동하여) 탈식민 시대라고 부르는 것은 프로스페로의 또 다른 엄청난 거짓말을, 아마도 무의식적으

---

**34** Jeffrey E. Garten, *A Cold Peace. America, Japan, Germany and the Struggle for Supremacy*, New York, 1992; Lester Thurow, *Head to Head. The Coming Economic Battle Among Japan, Europe, and America*, New York, 1992.

**35** Harry Magdoff, "Imperialism without colonies", *Studies in the Theory of Imperialism*, New York, 1972.

로, 받아들인다는 것을 의미한다.

한편, 세계대전 이후 두번째 단계가 종료된 현시점에서 경제적 승자로 부상한 두 나라는 40여 년 전에 군사적으로 가장 큰 패전국이었던 독일과 일본이다. 이 두 나라는 제재 조치로 군사적 재무장이 봉쇄되었기 때문에 부유해졌다.

또한 우리는 이른바 냉전이 종식된 이후 처음 발발한 전쟁들에 참가했다. 이 뜨거운 전쟁들은 미래를 위해 전혀 좋은 조짐이 아니었다. 불쾌하고 위험한 공포의 균형에 훨씬 더 불쾌하고 위험한 오만의 불균형이 뒤따랐다. 이미 우리는 1989년의 파나마 침공에서 그 증거를 가지고 있다. 파나마 침공은 놀랍게도 추적당하고 있던 한 남성[36]을 사냥하여 국외에서 재판한다는 명분으로 자행되었다. 제국주의의 새로운 아바타인 법률가(램지 클라크[37] 같은 이 분야의 권위자에 의해 기소되었다)의 훈련의 일환이었다. 그런데 반어적인 범죄소설에서처럼 그는 사냥을 명령한 대통령 자신이 통솔하는 음흉한 기관에 소속되어 있었으며, 그러한 구실로 기괴한 인권 개념을 실천하기 위해 수 시간 내에 수많은 파나마 사람들을 살상하도록 했다고 한다.

미국이 자신들의 마레 노스트룸mare nostrum[38]으로 변모시키고자 했던 우리 아메리카의 지중해에서 1898년부터 펼친 곤봉정책 또는 포함외교의 일환으로 이루어진 침략 전쟁의 긴 리스트에 파나마 침공이 이름을 올렸다면,[39] 1991년의 대對이라크 전쟁과 함께 새로운 방식의 침략이 시

---

**36** 국제 마약 사범인 대통령 마누엘 노리에가를 말한다.—옮긴이
**37** 존슨 대통령 시절 법무장관을 역임한 미국 변호사.—옮긴이
**38** 라틴어로 '우리의 바다'란 뜻으로 고대 로마인들은 지중해를 이렇게 불렀다.—옮긴이

작된 것으로 보인다. 미국 정부가 파나마를 침공했던 것처럼(이 경우에는 응징을 당하지 않았다) 이라크 정부가 쿠웨이트를 침공했다는 용인할 수 없는 사실로 인해 발발한 대이라크 전쟁은 언젠가 드골이 "이른바 연합된 국가들"les Nations dites Unies이라고 표현했던 유엔(이 기구의 안전보장이사회에서 쿠바는 유일하게 반대표를 던져 한 시대의 명예를 구했다)의 지원과 북쪽 국가들에 몇몇 남쪽 국가가 합류한 광범한 연합체, 그리고 근본적으로 비무장 상태지만 부국인 독일과 일본이 비용을 대는 미군에 의존했다. 노엄 촘스키는 자신의 제국의 존경스러운 바르톨로메 데 라스 카사스로서 이러한 사실을 거듭 폭로하고 공격했다. 다른 한편, 대이라크 전쟁이 일어나지 않았는지는 확실치 않지만(장 보드리야르가 장 아누이를 주해하면서 **말했던 방식으로**)[40] 전투 없는 전쟁이었다는 것은 맞다. 침략군은 신중하게 거리를 유지한 채 적의 투항이 분명해질 때까지 이라크군과, 특히 조직적으로 대량 학살된 시민들을 궤멸시키기 위해 진격했다. 그럼에도 **어떤 면**에서는 존재하지 않았던 전쟁, 그 끔찍한 대학살(대학살이 자행되는 장면은 싫증난 시청자들에게 기발한 TV 오락물로 제공되었다)은 미국의 도시들에서 음악이 울려 퍼지고 폭죽이 터지는 신나는 퍼레이드로 요란하게 축하되었다. 다행히 미국은 이러한 사실과 관련하여 촘스키나 에드워드 W. 사이드 같은 빛나는 양심을 가지고 있었다.

---

39 미국이 일으킨 침략 전쟁들에 대해서는 풍부한 참고 문헌이 있는데, 종종 경탄할 만한 미국 급진주의의 표현이다. 가령 Scott Nearing, *El imperio [norte] americano*[1920?], 2d ed., La Habana, 1961; Scott Nearing and Joseph Freeman, *La Diplomacia del Dólar. Un estudio acerca del imperialismo norteamericano*[1925], 3d ed., La Habana, 1973; Julius W. Pratt, *Expansionists of 1898. The Acquisition of Hawaii and the Spanish Islands*[1936], Chicago, 1964를 참조할 것.

40 Jean Baudrillard, *La Guerra del Golfo no ha tenido lugar*, Barcelona, 1991.

냉전 종식 이후의 특이한 열전熱戰 중에서 과거에 유고슬라비아와 소련의 일부였던 나라들처럼 찢긴 유럽 국가들에서 지금 이 순간 전개되고 있는 민족 간 전쟁을 언급해야 한다. 그 전쟁들은 그 자체로 끔찍할뿐더러 전 세계적으로 재앙적인 결과를 초래할 수 있다. 우리는 사라예보[41]의 망령이 원점으로 회귀했을 때 이를 똑똑히 보았다.

앞에 언급한 것들 못지않게 끔찍한 사실들이 또 있다. 1992년 현시점에서 짧은 기간이 경과할 때마다 1945년 히로시마와 나가사키에서 학살된 희생자의 수에 상당하는 많은 수의 어린아이가 기아나 치유 가능한 질병으로 죽어 간다. 반면 수백만의 다른 아이는 집도 없이 떠돌며 도둑질이나 매춘으로 목숨을 부지하는데, 이들 나라에는 이따금 장기를 팔기 위해 아이들을 매매하거나 쥐처럼 그들을 죽이는 것을 직업으로 삼는 조직이 존재한다. 얼마 전부터는 중세의 것으로 간주되거나 가공할 에이즈의 경우처럼 막 생겨난 전염병들이 돌아와 확산되고 있다. 에이즈에 대해서 혹자들은 그 기원이 인간이라고 추정한다. 또 지독한 마약 소비가 확산되고 있는데, 영혼 없는 신성한 시장에 의해 촉진되고 암울한 현재를 망각하고 더욱 암울할 것으로 예상되는 미래를 폐기하려는 열망으로 소비된다. 게다가 인간 동물(특히 서구와 북쪽의 변종)이 멸종시킨 동물의 종이 이루 헤아릴 수 없을 뿐만 아니라 물고기 없는 강과 바다, 새 없는 하늘, "침묵의 봄"[42](레이첼 카슨의 고전적 표현을 빌려 말하자면), 기하급수적으로 확장되는 사막, 유독한 대기가 급속히 늘고 있다. 이 모든 것

---

[41] 보스니아-헤르체고비나의 수도로 제1차 세계대전의 도화선이 되었다. 보스니아-헤르체고비나는 1992년 3월 유고슬라비아에서 분리·독립했으나 그 과정에서 발생한 이슬람계·세르비아계·크로아티아계 민족 간의 분쟁으로 내전의 중심지가 되었다.—옮긴이

[42] 환경 문제의 심각성과 중요성을 일깨운 20세기 환경학 최고의 고전.—옮긴이

은 인간조차 살기 어려운 환경을 야기한다. 생태주의자들, 자연보호주의자들, 환경운동가들은 이러한 상황에 맞서 여러 해 동안 정당하게 투쟁해 왔으며, 그들의 주장은 지난 6월 유엔이 리우데자네이루에서 개최한 ECO'92 회의에서 거의 만장일치로 승인되었다.[43]

물론 전체 구도 내에서 최악은 비교할 것도 없이 남쪽 국가들에 거주하는 사람들이 처한 상황이다. 이 글을 쓰고 있는 이 순간 그들(우리)은 지구상에 살고 있는 인류의 3분의 2 이상을 차지한다. 21세기가 시작될 무렵에는 4분의 3에 이르고, 21세기 중반에는 10분의 9에 달할 것으로 추산된다. 북쪽 국가들에 거주하지만 대부분 남쪽 출신인 수많은 가난한 사람을 잊지 않는다면, 또 대체로 북쪽의 공모자이기 때문에 스스로를 자국 국민이 아니라 북쪽의 일부라고 믿는 극소수의 부유한 남쪽 사람을 잊지 않는다면, 오늘날 지구상에서 3명 중 2명은 가난하거나 극빈자이거나 비참한 상황에 놓여 있다. **상황이 호전되지 않는 한** 다음 세기 초(바로 눈앞이다)에는 4명 중 3명이 될 것이다. 나의 조카들이 지금의 내 나이가 될 무렵이면, 그 비율은 10명 중 9명에 이를 것이다. 그리고 절대다수는 남쪽에 살고 있고 미래에도 그럴 것이다. 비율은 기하급수적으로 무섭게 커지고 있으며, 이는 남쪽의 가난한 사람들이 생활수준을 향상시키고자, 또 많은 경우 유일한 생존 방식으로서 북쪽으로 이주하고 있는 이유를 설명해 준다. 이러한 과정이 압도적으로 전개되고 있고 이미 심각한 문제를 야기하고 있기 때문에, 북쪽은 새로운 월경越境을 막기 위한 장벽을 세우고 있다. 때로는 이러한 장벽이 이미 세워져서 준準군사 조직이나 잔

---

**43** '환경과 개발에 관한 리우 선언'을 말한다. 1972년 스톡홀름에서 인간환경선언이 있은 지 20년 만에 지구인의 행동 강령으로 채택되었으며 27개 원칙으로 구성되어 있다.─옮긴이

혹한 저격수들에 의해 그들이 원치 않는 남쪽 사람들이 몰살되고 있다. 다시 신문으로 돌아가 보자.

　인종주의 국가가 아니길 바라는(집시들의 소망은 더 간절하다) 친애하는 스페인에서는 남미인들(일반적으로 이스파노아메리카인들)을 지칭하기 위해 경멸적인 의미의 '수다카'sudacas라는 단어가 생겨났다. 이 단어는 아마도 언급된 남미인들에 의해 자랑스럽게 회복될 것이며(남쪽 전체를 생각하며 나 역시 즉각 그렇게 할 것이다), 심지어는 이탈리아어 '게토', 프랑스어 '쇼비니즘', 러시아어 '포그롬'pogrom,[44] 미국 영어 '린치' 같은 몇몇 인접한 단어들처럼 국제화되는 애처로운 특권을 누리게 될 것이다(신기하게도 '지배 민족'Herrenvolk이나 '세계의 항문'Arschloch der Welt[45] 같은 독일어 용어는 국제화되지 않았다). 무엇보다 북쪽의 쇼비니스트들은 수다카들을 자신의 게토나 성벽 밖에 계속 머물게 할 수 없게 되자 이제 그들을 린치하기 위해 포그롬을 획책하거나 자행한다. 포그롬은 용이하지 않다. 수다카들의 인파가 펄펄 끓는 용암의 물결처럼 흘러들기 때문이다. 그리고 이 물결은 북쪽 자신이 발전하기 위해 저개발시켰고 지금도 저개발시키고 있는 국가의 사람들에게 야기한 치욕을 적나라하게 드러낸다. 많은 경우 이들은 종종 북쪽에 알려지지 않은 언어를 구사할뿐더러 문맹이거나 거의 교육을 받지 못한 굶주린 노예들이다. 이들은 북쪽의 안락한 생활 고유의 복잡한 도구를 다루는 훈련을 받지 못했고, 북쪽의 눈에 야만적으로 보이는(그 역도 성립한다) 신앙과 관습을 지니고 있으며, 위생적이지 못하고 난잡하다(인구를 폭발적으로 증가시키면서 세

---

**44** 집단 학살을 가리키는 말로 제정 러시아의 유대인 대학살에서 유래했다.—옮긴이
**45** 나치 강제수용소를 일컫는 말.—옮긴이

월을 보낸다). 또 북쪽에서는 이미 박멸된 질병의 병원균을 지니고 다니는데, 북쪽의 거주자들에겐 이 병원균에 대한 항체가 없다. 이는 1492년 이후 정복자들이 도착했을 때 원주민들에게 일어났던 일을 떠올려 준다.

그래서 북쪽이 마침내 모든 영역에서 승자로 간주되고, 심지어 후쿠야마[46] 같은 궁정 고문들, 즉 스티븐 디덜러스가 말하는 역사의 악몽이 종언을 고했다고 호들갑스럽게 귓속말을 속삭이는 헤겔의 형편없는 독자들이자 현실의 더 형편없는 독자들을 거느리고 있는 지금, 그들의 성곽은 다른 악몽이 아니라 남쪽에서 오는, 과거가 아니라 남쪽에서 오는 시끌벅적한 다채색의 육체적 존재들에 둘러싸여 있다.

---

**46** 위에서 논평한 논문 「역사의 종말?」(*The National Interest*, no.16, Summer 1989)을 확장한 프랜시스 후쿠야마의 책 『역사의 종말과 최후의 인간』(*The End of History and the Last Man*, New York, 1992)은 논문보다 나을 게 없지만 훨씬 더 길고 비싸다. 두 저술에서 작가는 소련인 알렉상드르 코제프니코프(Alexandr Kojevnikov)——프랑스에서는 코제브(Kojève)로 불리게 되었고, 훗날 그의 제자 후쿠야마처럼 정부 관료가 되었다——가 제안한 헤겔의 우파적 해석에 대한 열광적 지지를 인정하기 때문에 루이 알튀세르가 그에 대해 가졌던 견해는 대단히 흥미롭다. 알튀세르의 견해는 금년에야 비로소 알려지게 되었는데, 사후에 출간된 그의 책 *L'avenir dure longtemps suivi de Les faits. Autobiographies*, Paris, 1992, p.169에 관련 내용이 들어 있기 때문이다. 그로서는 생각지도 못한 일이었겠지만 그의 글은 프랜시스 후쿠야마의 주장에 대한 반박을 선취하고 있다. 분량은 적지만 충분한 내용을 담고 있는 알튀세르의 말을 들어 보자. "나는 어떤 경로를 통해 헤겔과 맑스가 프랑스에 소개되었는지 알고 있었다. 아주 소련인으로 경제부 고위 관료였던 코제프니코프를 통해서였다. 나는 어느 날 학교의 초청 강연을 부탁하기 위해 집무실로 그를 만나러 갔다[정상적인 일이다——인용자]. 시커먼 얼굴에 흑발인 그는 유아적인 이론적 아이로 잔뜩 무장한 채 왔다. 그는 미리 써 온 원고를 그대로 읽었고, 나는 그가——전쟁 이전에 모두가, 심지어 라캉조차 열렬히 그의 말에 귀를 기울였다——헤겔도 맑스도 철저하게 이해하지 못했다는 것을 금세 알아챘다. 그의 말은 필사적인 싸움과 역사의 종말에 집중되었고, 그는 역사에 놀라운 **관료적** 내용을 부여했다. 역사, 다시 말해 계급투쟁의 역사가 종말을 고한 뒤에도 역사는 멈추지 않는다. 그러나 이제 역사 안에서는 **업무 관리**의 기계적 절차만이 일어날 뿐이다(생시몽 만세!). 의심의 여지 없이 철학자로서의 욕망과 고위 관료로서의 전문가 신분을 결부시키는 방식이었다. // 헤겔에 대한 프랑스의 완전한 무지는 차치하고라도 코제브가 어떻게 라캉과 바타유, 크노를 비롯한 수많은 그의 청자를 그토록 매료시킬 수 있었는지 도무지 이해할 수 없었다"[후쿠야마는 레몽 아롱을 덧붙일 것이다——인용자].

만일 북쪽의 위대한 주인들이 그동안 반복해 온 협박을 실행에 옮겨, 증대되는 남쪽을 더 착취하는 대신 북쪽에서 생산되는 격조 높은 원료로 남쪽의 조악한 원자재를 대체하거나 이기적인 보호주의를 강화함으로써 남쪽 없이 살아가기로 결정한다면, 그때는 남쪽에서 기아와 질병, 무지, 절망, 광신이 증가하고, 무균의 북쪽을 향해 행진하는 남쪽 사람들의 물결은 기하급수적으로 불어날 것이다. 그것은 피할 수도 멈출 수도 없는 암울한 행진이다. 북쪽의 인구 1명당 남쪽 사람은 몇 명이나 있게 될까? 10명, 40명, 100명? 그리고 이러한 상황을 감안하여 북쪽의 주인들이 남쪽 주민을 없애기로 결정하고 남쪽에 원자, 화학 또는 세균 살상 무기를 투하한다면(그들은 비슷한 경험을 가지고 있다), 그들은 그것이 유발할 치명적인 구름이 자신들의 흉포한 자본주의를 그토록 자랑스러워하는 북쪽의, 세균도 새들도 자비도 없는 하늘에 도달하는 것을 막아 낼 수 있을까?

비겁하게 외면하거나 모르는 척할지언정 우리가 이러한 사실을 알고 있다면, 칼리반과 미란다의 불가피한 결합에서 생겨난 후손들, 명료한 통찰력과 선의를 가진 남쪽과 북쪽의 수많은 사람이 상상력과 용기와 힘을 동원해 편견과 증오, 분파주의, 탐욕, 어리석음을 강제로라도 쓰러뜨려야 하지 않겠는가? 그 끝이 자명하고도 너무 가까운 경주를 멈추기 위해 (우리가) 함께 투쟁해야 하지 않겠는가? 인류 역시 하나의 생태계이므로 남도 북도 분리되어서는 살아남을 수 없을 것이다. 인류 문명에, 진정 보편적이고 단합된 탈서구 세계[47]에 함께 다다르든지, 아니면 본질적으

---

**47** 다르시 히베이루는 '요약'과 참고 문헌에 앞서 그의 책 *El proceso civilizatorio. Etapas de la evolución sociocultural*[1968], Caracas, 1970, p.158을 끝맺으면서 "인류 문명"

로 사회적 존재인 인간이, 테야르 드 샤르댕[48]이 공포에 질릴 정도로 공룡보다 훨씬 더 열악한, 공허한 닫힌 길임이 입증되든지 둘 중 하나다. 왜냐하면 우리 인간 존재에게는 훨씬 더 크고 풍부한 힘과 능력이 주어졌기 때문이다. 사반세기 전에 C. L. R. 제임스는 이렇게 썼다. "만일 대지의 저 주받은 사람들이 자신의 과거를 깨닫지 못하고 미래에 자신에게 부과될 책임을 인식하지도 못한다면, 지구상의 모든 것은 저주받을 것이다. 그것이 바로 우리가 살고 있는 세계다."[49] 오늘날 유일하게 덧붙일 수 있는 것은 앞의 내용이 지구상의 저주의 집행자들에게도 마찬가지로 유효하다

---

(civilización de la humanidad)이라는 표현을 사용한다. 나로서는 "Nuestra América y Occidente", *Casa de las Américas*, no.98, September-October 1976, p.55에서 미래의 "탈서구"(posoccidental) 사회에 대해 말했다. 이 표현은 이 글에서 이베리아 세계에 적용한 "구 서구"(paleoccidental)라는 표현과 관련되어 있지만, 또한 의심의 여지 없이 수많은 '네오'(neos)와 '안티'(antis) 이후 그리고 때로는 그것들과 서로 번갈아 가며 이미 촉발되었던 '포스트주의'[포스트모더니즘, 포스트구조주의 등 근대를 대표하는 이론 앞에 포스트가 덧붙여진 비판적 흐름]와 관련이 있다. 그러나 서구 사회(문명 또는 문화) 이후에 와야 하고 그것을 헤겔적으로 극복해야 하는 '탈서구적' '인류' 사회(문명 또는 문화)는 George Steiner, *En el castillo de Barba Azul. Aproximación a un nuevo concepto de cultura*[1971], Barcelona, 1991에서 언급한 '새로운[원문 그대로—인용자] 개념'인 "탈문화"(poscultura) 같은 밀접하게 유럽 중심인 현실과 결코 동일시될 수 없다. 다른 한편, 나는 "우리가 발끝으로 걸어 들어가야" 하고 "문명(단수)과 문명들(복수) 사이의 구별이 더 이상 사회적 중요성을 갖지 않는 새로운 작동 방식을 만들어 내기 위해 애써야" 하는, 이매뉴얼 월러스틴이 말하는 "불확실한 미래"(incierto futuro)에 그러한 "탈서구적인" "인류 문명"을 목격할 수 있을 것이라고 생각한다. Immanuel Wallerstein, "The Modern World System as a Civilization", *Geopolitics and Geoculture. Essays on the Changing World-System*, Cambridge, England, 1991, pp. 229~230.

48 Teilhard de Chardin(1881~1955). 프랑스의 예수회 신부·신학자·철학자·지질학자·고생물학자로 인간은 신적(神的)인 종국을 향해 진화하고 있다고 주장했다.—옮긴이

49 C. L. R. James, "C. L. R. James on the Origins", *Radical America*, 2(4), July-August 1968. Lucy R. Lippard, *Mixed Blessings. New Art in a Multicultural America*, New York, 1990, p.57에서 재인용. 주 47에서 인용한 텍스트에서 월러스틴은 마땅히 "불평등은 피억압자들에게 해를 줄 뿐만 아니라 인간적 완성과 자아실현의 가능성을 박탈함으로써 직접적인 수혜자들에게도 (아마도 더 큰) 해를 끼친다"(pp.228~229)고 단언한다.

는 것뿐이다. 삼등실 승객이 물속에 가라앉아 익사한다면, 일등실 승객도 같은 운명에 처할 것이다. 다만 수의壽衣가 될 일등실 승객의 옷이 가짓수가 더 많고 값비쌀 뿐이다. 그리고 아마 더 최신식일 것이다(일등실 승객들은 유행에 민감하다).

발견(실은 발견이 아니지만 분명 모든 인간 존재의 필연적인 만남의 시작이었다) 이후 오백 년이 지난 오늘 우리가 공유하는 '멋진 신세계'brave new world의 원주민들, 1492년 검 형태의 십자가(십자가에선 사람의 아들이 한 번 그리고 백만 번 죽었고 지금도 계속 죽고 있다)가 그려진 돛을 펄럭이며 범선 세 척이 도착하는 것을 보았던 그들을 생각하면서, 그리고 그곳과 다른 장소들에서 나중에 일어난 일을 생각하면서, 우리의 유일한 선택은 그리스인들이 '아나그노리시스'anagnorisis라고 불렀던 것과 유사한 진정한 발견을 통해 그 끔찍한 시작을 완성하는(그리고 용서하는) 것임을 인식하자. 여기서 진정한 발견이란 "물결치는 각양각색의"ondulante y diverso 복합적 인간 존재의 발견을 말한다. 남자인 동시에 여자인, 범凡성적인 완전한 인간 존재. 황인종이고 흑인이며 붉은 피부에 백인이고 메스티소인 존재. 소비자이기 이전에 생산자(창조자). 그의 중심은 동시에 그의 주변이어서 동서도 남북도 없이 유일한 진짜 조국(마르티는 스토아철학자들의 개념을 다시 취해 "조국은 인류다"라고 말했다)인 인류의 거주자. 종교, 철학, 예술, 꿈, 유토피아, 공상이 도처에서 그의 발견을 알렸다. 그것은 선사시대의 끝이자 영혼의 순결한 역사의 시작일 것이다. 그렇지 않다면, 의심의 여지 없이, 우리 인간 존재는 때 이른 종말을 맞을 것이다. 우리 인간 존재는 우리에게 할당된 우주적 존재의 미소微小한 파편의 종말을 미리 재촉할 것이다. 그러나 그러한 재촉이 불가피한 것은 아니다. 아인슈타인과 사강 그리고 호킨스는 우리가(심지어 우리 무지한 사람들까지) 우주에 대한 상상력에 친숙해지게 했다. 다윈과 폰 웩스퀼, 굴드는 생명의 상상력에, 그리고 프로이트와 초현실주의자들, 프레드릭 제임슨은 무의식의 상상력에 익숙하게 해주었다. 그리고 맑스는 역사는 우리보다 더 많은 상상력을 가지고 있다고 공공연하게 주장했다. 아마도 아인슈타인이 당당하게 표명한, "상상력이 지식보다 중요하다"는 말로 이러한 생각을 요약할 수 있을 것이다.

극복할 수 없을 것처럼 보이는 사회 현실의 도전——앞선 시기에 롤랑과 그람시에게 지성의 회의주의에 맞서 의지의 낙관주의를 내세우게 했던——앞에서 상상력에 대한 믿음, 본질적으로 시적詩的인 그 힘을 내세우자. 그렇게 우리는 위협받는 미래의 집에 들어갈 준비를 할 수 있을 것이다. 비록 그 집이 아직 월터 페이터가 바랐던 "아름다운 집"House Beautiful은 아닐지라도. 우리는 시간과 희망으로 지은 그 집에 들어갈 준비를 해야 한다. 개인적으로 내가 만나 사랑했던 아리엘들 중에서 가장 칼리반적인 인물인 에르네스토 체 게바라 같은 인물들의 삶과 죽음은 바로 그 집을 짓는 데 바쳐졌다. 우리가 용기와 지성, 열정, 동정심으로 무장하고 함께 투쟁한다면, 그 집에는, 어두운 사람 헤라클레이토스[50]와 하늘의 계시를 받은 산타 테레사[51]를 주해하자면, 신들 또한 거처할 것이다.

---

**50** 고독한 생활과 평범한 사람들이 이해하기 어려운 기이한 언행 그리고 인류에 대한 경멸적 태도로 인해 후대 사람들로부터 '스코테이노스'(Skoteinos), 즉 어두운 사람이라 불렸다.—옮긴이
**51** Teresa de Jesús(1515~1582). 예수의 성녀 테레사로 불리는 스페인의 수녀. 카르멜 수녀회를 개혁했으며 스페인 신비주의 문학을 대표하는 작가의 한 사람으로 1555~1556년에 환시를 보았고 신비스런 음성을 들었다고 전해진다.—옮긴이

# 식인주의 앞의 칼리반<sup>*</sup>

1993년에 에세이 「칼리반」(1971) 일본어판에 후기를 썼다.¹ 이 후기를
다른 지면(『카사 데 라스 아메리카스』, 191호, 1993년 4~6월)에 발표하면
서 「칼리반과의 작별」이라는 제목을 붙였다. 이제 에세이의 논제가 효력
을 잃었다고 판단해 작별하기 위해서가 아니라, 다른 글로 넘어가고 싶
은 소망을 표현하기 위해서였다. 그 글에서 '칼리반'은 나에게 일종의 프
로스페로로 탈바꿈했다고 덧붙였다. 더 극적이고 더 유머러스하게 『픽션
들』의 작가가 「보르헤스와 나」를 쓰게 된 것과 흡사한 일이었다. 그러나
그 전략은 소용이 없었다. 작가가 특정 주제를 선택한다고 단정 짓는 것
은 신중치 못한 처사다. 오히려 주제가 작가를 선택하는 것처럼 보인다.
내가 뭐라 생각하든, 나는 셰익스피어의 인물에 의해 선택되었고 그는
나에게 계속 요구했을 것이다.

처음에는 그의 요구가 소심해서 자신에게 진짜 스페인어 이름을 부
여하게 했다. 태어날 때 그는 뛰어난 창조자에 의해 첫번째 'a'에 강세가

---

* *Nuevo Texto Crítico*, no.23~24, 1999.

**1** 이 책에 실려 있다.

오는 'Caliban'으로 불렸는데, 이는 영어 단어 'cannibal'의 철자 순서를 바꾸어 놓은 것이었기 때문이다. 프랑스어에서도 비슷한 이유로 이미 몽테뉴의 글에서 찾아볼 수 있는 'cannibale'이라는 단어에서 'Caliban'이 유래했으며, 물론 강세는 두번째 'a'에 놓였다. 또 스페인어에서는 프랑스어의 영향으로 'Calibán'이 받아들여져 널리 보급되었다(나 역시 대량으로 유포시켰다). 이런 형태를 마르티, 다리오, 그루삭, 로도, 바스콘셀로스, 레예스, 폰세, 카르펜티에르를 비롯한 많은 작가에게서 찾아볼 수 있다. 그러나 페드로 엔리케스 우레냐는 원래의 영어 단어에 충실하게 'Cáliban'으로 적었으며,『폭풍우』(마드리드, 1994)를 스페인어로 옮길 때 셰익스피어연구소의 번역자들도 마찬가지로 이 기준을 따랐다. 그러나 우리 언어에서는, 결국 문제의 핵심인 콜럼버스가 'caribe'라는 단어에서 'caniba'를 만들었고, 그 뒤에 'caníbal'이 만들어졌다. 그리고 이 단어의 논리적인 애너그램은 'Caliban'이다. 나는 오래전, 산티아고데쿠바에서 강연을 한 뒤부터 강세가 끝에서 두번째 음절에 놓이는 이 단어를 사용하고 있다. 논리에 부합하지 않는 뿌리 깊은 언어 습관을 바꾼다는 것이 얼마나 어려운 일인지 알지만, 이 합당한 수정이 받아들여지면 좋겠다. 반식민주의를 표방하는 텍스트가 제목부터 그러지 못하다면 매우 역설적이지 않겠는가.

성급했던 「칼리반과의 작별」 이후 내가 두번째로 이 주제를 다루게 된 것은 피터 홈의 부탁 때문이었다. 『폭풍우』의 일부를 발췌해서 스페인어로 옮기고 앞에 개괄적인 논평을 덧붙인 것을 말한다.

그러나 『누에보 텍스토 크리티코』의 요청으로 '오늘의 식인주의'를 다룬 특집호에 이 글을 쓰면서 「칼리반과의 작별」은 의미를 잃고 말았다. 이미 브라질의 식인주의와 관련된 자료를 읽고 메모를 해둔 상태였지만, 시간이 없어 처음에는 정중히 거절했다. 그런데 빅토르 로드리게스 누녜스가 자신이 오스틴 대학에서 발표한 미출간 원고 「칼리반은 식인종인가?: 오스바우지 지 안드라지부터 로베르토 페르난데스 레타마르까지의 라틴아메리카 문화 정체성」Calibán, ¿antropófago?: La identidad cultural latinoamericana de Oswald de Andrade a Roberto Fernández Retamar을 나에게 건네주면서 결정을 재고하게 만들었다. 이 글에서 로드리게스 누녜스는 관대하게도 내가 「칼리반」에서 "불가사의하게도 오스바우지 지 안드라지의 유산을 누락했다"고 지적했다. 여기에서 그는 매우 조심스럽게 로드리게스 모네갈이 「칼리반의 변신」에서 제기한 주장을 되풀이하고 있다.[2] 로드리게스 모네갈의 문제 제기는 근원적으로 (문학 논쟁이 아닌) 정치적 논쟁의 일환이었으며, 논쟁들에서 빈번하게 발견되는 신랄함과 오만함으로 가득 차 있었다. 이 점에 대해서는 『문도 누에보』에 대한 마리아 에우헤니아 무드로프치치의 논문과, 특히 책을 참조하라.[3]

분명 오스바우지 지 안드라지는 「칼리반」에서 언급된 수많은 작가 중에 포함되어야 마땅했다. 그러지 못한 이유는 단순히 1971년 당시 내가 아직 그의 작품을 알지 못했기 때문이다. 1993년의 에필로그에서 분명히 밝힌 대로, 프란시스코 빌바오와 마커스 가비 같은 인물들에 대해서도 상황은 마찬가지였다. 당시에 나는 이렇게 덧붙였다. "이렇게 무지한데도 내가 칼리반의 이름으로 말할 자격이 있다고 믿었다니!" 이러한 감탄문/수사 의문문에 대한 대답은 자명했다. 어느 누구도 무언가를 쓰

---

2 Emir Rodríguez Monegal, "Las metamorfosis de Calibán", *Vuelta*, no.25, 1978.
3 Maria Eugenia Mudrovcic, "Mundo Nuevo: hacia la definición de un modelo discursivo", *Nuevo Texto Crítico*, no.11, 1st Semester 1993; *"Mundo Nuevo". Cultura y Guerra Fría en la década del 60*, Rosario, 1997.

기 전에 모든 것을 알게 되기를 기다릴 수는 없는 법이다. 오스바우지 지 안드라지의 글에 익숙해지기 시작했을 때, 나의 지면에 그를 포함시켰다. 그래서 국제비교문학회Asociación Internacional de Literatura Comparada 8차 세 계 대회(부다페스트, 1976)에서 '20세기 세계문학에 대한 라틴아메리카 문학의 기여'라는 제목으로 강연을 하면서 이렇게 말했다.

> 유럽 아방가르드도, 그 나름대로, 결국은 반동적이었던 이탈리아 미래
> 주의자들의 프로그램을 넘어 [⋯⋯] (절정기의 초현실주의에서 볼 수 있
> 듯이) 가장 진정한 실현에 있어서는 '서구적' 가치에 대한 도전을 의미
> 했다. 그리고 이 도전은 일찍이 마리아테기가 간파한 것처럼, 서구 밖에
> 서 이루어지는 그러한 도전을 촉진할 수 있었다. [⋯⋯] // 유럽에서 비
> 판적으로 생겨난 진정한 아방가르드의 본질 자체에 부응하는, 라틴아메
> 리카 아방가르드의 가장 두드러진 성취 중의 하나는 라틴아메리카에서
> 이루어진 비유럽적 가치에 대한 도전적인 선언이었다. 이미 브라질 **모더
> 니즘**Modernismo이 무르익은 시점인 1928년 [⋯⋯] 오스바우지 지 안드
> 라지가 「식인종 선언」을 발표한 것을 말한다. 안토니우 칸지두에 따르
> 면,[4] 브라질 식인주의는 "식인종 원주민들이 적의 힘을 자신들의 육신에
> 합치기 위해 그들을 삼켜 버린 것처럼, 유럽적 가치들을 삼켜서 파괴한
> 뒤에 우리 현실에 통합시킬" 것을 제안했다.[5]

---

4 António Cândido, *Introducción a la literatura del Brasil*, La Habana, 1971, p.50.
5 Roberto Fernández Retamar, *Para una teoría de la literatura hispanoamericana*, 1st complete edition, Santafé de Bogotá, 1995, pp.224~225.

이 강연문은 이미 나의 책 『이스파노아메리카 문학의 이론을 위하여』 재판(보고타, 1976)에 포함되었다. 덧붙여 말하자면, 1978년 로드리게스 모네갈의 글이 발표되기 전이었고, 심지어는 강연문이 처음으로 미국 잡지 『다이어크리틱스』*Diacritics* 7권(1977)에 영문으로 게재되기도 전이었다.

위의 사실을 안다면 다음을 이해하기는 어렵지 않을 것이다. 1990년대 초, 칼리반에 관한 나의 글을 모아 책으로 출간하자는 한 편집자의 제안을 받았을 때(결국 책은 1995년 『칼리반의 모든 것』*Todo Calibán*이라는 제목으로 부에노스아이레스에서 나왔다), 나는 원래의 에세이에 몇몇 이름과 서지 정보를 추가했다. "칼리반 문화"의 예로 덧붙인 이름 중에는 마리우 지 안드라지와 타르실라 두 아마라우 외에 당연히 오스바우지 지 안드라지도 포함되었다. 지면을 아끼기 위해 "오스바우지 & 마리우 지 안드라지 외"로 편집되었다. 그런데 심술궂은 오탈자의 천사가 첫번째 이름인 오스바우지를 지워 버리고 말았다. 에세이는 그렇게 훼손된 채 발간되었을 뿐만 아니라 오식을 바로잡고 오스바우지의 이름을 복구하기까지 두 차례 더 그 상태가 유지되었다. 이 터무니없는 일이 마음 상하지만, 결국 나는 이것을 다행스런 실수*felix culpa*로 받아들였다. 단순히 그의 이름을 언급하는 데서 한 걸음 더 나아가 간략하게나마 이 지면에서 칼리반과 식인주의의 관계에 대한 나의 입장을 밝히도록 부추기기 때문이다.

식인주의로 시작된 브라질 모더니즘의 급진적 흐름을 개괄하는 것은 나의 의도가 아니다. 그럴 만한 시간도 지면도 허락되지 않거니와 『누에보 텍스토 크리티코』에 실렸던 이 글을 읽는 독자들은 다른 글들에서 자료를 충분히 찾을 수 있을 것이다. 물론 『헤비스타 지 안트로포파지아』,[6] 식인주의 운동의 주역 중 하나인 하울 보프가 예화 중심으로 간략하게 쓴 『식인주의의 삶과 죽음』,[7] 더 폭넓고 상세한 마리아 에우제니아 보아벤투라의 『식인주의 아방가르드』,[8] 핵심 인물인 타르실라 두 아마라우에 대한 「파우-브라질 회화와 식인주의」 같은 타당한 접근들,[9] 그리고 물론 그 밖의 여러 연구를 참조하는 것은 필수적이다. 「브라질: 대조의 땅」 Brasil-Terre de contrastes, Paris, 1957에서 로제 바스티드는 이렇게 적고 있다.

오스바우지 지 안드라지는 이렇게 식인주의를 창안했다. 이것은 원주민주의indianisme의 현대적 형태로서 낭만주의 시대의 '선한 야만인'bon sauvage이 아니라 백인 학살자, 식인종, 일부다처자, 공산주의자인 '사악한 야만인'mauvais sauvage을 예찬한다. 토착 식인귀에 대한 예찬. 그러나 상파울루의 근대적이고 서구적인 국제적 성격으로 인해 시대의 흐름에 따라 곧 신新원주민주의나 프로이트주의, 맑스주의의 색깔을 띠게 된다. 도시의 이민자들이 브라질의 살과 피를 먹어 치우듯이 오스바우지는 외국의 이론들을 집어삼킨다.[10]

아롤두 지 캄푸스(「식인종 선언」 저자의 복권復權은 상당 부분 그에게 빚지고 있다)는 에세이 「식인 이성에 대하여. 브라질 문화에서의 대화와

---

6 *Revista de antropofagia*. Reedição da revista literária publicada em São Paulo—1a. e 2a. "dentições"—1928~1929, Introdução de Augusto de Campos["Revistas Re-vistas. Os Antropófagos"], São Paulo, 1976.

7 Raul Bopp, *Vida e Morte da Antropofagia*, Rio de Janeiro, 1977.

8 Maria Eugenia Boaventura, *A vanguarda Antropofágica*, São Paulo, 1985.

9 *Arte y arquitectura del Modernismo brasileño(1917~1930)*, Caracas, 1978에 수록.

10 Oswald de Andrade, *Obra escogida*, Caracas, 1981의 서문 p.21에서 재인용.

차이」에서 바스티드의 개념에 동조할 뿐만 아니라 오스바우지의 식인주
의에 대해 이렇게 덧붙인다.

순종(교리문답식 교육)이 아닌 문화 횡단이다.[11] 아니 오히려 '가치 전도'
transvaloración, 즉 (니체적 의미에서) 부정적 기능으로서의 역사에 대한
비판적 시각으로서 전유뿐 아니라 징발, 탈서열화, 해체를 포괄한다고
하겠다. 우리에게 '낯선' 모든 과거는 부정될 필요가 있다. 다시 말해, 게
걸스럽게 먹어 치울 필요가 있다. 구체적인 설명을 곁들이자면, 식인종
은 논쟁가polemista(그리스어 폴레모스pólemos는 투쟁, 싸움을 뜻한다)이
지만, 또한 '선별가'antologista이기도 하며, 자신의 타고난 힘을 새롭게 하
고 강화하는 데 필요한 단백질과 골수를 뽑아내기 위해 용맹하다고 생
각하는 적들만을 먹어 치운다.[12]

식인주의에 대해 고찰하면서 우리는 불가피하게 탁월한 창시자인
오스바우지 지 안드라지와 마주쳤다. 그에 대해 잠시 살펴보겠다. 그러나
『전집』Obras completas을 살피는 대신(1970년부터 시빌리자서웅 브라질레이
라Civilização brasileira 출판사가 11권으로 된 그의 전집을 펴내기 시작했다),
이 글의 성격을 고려해 『전집』6권[13]과 두 권의 스페인어판 선집인 『식인
주의에 관한 글』[14]과 『선집』[15]을 대상으로 삼는다. 이 자료와 관련해서는

11 아롤두 지 캄푸스가 1940년 페르난도 오르티스에 의해 만들어진 이 용어를 원래의 의미대
로 사용하는지는 모르겠다.

12 Haroldo de Campos, "De la razón antropofágica. Diálogo y diferencia en la cultura
brasileña", *Vuelta*, no.68, June 1982, pp.12~13.

13 Andrade, *Obras completas*, VI, Rio de Janeiro, 1978.

나의 에세이의 간결한 제목이 알려 주는 바에 따르겠다.

그러나 우선 오스바우지 지 안드라지의 반란과 무정부주의적이고 논쟁적인 태도를 비켜갈 수는 없다(마리아 아우구스타 폰세카,[16] 특히 마리아 에우제니아 보아벤투라[17]가 집필한 작가의 전기를 참조할 것). 그럼에도 불구하고 그의 개인적·문학적·정치적 삶에서 종종 급격한 변화로 해석된 이 두 가지 특징에는 언급하게 될 예외와 함께 식인주의에 대한 그의 충실함이 동반되었다. 그러한 충실함은 「'파우–브라질' 시 선언」Manifiesto de Poesía "Palo-del-Brasil", 1924[18]에서 예고되었고 「식인종 선언」Manifiesto antropófago, 1928과 『헤비스타 지 안트로포파지아』Revista de Antropofagia, 1928~1929에 기고한 다른 글들에서 명시적으로 드러났다. 그리고 1954년 이미 죽음을 목전에 둔 상황에서 문학적 유언을 해달라는 요청을 받고 그는 이렇게 말했다. "원시인의 철학에 대한 미래 세대의 관심을 촉구한다. **식인주의는 나의 취향**이고 그 의식儀式은 삶에 대한 포식적인 개념의 척도이다"(『식인주의에 관한 글』, 12쪽, 강조는 인용자). 다만 그에게서 식인주의의 두 가지 견해 또는 구현을 구별해야 한다. 아방가르드와 결부된 첫번째 식인주의는 1924년에 윤곽이 그려지고 대략 1930년까지 이어진다. 이 견해는 가장 널리 알려지고 독창성이 가장 두드러지며, 사실상 무엇보다 예술과 문학을 고찰한다(오스바우지는 1943년에 이렇게 썼다.

---

**14** Andrade, *Escritos antropófagos*, Buenos Aires, 1993.

**15** Andrade, *Obra escogida*.

**16** Maria Augusta Fonseca, *Oswald de Andrade*, 2d ed., São Paulo, 1982.

**17** Boaventura, *O Salão e a Selva. Uma biografia ilustrada de Oswald de Andrade*, Campinas and São Paulo, 1995.

**18** 오스바우지 지 안드라지와 관련해서는 『선집』(*Obra escogida*) 판본에 준해 인용한다. 그 밖의 인용은 출처를 밝힌다. 몇몇 경우에는 내가 포르투갈어에서 직접 옮겼다.

"식인주의 운동은 [……] 브라질에 두 개의 위대한 작품을 선사했는데, 마리우 지 안드라지의 『마쿠나이마』*Macunaíma*[19]와 하울 보프의 『코브라 노라투』*Cobra Norato*가 그것이다[마리아 아우구스타 폰세카의 책 86쪽에서 재인용])."
두번째 견해는 1931~1945년에 해당하며 그에게 박해와 배제를 의미한 공산주의 투쟁을 단념한 후에 전개되었다. 1947년의 한 인터뷰에서 그는 이렇게 설명했다. "내가 브라질 공산당을 탈당했을 때, 자유롭고 탁월한 지적 회복을 느꼈다. 실존주의는 28년의 나의 입장 ― 식인주의 ― 을 강화시켰다"(『식인주의에 관한 글』, 53쪽). 칸지두에 따르면, 오스바우지는 이 두번째 식인주의 개념을 "모권 사회와 원시적 정신의 재건을 통한 사회 구원이라는 서정적·유토피아적 철학에 포함시켰다"(안토니우 칸지두, 『브라질 문학 입문』, 50쪽). 정력적인 작가가 브라질 공산당에 몸담고 있는 동안 식인주의는 그의 안에서 (거의) 잠을 잤고 후에 얼굴을 바꿔 다시 등장했다.

식인주의가 아방가르드와 결부되어 나타났다는 사실은 이미 밝혔다. 식인주의의 온전한 의미를 살피기 위해서는 아방가르드를 언급해야 한다(조르지 슈워츠의 『라틴아메리카의 아방가르드』와 『20년대의 아방가르드와 코스모폴리티즘』[20]을 참조할 것). 새로움과 차이의 열렬한 추구, 아방가르드에서 빈번하게 발견되는 과격주의*tremendismo*는 초기 식인주의와 무관하지 않다. 주지하다시피, 활기 넘치는 쿠바계 프랑스인 프란시스 피카비아는 1920년에 『카니발』*Cannibale*이라는 단명한 잡지와 「카니발

---

**19** 이 책은 한국어로 번역되어 있다. 『마쿠나이마』, 임호준 옮김, 을유문화사, 2016.—옮긴이

**20** Jorge Schwartz, *Las vanguardias latinoamericanas. Textos programáticos y críticos*, Madrid, 1991; *Vanguardia y Cosmopolitismo en la Década del Veinte. Oliverio Girondo y Oswald de Andrade*, Rosario, 1993.

다다 선언 Manifeste Cannibale Dada 을 발행한 바 있다. 물론 오스바우지 지안드라지의 식인주의가 의심의 여지 없이 독창적인 다른 방향에서 움직이긴 했지만, 그가 정통했던 당시의 프랑스 문학에도 다른 '선구자들'(?)이 없지 않았다. 오스바우지는 선구자의 존재를 인정했다. 예컨대 『수상록』의 「식인종에 대하여」를 들 수 있는데, 여기에서 28년의 「식인주의」가 나왔다(『식인주의에 관한 글』, 61쪽). 페드로 엔리케스 우레냐가 브라질 모더니즘에 대해 언급하면서 "브라질 혁명가들 중에서 가장 혁명적인 사람들은 그들이 창안할 수 있는 가장 놀라운 명칭을 찾아 자신들을 '안트로포파지스타'로 불렀다"[21]고 주장할 때, 그는 앞서 언급한 과격주의를 가리키는 것으로 보인다. 한편, 「'파우-브라질' 시 선언」과 「식인종 선언」의 명백한 유사성——식인이란 용어가 앞의 문건에 등장하지 않음에도 불구하고——으로 미루어 볼 때, 가장 "놀라운" 명칭을 제시할 의지가 없었다고(혹은 의지만 있었던 것은 아니라고) 생각할 수 있다. 그러나 다른 한편, 그 외에도 두 텍스트가 아방가르드를 특징짓는 요소, 즉 선언문의 조건을 공통으로 지니고 있다는 것을 잊어서는 안 될 것이다. 이미 1950년대에 나는 아방가르드 선언문이 **문학 장르**가 될 징후를 보인다고 지적한 바 있다. 선언적 성격과 불가피한 도식성, 그리고 번뜩이는 제안은 의도적인 것은 아니지만 명백한 공통의 분위기를 제공했다. 주장하는 바가 어쩔 수 없이 서로 모순된다고 느껴짐에도 불구하고, 결과적으로 두 텍스트는 오스바우지가 바랐던 것보다 훨씬 더 닮게 되었다. 그 특수성을 해명하는 작업이 언제나 그리 녹록한 것은 아니지만 그 작업에 착수해야 한다.

---

21 Pedro Henríquez Ureña, *Literary Currents in Hispanic America*, Cambridge, Massachusetts, 1945, p.191.

그렇게 할 때, 언급한 오스바우지 지 안드라지의 두 선언문이 우리 아방가르드(그리고 아마도 다른 아방가르드)의 가장 소중한 선언문에 포함된다는 것을 마땅히 인정해야 할 것이다. 그 자체가 간략한 요약이나 개요인 마당에 여기서 그 요점을 간추리는 것은 무의미하다. 불가피한 몇몇 인용으로 그칠 것이다. 첫 선언문(앞서 상기시킨 대로, 파리의 제1차 『초현실주의 선언』*Manifeste du Surréalisme* 및 부에노스아이레스에서 탄생한 『마르틴 피에로』*Martín Fierro*와 동시대)은 전통적 의미의 예술에만 국한되지 않은, 국가의 토착 예술에 대한 열정적이고 독창적인 옹호를 의미한다(안드라지는 훗날 트리스터옹 지 아타이지와 벌인 논쟁에서 "브라질성에 대한 나의 시도"라고 부르게 된다[『식인주의에 관한 글』, 21쪽]). 빈민가의 "사프란과 황토색의 판잣집들"뿐만 아니라 "야만적인 우리 고유의" 리우 카니발, 일상 언어가 복권된다. "우리가 말하는 대로, 우리의 모습 그대로." "분리합시다. 수입 시詩와 수출 시인 파우-브라질 시를." 세상을 등지는 것이 아니라(견문이 매우 넓은 안드라지에게는 불가능한 일이다), 수출에 우선권을 부여하기 위해, 역시 필수 불가결한 수입의 우선권을 최소화하는 것이다. 여기에서 브라질의 대표적인 수출품이었던 목재인 파우-브라질이 언급되었고, 결국 시에 명칭을 부여하게 되었다. "화학도, 역학도, 경제학도, 탄도학도 필요하다." 그러나 즉시 "완전하게 소화가 되어야 한다". 이제 아우구스투 지 캄푸스가 "기발하다"(『헤비스타 지 안트로포파지아』, 팩시밀리판 서문, 3부)고 평하는 두번째 텍스트 「식인종 선언」의 언저리에 와 있다. 소화는 그 상징이 되고 식인주의는 그 자연스러운 구현이 된다. "식인주의만이 우리를 결합시킨다. [……] // 우리는 카리브 혁명을 원한다. [……] 우리가 없었다면 유럽은 그 초라한 인권선언조차 갖지 못했을 것이다. // 아메리카에 의해 예고된 황금시대.

// [……] 이미 우리는 공산주의를 가졌었다. 이미 우리는 초현실주의 언어를 가졌었다. // [……] 포르투갈인들이 브라질을 발견하기 전 브라질은 이미 행복을 발견했다." 우리는 에르네스토 카르데날 같은 작가들에게서 비슷한 말을 다시 읽게 될 것이다. 이 선언문은 섬광과 유머 사이에서("투피족이냐 투피족이 아니냐, 그것이 문제로다"Tupi or not tupi, that is the question[22]), 과거의 복권이라는 심술궂은 가면 아래서 우리 역사, 우리 문화의 진정 창조적인 노선의 결정에 참여한다. 이 노선은 칸지두, 바스티드, 캄푸스 형제 그리고 베네디투 누니스의 평가에서 정확하고 탁월하게 분석되어 있다.

당시에 그 존재를 알았다면 며칠 만에 열광적으로 「칼리반」을 쓰면서 분명 오스바우지 지 안드라지의 식인주의 개념을 인용했을 것이다. 그럼에도 불구하고 나의 관점에서 유사점과 차이점을 지적하고 싶다. 식인주의와 「칼리반」 모두 공히 공식 역사가 더럽힌 우리 아메리카의 한 측면을 복권시키고 온당한 상징으로 내세우고자 했다. 둘 다 우리 고유의 특성에 따라 우리가 세계에 통합될 뿐만 아니라, 또한 세계가 우리에게 통합될 권리를 주장했다. 또 둘 다 이미지를 자유롭게 사용하는 시인들의 작품이다. 그러나 앞의 식인주의는 아방가르드 선언에서 비롯한 산물로서의 조건에 계속 빚지고 있다. 예컨대, 식인 메타포를 불합리로 환원시킴으로써 부르주아든 누구든 상대를 뛰어넘으려는 일종의 의지에서 그 부채가 확인된다. 물론 이 메타포를 그가 발견했다는 것은 인정한

---

**22** tupi와 to be의 음성적 유사성에 착안해 햄릿의 유명한 독백 "사느냐 죽느냐, 그것이 문제로다"(To be, or not to be, that is the question)를 패러디한 것으로, 여기에는 '타자의 문화의 비판적 포식'이라는 식인주의의 핵심 내용이 응축되어 있다. —옮긴이

다. 반면에 나는 많은 종족에 식인 풍습이 존재하고 그 의식이 어떤 현대적 의식에 희미하게 살아남아 있다는 것을 알면서도, 충분한 근거도 없이 식인종의 추정적 수성獸性과 그를 말살하거나 "문명화하는" 것의 불가피성을 강조하려는 단 하나의 목적으로 수없이 행해진, 식인 풍습에 대한 무차별적 비난에서 칼리반/식인종의 결백을 입증하고자 했다. 다른 한편, 오스바우지 지 안드라지의 전형적인 선언문뿐만 아니라, 내가 아는 한 그의 작품 어디에도 칼리반(프로스페로, 아리엘과 함께 삼각형의 한 변을 이루는 인물)이 등장하지 않는다(이 말이 정정되기를 바란다)는 사실은 흥미롭다. 물론 그는 셰익스피어를 모르지 않았고 온당하게 그를 찬양하기까지 했다. 굳이 그 이름을 언급할 의무가 없다는 것을 알지만, 거듭 말하건대 칼리반이 언급되지 않은 것은 흥미롭다. 아마도 칼리반이 유럽에서 탄생하여 운명의 부침을 넘어 내가 보다 직접적으로 속해 있는 두 개의 전통(이스파노아메리카와 카리브 전통)에서 이미 길고 강렬한 삶을 누린 반면, 브라질 전통에서는 그렇지 않았다는 데서 부재의 이유를 찾아야 할 것이다. 하나의 예외는 주아킹 마리아 마샤두 지 아시스의 시「높은 곳에서」No alto에서 발견된다. 1901년에 발표된 이 시는 아마도 연속성을 갖지 못한 것 같다.[23] 칼리반은 뒤에서 다시 인용하게 될, 다르시 히베이루의 『야만적 유토피아』에 등장한다. 그러나 대대적으로 등장하기 위해서는 1980년대까지 기다려야 했다.

　적지 않은 변화를 거치며 오스바우지 지 안드라지가 계속 식인주의에 충실했다고 이야기되었음에도 불구하고(나 역시 그렇게 말했다),

---

23 Gordon Brotherston, "Arielismo and Anthropophagy: *The Tempest* in Latin America", *"The Tempest" and Its Travels*, London, 2000, p.212 참조[2000년 9월의 주].

1933년 그가 1928년에 이미 완성했다고 말한 뛰어난 창작 소설 『세라 핑 폰치-그란지』*Serafín Ponte-Grande*를 발표하면서 격렬한 서문을 곁들 였다는 사실을 기억해야 한다. 당시에 이미 1929년의 대규모 금융 위기 가 닥쳤고, 이 위기는 심지어 그의 개인사에도 심각한 영향을 끼쳤으며, 그의 그룹의 분열과 외견상 몬테비데오에서 루이스 카를루스 프레스 치스를 만난 뒤에 이루어진 것으로 보이는 1931년의 브라질 공산당 입 당에도 영향을 주었다(『식인주의에 관한 글』, 59쪽 주 43). 1942년 '모더 니즘 운동'을 결산하는 회의에서 마리우 지 안드라지(그 무렵 개인적으 로 그와 완전히 결별했다)가 "이 운동의 가장 특징적이고 역동적인 인물" (『브라질 모더니즘 예술과 건축(1917~1930)』*Arte y Arquitectura dei Modernismo Brasilerio(1917~1930)*, 187쪽)로 불렀던 오스바우지는, 반복하자면, 순진하다 고 보지 않을 수 없는 그 서문에서 이렇게 말했다.

> 식인종 홍역에서 절정에 달한 모더니즘 운동은 진보적인 현상을 가리키 는 것처럼 보였다. 상파울루는 강력한 공업단지를 가지고 있었다. 커피 가격 상승이 고가의 제국주의적 초현실주의 옆자리에 반#식민지의 신 생 문학을 앉히지 않을지 누가 알겠는가? [……] // 커피 가격 상승은 제 국주의적 전술이었다. 파우-브라질 시 역시 마찬가지다. 그 모든 것은 위기의 트럼펫과 함께 추락해야만 했다. 철저히 고갈되고 반동적이었던 것은 아니지만, 편협하고 의심스러운 브라질 '아방가르드' 문학 거의 전 부가 몰락했던 것처럼. // [……] 나는 단순히 만사에 질렸다고 말하고 싶다. 나는 단 하나의 의지에 사로잡혀 있다. 적어도 프롤레타리아 혁명 에서 충돌의 동체가 되겠다는 의지에. (『선집』, 76~77쪽)

우리 아메리카의 전위주의자들 사이에서 내부로부터의 비판(심지어
는 철회)은 드물지 않았다. 바예호와 보르헤스라는 두 명의 위대한 전위
주의자들의 비판을 기억하는 것으로 족하다. 그러나 모더니스트인 오스
바우지 지 안드라지의 이 비판에는 강력한 정치적 배경이 깔려 있었다.
아마도 공산주의라는 홍역 탓으로 돌리는 것은 오류가 아닐 것이다. 그
의 방향 선회가 과격했다는 것을 잊지 말자. 이미 살펴본 대로, 그 자신의
말에 따르면, 1945년의 브라질 공산당 탈퇴는 그에게 "자유롭고 탁월한
지적 회복"을 의미했다. 칸지두에 따르면, 그는 "소생한 규율 잡힌"[24] 브
라질 공산당과 결별했을 뿐만 아니라, 스탈린, 즈다노프, 리센코 등이 군
림하는 소련이 주도하던 국제 공산주의 운동과도 결별했다. 그러나 충
분히 이해할 수 있는 거부와 더불어, 역시 칸지두의 말에 따르면, 오스바
우지는 "얼 브라우더가 주창한 타협을 통한 해결solución de compromiso을
택했"(같은 책)으며, 그를 "위대한 브라우더"(『전집』, VI, 224쪽)로 치켜
세우기까지 했다. 또한 그는 제임스 버넘의 『경영자 혁명』*The Managerial
Revolution*을 공공연하게 찬양했다(『전집』, VI, 127~129쪽). 이러한 일련의
거부와 수용, 그리고 인류학, 문화사와 역사, 철학, 특히 현상학과 실존주
의 등 매우 동떨어진 독서에 심취한(여전히 좌파였으므로 맑스와 엥겔스
를 폐기하지 않은 채) 사실로 비추어 볼 때, 그는 옛사랑(그를 선택했던 주
제?)인 식인주의로 돌아갔다. 그러나 그 성격은 과거와 달라져 있었다.
「브라질 문화의 식인주의적 양상. 따뜻한 사람」Un aspecto antropofágico de la
cultura brasileña. El hombre cordial, 1950(『전집』, VI)에서 확인할 수 있듯이, 그
가 브라질성을 완전히 잊은 것은 아니다. 여기에서 그는 세르지우 부아

---

24  Cândido, *Vários escritos*, São Paulo, 1977, p.77.

르키 지 올란다의 뛰어난 책『브라질의 뿌리』(1936)[25]의 유명한 장 「따뜻한 사람」을 이용하고자 했다. 그러나 무엇보다 그는 역시 1950년에 집필한 더 방대한 저술『메시아적 철학의 위기』*La crisis de la filosofía mesiánica*에서 새로운 관점을 제시했다. 이 책은 상파울루 대학의 철학 교수 채용에 지원할 목적으로 작성한 논문이었지만, 결국 그는 지원하지 않았다. 자신의 논문을 요약하면서 그는 이렇게 말했다. "유구한 역사를 통해 세계는 모계사회와 부계사회로 나뉜다. 그 적대적인 두 영역에 따라 식인 문화와 메시아적 문화가 존재하며, 기술의 정복에 의해 강화된 전자가 종합 또는 제3의 타협으로서 후자를 변증법적으로 대체하고 있다. 식인 문화의 기술화技術化된 회복만이 인간과 철학의 당면 문제를 해결할 수 있을 것이다"(『전집』, VI, 128~129쪽). 우리는 양식에 있어서도, 개념에 있어서도 아방가르드에서 태어난 식인주의와 동떨어져 있다.

비록 그의 마지막 책은 1부밖에 쓰지 못한 자서전이었지만, 사망하기 1년 전인 1953년 일간지『오 이스타두 지 상파울루』*O Estado de São Paulo*에 발표하였고 사후인 1966년 리우데자네이루에서 책으로 묶인 연재 기사『유토피아의 행진』*La marcha de las utopías*은 어느 정도 유서의 성격을 띠고 있다. 결국 그에게 빈번해진 문화주의적 성향과 더불어, 여기에서 브라질성에 대한 관심이 다시 등장한다. 꼭 명시적인 것은 아니었지만, 그가 소중하게 여기는 식인주의의 테제다. 그는 아메리카, 특히 브라질이 근본적인 역할을 수행하는, 실현 가능한 유토피아를 거듭 주장한다. 페르난도 아인사는 「라틴아메리카의 **끝없는** 유토피아 행진에서의 모더니티와 아방가르드」[26]에서 이 텍스트들을 논평했다. "주변부적 민중, 비역사

---

**25** Sérgio Buarque de Holanda, *Raíces del Brasil*, México D.F., 1955.

적 민중, 정복자나 세계의 주인, 제국의 건설자가 되지 않고 사는 것이 목표인 민중"(『전집』, VI, 189쪽)의 관점에서, 오스바우지 지 안드라지는 이렇게 주장한다. "아마도 몽테뉴의 식인종들에게서 태어날 새로운 사회학과 새로운 철학은 시대에 뒤떨어진 사람들과 과거의 유령적 모험가들이 소멸하지 않으려고 이용하는 혼란을 일소할 필요가 있다"(『전집』, VI, 192쪽). 다르시 히베이루의 책 『야만적 유토피아』는 이러한 노선에 포함될 것이다. 이 책의 날개에 모아시르 베르네키 지 카스트루는 정확히 이렇게 썼다.

불길하지는 않더라도 대체로 우울한, 동시대 선진 세계의 동료들과 반대로, 낙관주의와 희망과 창조적 기쁨을 발산하는 브라질식 유토피아다. '불가능의 증거'로 사는, 식인종 뿌리의 반유토피아 anti-Utopía.[27]

**그렇다면 오늘날 식인주의는?** 이것이 만약 이 영역에서 오스바우지 지 안드라지의 최고의 사유가 유효한가를 묻는 것이라면, 그 눈부심과 모순, 변화를 통해, 몽상적이고 논쟁적인 "뚱뚱한 돈키호테"——그의 친구 칸지두가 부른 대로——에게서 아직 배울 점이 많다고 말할 수 있다. 나는 서두에서 '칼리반'(다시 말해, 글의 주제)이 효력을 잃었다고 생각하지 않는다고 밝혔다. 그에 못지않은 충분한 이유를 가지고 오스바우지의 식인주의에 대해 비슷한 말을 해야 한다. 환호에 찬 흉포함으로 당면한

---

**26** Fernando Ainsa, "Modernidad y vanguardia en la marcha *sin fin* de las utopías en América Latina", *Cuadernos Americanos*, Nueva época, no.50, March-April 1995.

**27** Darcy Ribeiro, *Utopia Selvagem. Saudades da inocência perdida. Uma fábula*, 2d ed., Río de Janeiro, 1982.

우리 세계를 앙양할 때 그의 식인주의는 첫번째 출정의 포합적<sup>抱合的</sup> 포식에서 시작해 역사의 성취를 섭취함으로써 인류를 과거의 가장 고귀한 상태로 되돌리려는 과감한 유토피아적 기획을 이끌어 냈다. 모든 것은 굳세고 용감하게 그 이미지들을 믿었던 한 시인의 영감으로 이루어졌다.

아바나, 1999년 8~9월

# 페르난데스 레타마르의 '칼리반론'
## 탈식민주의적 관점에서 라틴아메리카 읽기

## 「칼리반」: 라틴아메리카의 『오리엔탈리즘』

중심부의 헤게모니가 작동하는 지식의 지정학을 어떻게 극복할 것인가의 문제는 라틴아메리카 지식인들의 오랜 화두였다. 왜 라틴아메리카는 고유한 이론이나 담론을 생산하지 못하고 단순한 학문적 대상으로 전락하거나 서구의 규범과 지식 체계를 수동적으로 재생산하는 역할에 머물러야 하는가? 우리의 "이론적 말 더듬기"는 체계적이고 통합적인 사유를 생산할 능력이 없는가? 이 고통스러운 질문 앞에서 '밖으로부터' 라틴아메리카를 규정해 왔던 지배 담론에 맞서 '안으로부터' 자신들을 설명해 낼 독자적인 대항 담론의 필요성이 지속적으로 제기되어 왔다. 쿠바의 문학가 로베르토 페르난데스 레타마르도 일찍이 이러한 문제의식을 가지고 있었다.

　『이스파노아메리카 문학의 이론을 위하여』*Para una teoría de la letera-tura hispanoamericana*, 1975에서 페르난데스 레타마르는 괴테의 세계문학 Weltliteratur 개념을 거론하면서, "이 개념이 사용되기 시작한 지 한 세기 반이 흘렀지만 아직 하나의 세계가 존재하지 않기" 때문에 "여전히 세계문학 혹은 일반문학은 존재하지 않는다"고 언급한다. 그에 따르면, 동질적인 세계도 보편적 문학 생산도 존재하지 않으므로 "하나의 문학 이론은 하나의 문학에 관한 이론"에 지나지 않는다. 그는 지배 국가들에 의해 생산된 일반 이론과 서구 중심적 세계문학의 "사이비 보편성" 및 문화 제국주의에 맞서 이러한 비평적 의제를 제안한다. "우리는 우리의 구체적 현실을 고려하고 그 특성을 지적할 필요가 있다. 그렇게 함으로써만 전 세계를 통해 우리의 공통분모를 인식하고 실제적인 유대를 발견할 것이며, 또 언젠가 정말로 일반문학에 대한 보편 이론에 도달할 수 있을 것이기 때문이다." 복합 문화적인 라틴아메리카의 복수성, 다시 말해 지역적 특수성과 횡단적 보편성의 그 독특한 변증법을 주체적으로 설명해 낼 고유의 자생적 이론이 요구되며, 그럴 때만이 비로소 진정한 보편 이론으로서의 존재 의의를 확보하게 될 것이라는 주장이다. 그의 주저인 「칼리반」은 이러한 요구에 대한 대표적인 응답의 하나로 라틴아메리카 문화와 정체성 논의에서 빼놓을 수 없는 핵심적인 텍스트다. 프레드릭 제임슨은 이 책에 대해 라틴아메리카에서 에드워드 W. 사이드의 『오리엔탈리즘』에 견줄 만한 가치를 지니며 라틴아메리카 땅에서 그와 유사한 불안과 동요를 불러일으켰다고 평가한 바 있다.

이 책에는 1971년 『카사 데 라스 아메리카스』 68호에 발표된 표제글 「칼리반」을 비롯하여 칼리반이라는 '개념적 인물'과 관련해 쓰인 다섯 편의 글이 묶여 있다. 「칼리반」은 라틴아메리카의 문화와 뿌리, 정치적 전망에 관한 연구와 성찰, 논쟁의 기획 일체를 아우르며 시종일관 반제국주의적·반자본주의적·반서구 중심주의적 시각을 견지하고 있다. 오스바우지 지 안드라지가 주도했던 브라질의 식인주의 운동을 '칼리반론'

의 관점에서 논한 마지막 글을 포함해 이 책에 실린 후반부 네 편의 글은 앞의 에세이에 대한 보론적 성격을 띠고 있다. 따라서 라틴아메리카의 사회정치적·문화적 상황을 탁월하게 분석하고 있는 동일 주제의 일련의 글을 통해 1970년대부터 20세기 말에 이르기까지 세계 질서의 변화 속에서 그의 '칼리반론'이 어떻게 반복·변주·확장되어 왔는지 엿볼 수 있다. 표제 에세이 「칼리반」에 가해진 수정과 일련의 보론에서 페르난데스 레타마르는 1971년 초판본의 일부 고발주의적 요소에 변화를 주려고 노력했지만 비판과 제안, 반란적인 정치적 시각은 변함없이 유지되고 있다.

## 칼리반, 어떻게 이해할 것인가

셰익스피어의 숱한 극중 인물 중에서 『폭풍우』에 등장하는 시코락스의 아들 칼리반만큼 다양하게 해석된 인물은 없을 것이다. 지난 4세기 동안 세계의 수많은 작가·예술가가 프로스페로에게 예속된 노예인 이 야만적인 괴물에게서 흥미롭고 유용한 기표를 발견했다. 20세기에는 특히 카리브 지역과 라틴아메리카, 아프리카의 문화적인 상황과 현실에 부합하는 상징이자 문화적 아이콘으로 폭넓게 채택되었다. 먼저 미 제국주의자의 상징으로, 그리고 더 최근에는 제3세계 피식민 민중의 상징으로 부상한 것이다.

　　1898년 니카라과의 시인 루벤 다리오는 「칼리반의 승리」El triunfo de Calibán라는 선동적인 에세이에서 칼리반에 관한 주목할 만한 해석을 제공한 바 있다. 아리엘/칼리반의 이항 대립에 기대고 있는 이 글에서 다리오는 셰익스피어의 『폭풍우』를 관통하는 식민주의적 타자 인식을 전복시켜 오랫동안 라틴아메리카인들에게 덧씌워졌던 야만적인 칼리반의 이미지를 미국의 천박한 물질주의와 제국주의적 팽창주의에 돌리고 있다. 허울 좋은 범아메리카주의Pan-Americanism의 이면에 감춰진 양키의 "야만적 문명"에 대한 신랄한 비판과 거부는 후안 바우티스타 알베르디나 도밍고 파우스티노 사르미엔토 같은 앞선 세대의 지식인들이 취했던 입장과 대척점에 서 있었다. 그들은 '문명과 야만'의 타자화 논리를 내세워 본질적인 라틴아메리카성을 부정하고 실용주의와 실증주의에 토대한 미국의 근대화 모델을 이식할 것을 주장한 바 있다.

이러한 입장 변화는 1898년의 미국-스페인 전쟁이라는 역사적 사건의 맥락에서 이해될 수 있다. 19세기를 거치면서 스페인 제국은 식민지 국가들의 독립 전쟁과 함께 패권 경쟁에서 점차 헤게모니적 지위를 상실했다. 1898년 전쟁에서 패배함으로써 스페인의 몰락은 가속화한 반면, 미국은 세계 권력의 중심으로 부상하게 된다. 1848년 미국-멕시코 전쟁 후 맺어진 과달루페 이달고 조약으로 뉴멕시코와 텍사스, 캘리포니아를 손에 넣었던 미국이 거둔 또 한 번의 승리는 인종주의와 결부되면서 라틴족에 대한 앵글로색슨족의 우월성을 입증하는 것처럼 보였다. 이러한 급변하는 세계 정세 속에서 세기말의 라틴아메리카 지식인들은 자연스럽게 자신의 정체성에 대한 재정의를 모색하게 된다. 세기 전환기 라틴아메리카 사상의 척도로 평가받는 호세 엔리케 로도의 『아리엘』*Ariel, 1900* 역시 다리오의 글과 마찬가지로 아리엘로 표상되는 그리스-라틴 문화의 뿌리 깊은 정신주의적 가치에 주목한다. 이 기념비적 저작에서 로도는 미국을 라틴아메리카의 미래를 가로막는 강력한 위협 요소로 간주하고 그 가증스러운 제국주의적 모더니티를 칼리반으로 명명한다. 한편, 거의 동시대를 살았던 다리오는 현실도피적 세계주의 성향으로 인해 상아탑의 유미주의자로 평가받았고 심지어 로도로부터 "아메리카의 시인이 아니다"라는 비아냥까지 들어야 했는데, 그런 그가 로도보다 2년이나 앞서 반미와 스페인주의Hispanismo, 범라틴아메리카주의를 선양하는 '문화 팸플릿'을 발표했다는 것은 놀라운 아이러니다. 실제로 「칼리반의 승리」는 다리오가 비정치적 시인에서 급진적 아리엘주의자로 탈바꿈하는 터닝 포인트가 된다. 그러나 다리오와 로도가 미국의 현실적 힘 앞에서 정신주의에 기초한 유토피아적 담론을 전개한 것은 순진한 현실 인식에서 비롯한 지식인의 무기력한 몸짓에 불과하다는 비판이 제기될 수 있다. 무엇보다 두 사람의 주장은 칼리반/아리엘의 이항 대립에 집착함으로써 『폭풍우』의 또 다른 인물인 정복자 프로스페로의 존재를 부각하지 못할 뿐만 아니라 그리스 숭배 같은 유럽 중심적 태도와 관점을 폐기하지 못한 채 라틴 혈통에 속하지 않은 인디오나 흑인을 타자화하는 한계를 드러낸다.

이러한 한계를 극복하는 과정에서 아르헨티나의 아니발 폰세나 쿠바의 페르난데스 레타마르, 마르티니크의 에메 세제르 등은 탈식민주의적 관점에서 칼리반을 식민지배자 프로스페로에 저항하는 "대지의 저주받은 사람들"의 상징으로 재해석하게 된다. 이들의 새로운 해석은 무엇보다 프로스페로가 가르쳐 준 언어를 저주를 퍼붓기 위한 수단으로 사용해 그에게 저항함으로써 순응과 예속의 고리를 끊는다는 점에 초점을 맞춰 칼리반의 투사로서의 면모를 강조한 결과다. 예컨대 셰익스피어의 작품을 탈식민주의적 시각에서 개작한 세제르의 『어떤 폭풍우』(1969)에서도 반란은 실패로 끝나지만, 칼리반은 자신의 잘못을 인정하고 굴종적인 노예의 삶으로 돌아가는 대신 "자유 만세!"를 외치며 당당하게 자기 해방을 선언한다. 자생성과 주체성을 강조하는 이들의 담론적 실천은 제3세계의 지식인들이 모색했던 독자적인 자기 정체성 탐구의 산물이자 서구 지식계의 세례를 받아 고유의 전복성과 저항성을 상당 부분 상실한 채 영미 문학의 주류 담론으로 변질된 탈식민주의 이론에 대한 대안으로서의 의미를 갖는다.

## 라틴아메리카 지식인 지도 그리기

페르난데스 레타마르는 『폭풍우』의 인물들에게 부여되었던 정치·문화적인 의미를 재구성하는 면밀한 해석학적 독서를 통해 기존의 이해에 문제를 제기한다. 『칼리반』에서 그는 세제르와 마찬가지로 칼리반을 제국주의에 종속된 (신)식민지 민중을 두루 가리키는 "개념-메타포"로 규정한다. 다른 한편, 칼리반과 같은 섬에 사는 아리엘에 대해서는 로도와 홀리오 안토니오 메야부터 데오도로 로카에 이르기까지 그를 식민지 상황에 놓인 라틴아메리카 지식인과 동일시해 온 통상적인 해석에서 크게 벗어나지 않는다. 페르난데스 레타마르에 따르면 아리엘은 프로스페로의 겁에 질린 노예로서 주인을 섬길 것인가, 아니면 칼리반과 힘을 합쳐 진정한 자유를 위한 투쟁에 나설 것인가의 기로에 놓여 있으며, 결국 이 책의 내밀한 구조는 '우리 아메리카의 사회주의·반제국주의 헤게모니를 구축할 혁명적 지식인을 어떻게 낳을 것인가?'라는 그람시적인 질문을 맴돈다. 이 물음에 답하기 위해 저자는 일반적인 도식이나 맑스주의 고전에 호소하는 대신, 일종의 라틴아메리카 지식인 지도 그리기를 통해 민중적 기반의 해방 정신으로 무장한 비판적 지성, 대항 헤게모니 투쟁에서 칼리반과 연대하는 혁명적 지식인의 필요성을 역설한다. 프레드릭 제임슨이 후기 자본주의 시대에 우리가 잃어버린, 러셀 자코비 식의 마지막 지식인the last intellectuals으로 규정한 바 있는 페르난데스 레타마르도 이러한 지식인 유형에서 크게 벗어나지 않을 것이다.

실제로 이 책은 저자가 호세 마르티를 비롯하여 시몬 볼리바르, 호세 카를로스 마리아테기, 에세키엘 마르티네스 에스트라다, 페르난도 오르티스, 프란츠 파농, 에르네스토 체 게바라 등 혁명적 지식인들의 사상을 계승하고 확장한 결과다. 특히 쿠바의 국부國父 마르티의 영향은 절대적이다. 페르난데스 레타마르가 1977년 마르티 연구 센터를 창설하여 1986년까지 이끈 것은 결코 우연이 아니다. 그는 "우리의 반식민주의적 태도와 일치하려면, 행동과 사유로 이러한 태도를 구현하고 가르친 이 땅의 사람들에게로 진정 돌아가야 한다"고 주장하면서 마르티를 가장 유용한 예로 제시한다. 마르티는 맑스가『자본』을 쓰고 있던 바로 그 시점에 자본주의적 모더니티를 예견했을 뿐만 아니라 미 제국주의의 위협과 근대 세계에서의 빈곤 가능성을 이해한 최초의 지식인 중 하나였다.「칼리반」의 저자는 마르티의「우리 아메리카」Nuestra América, 1891를 "지난 세기 말부터 1962년 제2차 아바나 선언이 나올 때까지 우리 아메리카에서 발간된 가장 중요한 문헌"으로 평가하면서 이 에세이에 온축된 라틴아메리카 문화에 대한 칼리반적 시각을 취해 정전화된 서구적 논리를 무너뜨린다. 마르티의 메스티사헤 개념에 깃든 반인종주의, 반식민주의는 진정한 토착적 아메리카성의 옹호로 요약되는 페르난데스 레타마르의 정치적·사회적·윤리적 급진주의의 근본 요소를 이룬다.

이처럼「칼리반」에 실린 글들은 결코 셰익스피어의 인물들에 관한 단순한 탐구나 라틴아메리카에서의 수용에 대한 기술에 머물지 않는다. 사실 치열한 현실 인식과 예리한 통찰력이 돋보이는 표제 에세이「칼리반」은 마르티가 제공한 분별력을 가지고, 에베르토 파디야 사건으로 쿠바가 서구의 비난에 직면했던 1971년의 절박한 상황에서 쓴 반론의 성격이 강하며, 적어도 쿠바 혁명 이후 첫 12년을 이끌었던 문화 정책의 전략적 노선을 체계화하는 작업, 즉 문화를 위한 반제국주의 기획의 일환으로 구상되었다. 한마디로 몸과 마음으로 쿠바 혁명을 옹호하는 지식인의 성찰인 셈이다. 저자의 바람은 "라틴아메리카와 카리브를 세계의 여타 지역과 단절된 곳이 아니라 세계의 일부, 즉 서구의 새로운 변형이 아니라 여타 지역과 똑같은 관심과 똑같은 존중을 통해 바라보아야 하는 지역으로 제시하는 것"이었다. 그런 이유로 이 책은 "라틴아메리카 문화라는 것이 존재하긴 합니까?"라는 한 유럽 신문기자의 회의적인 질문과 함께 시작된다.

한편, 마르티나 체 게바라 같은 칼리반적 인물들 외에도 페르난데스 레타마르는 이 책에서 식민 지배국의 문화 앞에서 사대주의와 순종에 길들여지고 식민성에 침윤된 또 다른 지식인의 자화상을 추적하고 있다. 그들은 마르티의 안티테제인 사르미엔토로 대표되는 지식인 모델에 속하며, 호르헤 루이스 보르헤스처럼 세련되고 박식한 인물부터 발 빠르게 전향자가 된 카를로스 푸엔테스 같은 옛 좌파, 그리고 미국중앙정보국의 자금으로 문화적 책략을 주도했던 에미르 로드리게스 모네갈 같은 아류에 이르기까지 식민자의 이데올로기를 정당화하기 위해 자유세계에 통합되고자 했던 다양한 부류의 반칼리반적 작가·지식인이 그의 예리한 비판의 칼날을 피하지 못한다.

## 칼리반이 꿈꾸는 세상

페르난데스 레타마르는 현재와 미래의 라틴아메리카에 대한 새로운 이미지를 구축하고 있는가? 칼리반은 다른 세상을 꿈꿀 수 있을까? 『칼리반』에 실린 글들은 일종의 유토피아 기획으로 이해될 수 있다. 표제 에세이 「칼리반」은 명시적으로 라틴아메리카의 반란적 문화정치 프로그램을 제안하면서 끝을 맺는다. 그 바탕은 문화에 관한 카스트로의 고찰과 라틴아메리카의 모든 문화계와 대학이 "흑인과 물라토, 노동자, 농민으로", 즉 민중으로 분장해야 함을 주장하는 체 게바라의 1959년 연설이다. 그러나 엄밀하게 말해 페르난데스 레타마르의 '개념–메타포' 칼리반은 라틴아메리카의 경계에 갇혀 있지 않다. 그의 유토피아 기획은 라틴아메리카주의를 넘어 남도 북도 없는 탈서구적인 인류 문화를 주창하며, 언제나 마르티를 좇아 그가 궁극적으로 추구하는 것은 "'물결치는 각양각색의' 복합적 인간 존재의 발견"이다. "남자인 동시에 여자인, 범凡성적인 완전한 인간 존재. 황인종이고 흑인이며 붉은 피부에 백인이고 메스티소인 존재. 소비자이기 이전에 생산자(창조자). 그의 중심은 동시에 그의 주변이어서 동서도 남북도 없이 유일한 진짜 조국인 인류의 거주자." 헤르베르트 마르쿠제나 제임슨, 테리 이글턴과 유사한 페르난데스 레타마르의 유토피아적 선언은 이처럼 복잡한 "인간적 현상"이 실현될 수 있는 "진정 세계적이고 관대하고 형제적인 단계"를 전망한다.

## '칼리반론', 여전히 유효한가

오늘의 관점에서 볼 때 페르난데스 레타마르의 입장과 견해는 오류 가능성이 없지 않다. 예컨대 현실 사회주의의 '증발' 앞에서도 그가 견지했던 사회주의의 미래에 대한 낙관적 전망은 오늘날 현실에 부합하지 않을 수 있다. 가치중립적으로 말하지 않고 쿠바 혁명으로부터 세계를 바라보고 해석하는 그의 단호하고 선명한 태도 때문에 더욱 그러하다(혁명의 성공은 라틴아메리카인들이 "세상을 다른 방식으로 살고 다른 방식으로 읽기 시작"한 결정적 계기를 제공했다).

그러나 페르난데스 레타마르가 1971년 에세이에 마침표를 찍은 지 45년이 넘게 지난 지금, 제국주의의 다양한 양식과 개입 앞에서 논쟁의 무대가 이동하고 있긴 하지만 그의 문제 제기와 급진적인 문화·정치적 제안은 여전히 유효하다. 라칸돈 밀림이나 파벨라가 아니라 파리와 뉴욕의 아카데미에서 태어난 포스트모더니즘과 다문화주의, 포스트구조주의가 주장하는 바에도 불구하고 라틴아메리카의 현실은 근본적으로 바뀌지 않았고 프로스페로도 칼리반도 사라지지 않았기 때문이다. 페르난데스 레타마르의 말대로, 1971년에 그가 주목했던 불평등한 전 지구적 시스템, 다시 말해 문명과 야만, 빈국과 부국, 위대한 주인과 "대지의 저주받은 사람들", 프로스페로와 칼리반 사이의 뿌리 깊은 대립과 갈등은 해소되지 않고 여전히 인류의 주요 모순을 이루고 있다. 콜럼버스가 아메리카 대륙에 발을 디딘 지 오백 년이 지난 1992년 시점에 앞으로 도래할 미국의 자국 중심주의, 인종주의, 반이민주의 정책을 예언적으로 경고한 「오백 년 뒤의 칼리반」의 한 대목은 그 후 다시 25년이 지나 트럼프 행정부가 출범한 지금 섬뜩할 정도로 현실적으로 다가온다. 또한 그가 이 책에서 전경화하고 있는 '라틴아메리카적인 것'은 오늘의 세계에서 가장 두드러지는 문화적 특징으로 부각되고 있다. 침략과 수탈로 점철된 라틴아메리카의 근현대사는 메스티사헤, 혼종성, 싱크리티즘, 문화 횡단처럼 오늘날 라틴아메리카의 문제를 넘어 갈수록 국제화되어 가는 세계에서 새로이 유효성과 현재성을 획득하고 있는 주제들에 관한 열쇠로 가득 찬 역사를 빚어 낸 것이다.

2009년 8월 '카사 데 라스 아메리카스'의 집무실을 방문했을 때 노

시인의 넉넉한 풍모와 날카로운 논객의 카리스마로 분위기를 압도하던 페르난데스 레타마르의 모습이 아직도 강한 인상으로 남아 있다. 번역본 출간을 계기로 그의 치열한 문제의식과 예리한 통찰이 한국 땅에서 많은 공감을 얻기를 바란다.

2017년 3월
김현균

# 찾아보기